禹功

晴川阁学术研究丛书·第二卷《禹功》

Merits and Virtues of the Great Yu

Academic Research Series:Volume 2

刘国斌 主编

文物出版社

图书在版编目（CIP）数据

禹功 / 刘国斌主编. -- 北京：文物出版社，
2019.7
（晴川阁学术研究丛书 / 刘国斌主编. 第二卷）
ISBN 978-7-5010-6198-3

Ⅰ.①禹… Ⅱ.①刘… Ⅲ.①禹－文化－中国－文集
Ⅳ.①K827＝1

中国版本图书馆CIP数据核字(2019)第131411号

晴川阁学术研究丛书·第二卷
禹功

主　　编：刘国斌

责任编辑：胡奥千　王海东
封面题字：刘国斌
封面设计：李云川
责任印制：张道奇

出版发行：文物出版社
社　　址：北京市东直门内北小街2号楼
邮　　编：100007
网　　址：http://www.wenwu.com
邮　　箱：web@wenwu.com
经　　销：新华书店
印　　制：雅昌文化（集团）有限公司
开　　本：787mm×1092mm　1/16
印　　张：18.25
字　　数：380千字
版　　次：2019年7月第1版
印　　次：2019年7月第1次印刷
书　　号：978-7-5010-6198-3
定　　价：158.00元

编 委 会

煌煌禹功照汗青

吴因易[①]

一九伊始，由晴川阁武汉大禹文化博物馆编辑的大型学术论文集《禹功》赫然出现在我眼前，拜读之，百感交加。

在我的人生经历中，有十五年之久，参与会商国是。而这十五年中，竟有十五年的时间，为一件大事奔走呐喊，这就是在全国人代会期间，提请为北川正名为"北川羌族自治县"。终于，在各代表团的鼎力支持中，中央特允北川为羌族自治县。应是在自治县正名不久，就听说晴川阁武汉大禹文化博物馆及其学会，为大禹历史文化呕心沥血。初初听到这一消息，深感佩服。

佩服是大禹历史文化绝非代表一个民族的历史文化这么简单！从我为北川正名的十五年中肤浅了解所知，泱泱华夏，今有五十六个民族，而五十六个民族的共有族主，就是——羌族！

不错，数千年过去了，羌现今只有语言，而无文字。但从《禹功》所蒐文稿来看，无论李伯谦先生的《在考古发现中寻找大禹》，还是佩今先生的《论陕西石泉禹王宫的历史》以及由海内羌族历史文化学者苑利、汪梅梅、施磊、文舒、杨恒亮等撰写的学术论文，无不大有新发现，有更十多篇堪称史诗般的禹文化历史记叙，而这篇无不洋溢着羌之伟视大禹的盖世丰功精神。

禹功，就是羌功。因为历史的称谓早已定性：禹羌！

但对于博大精深的大禹文化，由《禹功》开启展示，只能是开端。欲收禹功全部，还得靠诸多才俊不懈努力，才有可能。而更深探究大禹丰功，穷根究源，必然得知中

---

①吴因易：中国一级作家，国务院特殊津贴专家。第八、九、十三届全国人大代表。

华民族永远立于世界民族之林而永远昌盛的原因，这对于正在艰苦践行，致力于实现伟大中国复兴梦的国人，无疑是十分正能量的助力！

吴闲易

二〇一九年元月一日于吴门燕妙奇斋

序

The Brilliant Contribution
of the Great Yu in the
History Record

Wu Yinyi [1]

In early 2019, I was able to acquire a large collection of theses known as Yugong, which were published by Great Yu Culture Museum of Qingchuan Pavilion of Wuhan. It was my honor to read such a collection of work, and was deeply moved by the text.

I have spent 15 years of my life participating in consultation work on a national level. In these 15 years, I have been very fortunate to have achieved a large milestone- presenting in front of the National People's Congress to propose the correction of "Beichuan" (formerly) to "Beichuan Qiang Autonomous County". Finally, with the full support of the delegations, the government has allow for the change the name "Beichuan" to that of "Beichuan Qiang Autonomous County". After the county name change,the Great Yu Culture Museum of Qingchuan Pavilion of Wuhan and its association worked very hard to contribute to the knowledge of the Great Yu's history and culture. I have admired their hard work since I first became aware.

In my humble opinion,the Great Yu's history and culture does not only represent one of 56 ethnic groups in China, but from my 15 years of experience during rectification of Beichuan, it is my belief that Qiang nation is the common master of all other 56 ethnic groups!

① Wu Yinyi: a top Chinese writer, an expert holding special allowances of the State Council .

Thousands of years have passed, and we only know about the spoken language of the Qiang nation, not written texts. The theses of "YuGong" written by Mr Li Boqian obtained from archaeological sources, from "Shaanxi Shi Quanyu Palace", or from other articles written by the Qiang culture researchers (YuanLi, Wang Meimei, ShiLei, Wen Shu, and Yang Hengliang) we were able to discover that Qiang history has significant contributions to the Chinese culture. And this article specifically showcased the great spirit of the Qiang nation as well as great admiration for Yu.

Yugong is Qianggong. The history has already identified the name: Yu Qiang.

"Yugong" is only just beginning to show the depth and profoundness of the the Great Yu culture. To discover all the Yugong we will need the continued efforts from all the talented people involved. A deeper exploration of the Great Yu's contribution and a thorough exploration of the source will inevitably reveal the reason why the Chinese nation will be at the forefront of other nations on a global scale. The source of the success will undoubtedly be found within the power of positivity from the people of China. The people who are working hard and striving to realize the dream of a great Chinese renaissance.

Wu Yinyi

January 1st, 2019 from Wu Men Yan Miaoqi Site

霄壤无穷赞禹功

刘国斌[1]

戊戌岁末己亥将至，又一本学术力作《禹功》出炉。编纂新作不为别的，只为大禹文化研究添一砖加一瓦，丰盈大禹文化博物馆馆藏史料，以佐证大禹民族英雄及其传说的真实性，用唯物主义的观点，以学术权威新成果综合研判，求证口耳相传的大禹神话、文献记载、考古发现、地理环境、人类社会诸方面研究结论，找到尧舜时期大禹治理洪荒、号令天下的活动轨迹。

《禹功》文稿体例构思中，其内核归纳为"大禹遗迹新探""大禹九州逸史""大禹文化传承"三部分。重点蒐集和整理与大禹活动有关的遗存新发现，大禹九州的文献记载、流传逸史，大禹文化现象，以及当今对大禹人物的研究。其旨在寻觅华夏民族英雄本色，传播大禹"敢为人先"的创造精神，禹是中华民族精神的典范，力量的化身。

一直以来，古史理论研究、考古发现、地理环境新证，以及人类社会学研究，几乎都对大禹真人是否存在、禹与夏朝开启的关系或神话传说的口耳信史有着不同的观点和主张，为揭示历史真相达成共识，我们梳理了有关禹迹的最新发现与研究成果，避讹传正。

《禹功》开篇为夏商周断代工程首席科学家李伯谦"在考古发现中寻找大禹"一文，编录此文得到光明日报社及作者本人的支持；南京师范大学地理科学学院吴庆龙博士国际团队的最新研究成果"公元前1920年溃决洪水为中国大洪水传说和夏王朝的存在提供依据"亦转发于本书中；中国一级作家、国务院特殊津贴专家、四川省作

---

①刘国斌：晴川阁武汉大禹文化博物馆馆长，研究馆员。

协名誉主席吴因易为本书作序，在此表示衷心感谢！

在编研《禹功》过程中，绵阳市非物质文化遗产保护中心、四川汇德轩文化艺术有限公司、北川羌族自治县禹羌文化研究中心热心提供有关大禹的史料和图文信息，绵阳美协设计艺委会主任李云川先生为本书装帧设计，借此揖谢！当然亦要对所有赐稿作者，尤其热衷研究大禹历史文化的有识之士所付出的劳作，表达我们无限的敬意，因为有你吾中华必将复兴！

刘国武

二〇一九年元月十八日于晴川阁

Yu Gong has Always been
Admired in the Infinite Universe

Liu Guobin [1]

In early 2019, another academic work Merits and Virtues of the Great Yu is scheduled to be published. The compilation of the book aims to enrich museum collection and historical materials, as well as aid to substantiate the validity of the Great Yu and his legend. It is also committed to the discovery of the role of Yu in flood prevention and governance, through the verification of legends, literature documents, archaeological discoveries, and geographical environment and society studies, through objective and academic methodologies.

Merits and Virtues of the Great Yu consists of three sections: A New Exploration into the Relics of the Great Yu, the Anecdotes of the Great Yu in Ancient China, and Inheritance of the Great Yu Culture. It focuses on collecting new findings, the cultural influences and a figure study of the Great Yu, intending to highlight and inherit a heroic and creative national spirit. The Great Yu is the embodiment of such a spirit.

Was the Great Yu a realistic figure in history? What did the Great Yu have to do with the Xia Dynasty? For a long period, there have been different answers in ancient history theoretical studies, archaeological findings, new geographical discoveries and sociological and anthropological research. To unveil the truth behind the history and come to a consensus, we have presented the up-to-date findings and research achievements of the Great Yu.

Merits and Virtues of the Great Yu begins with the article of Finding the Great Yu in archaeological discoveries, published in Guangming Daily, written by Li Boqian, the

---

[1] Liu Guobin: Qingchuan Pavilion, Wuhan Great Yu Culture Museum, director, researcher.

principal scientist of the Xia–Shang–Zhou Chronology Project. We have received support from Guangming Daily and it's author. We have also invited Wu Yinyi, a first-class writer on a national scale in China, the State Council Special Allowance owner, and the Honorary President of the Writers' Association in Sichuan, to write a preface for the book. I would like to extend my sincere thanks to them.

In the compilation, we have received historical data on the Great Yu from Mianyang Intangible Cultural Heritage Protection Center, Hui De Xuan Culture & Art co. LTD, and the Center for Cultural Studies on Yu and Qiang of Beichuan Qiang Autonomous County. Thank you to Li Yunchuan, the director of Design and Art Committee in Mianyang Art Association, for graphic design. Finally, I would like to extend a thank you to all the contributors and those who have showed their interest in studying the Great Yu. Because of you, China is bound to recover and prosper.

Liu Guobin

Written in Qingchuan Pavilion, Jan 18th, 2019.

目录

大禹九州逸史

大禹文化传承

诗文

Table of Contents

The Anecdotes of the Great Yu in Ancient China

Inheritance of the Great Yu Culture

Poetry Appreciation

大 禹 遗 迹 新 探

A New Exploration into the Relics of the Great Yu

在考古发现中寻找大禹

李伯谦[①]

摘要：关于大禹的记载究竟是信史还是杜撰？这是一个值得探讨的问题。本文通过探讨有关大禹及夏王朝存在的可能性，提出了对大禹及夏王朝的研究必须将文献史学、考古发现及人类学、社会学研究相结合，得出可靠的结论。

关键词：文献史学　考古发现　人类学　社会学

Finding the Great Yu in Archaeology

Li Boqian

Abstract：Is the record of the Great Yu real or fabricated? This is an important issue worth exploring. This essay probes into the possible existence of the Great Yu and the Xia Dynasty. It is suggested that the research should be based on the integration of literature study, archaeological findings and anthropological and social studies.

Key words: Literature study, archaeological findings, anthropological and social studies

一、大禹其人：纯系传说，还是确有史实素地

关于大禹，过去一直认为，他是一个传说中的人物，大禹创立的夏王朝，可能是

---

①李伯谦：先后担任北京大学考古系主任、北京大学考古文博学院院长、中国考古学会常务理事等职。
Li Boqian: served as director of Archaeology Department and dean of Archaeological Museum in Beijing University, and executive director of Chinese Archaeological Association.
此文原载于《光明日报》2018 年 8 月 5 日第 6 版。

靠不住的。那么,大禹的记载是信史还是纯属杜撰,这是今天我们要讨论的第一个问题。

过去对传说时代的看法,是传说归传说,见于文献记载的历史归历史,考古归考古,研究文化人类学、社会学的那又是另一种方式。对大禹以及夏王朝的研究,我有个新的看法,那就是,必须把以下三个系统结合起来:第一个,从口耳相传到文字记载的文献史学;第二个,考古学兴起以后,从考古发掘的遗迹遗物来进行研究的考古学系统;第三个系统,从摩尔根《古代社会》阐明的从蒙昧、野蛮、文明,到马克思讲的原始

图1 青铜器秦公簋

图2 春秋时期的青铜器秦公簋,其铭文提到了"鼏宅禹迹"

社会、奴隶社会、封建社会等等,也就是人类学、社会学的系统。必须把三者结合起来,我们才能做出一个比较恳切的结论。

几乎所有的先秦古籍,对大禹都有一些记载,彼此之间也不完全一样。到了西汉司马迁作《史记》,其中《五帝本纪》后第二篇就是《夏本纪》,在《夏本纪》当中,司马迁根据他看到的文献记载,结合他听到的传说,完成了《夏本纪》。我认为,从

口耳相传的传说，到《五帝本纪》之后的《夏本纪》，究竟可靠不可靠，需要通过与考古学发现、研究成果互相比对、校正，还要参考社会学、人类学研究的成果，最终作出判定。

这些文献记载，看过古书的人想必都很熟悉。根据先秦古籍的记载和《夏本纪》中，夏王朝从大禹开始有 14 代 17 王，这里的 14 代就是指 14 辈，因为有的王是兄终弟及，所以王有 17 个。大禹创立夏朝，儿子是启，孙子是太康。太康当王以后管理不善，被东方来的后羿赶跑了。此后又经过了韩浞和浇、豷大概七八十年的时间，到少康的时候，才又恢复了夏朝原来的王统，最后一直到夏桀被商汤灭掉。这是大体的历史过程。

关于夏王朝的记载，还见于青铜器。有名的有宋代出土的齐国青铜器叔夷钟，铭文中就说到"处禹之都"。另一件春秋时期的青铜器秦公簋，讲到禹的时候它提到"鼏宅禹迹"，"鼏"就是一个鼎上面盖了一个丝织品，"宅"就是居住，"禹迹"是大禹走的那些地方。可见在古代青铜器当中，对夏代的历史也有所记述。

二、大禹五事的考古与文献印证

我把先秦文献记载的和司马迁《夏本纪》记载的关于大禹的事迹，初步归纳为五个方面：一是治水，二是会诸侯于涂山，三是定都阳城，四是划分九州，五是禹征三苗。我把这又称为"大禹五事"。

下面我们就依次来讲述这五个方面的事情。

第一，大禹治水。在《尚书》中，就记载了当时河水江水泛滥的状况，以及从尧到舜都是怎样去治理洪水的。先是舜派大禹的父亲鲧治洪水，鲧采取了堵的办法，洪水来了以后我就筑堤筑坝，结果洪水太大，堤坝挡不住，水一冲就垮。于是又让他的儿子禹来继承他父亲继续治水，大禹就采取了疏导的办法，挖沟挖河，这样就把洪水逐步引跑了，治水也就成功了。有意思的是，在这些文献记载当中，特别是《尧典》当中，还记载了当时其他参加治水的人，除了大禹，还提到了后稷和契，后稷是周人的老祖宗，契则是商的老祖宗，还有东方夷人的祖先皋陶等人。

关于大禹治水比较有名的，是现在收藏在保利博物馆的豳公盨的记述，它上面的内容，和文献记载的内容是完全一样的，因为它属于西周中晚期的青铜器，所以可以说，至少从那时开始，大禹治水的传说就已经在民间流传了。

这个记载流传很广，我们上小学的时候就知道大禹治水、三过家门不入等故事。大禹治水牵涉了很多省，包括山西、河南、安徽，至少这些地区当时都有洪水发生。

从考古学上来看，我们曾经请搞环境、搞地理学的学者做研究，看传说中的距今4000年前后，上述这些地区有没有洪水的迹象。最后研究结果是4000年前后确实有一场比较大的范围的洪水泛滥，现在留下了一些遗迹。这些地理学研究的结论，和文献记载的内容是对应的。

第二件事情，就是"涂山之会"。根据记载，在涂山之会之前，大禹根据舜的命令去治理洪水，经过多年的努力，洪水基本上治理好了。于是就在涂山这个地方召开了一次庆功的大会。

涂山在现在的什么地方，说法很多，前几年社科院考古所的山东队在安徽蚌埠市叫作禹会村的那个地方发现了一个面积挺大的龙山文化的遗址，它出土的遗迹和遗物非常有意思。

比如说，考古工作者在这里发现了一个长方形的用土堆起来的台基，最上面用一层白土覆盖，台基面偏北处发现了一个烧祭面，在南面的台基中央可以看到有密密麻麻的长方形柱坑，一共有35个坑，大小相近，距离相等。这样的台基在以前考古中从没见过，到底是干什么用的，有很多不同的解读。

考古队有一个想法，他们认为这三十几个长方形小坑，可能当年是用来插旗杆用的，也就是参加涂山大会时各方面的部落代表到来以后，都要举出自己部族的标志，表示他来参会了。我认为这个解释很有道理，所以我支持这个意见。与这个遗迹相关的，在它的左侧发现有灰坑、灰沟等等，里面出土了很多陶器，这些陶器也很有意思，比如说这个地方应该是山东龙山文化分布的地区。但是除了山东的龙山文化，还看到有河南龙山文化以及南方来的陶器等等，总而言之它比较杂，是有多种不同样子的陶器，并不是一个单纯的考古学文化遗物。它附近还发现一些房子，说是房子吧，但是也没有很坚固，基本上属于工棚性质的，使用时间很短。所以考古人员分析推测，这些"工棚"，很可能是当年来参加涂山大会的来自不同部落、不同地方的人，在这里举行祭祀活动时临时居住的地方，祭祀完成以后，这些东西就掩埋掉了。我觉得这个解释也合理。

所以，关于涂山大会的历史记载，我认为是可靠的，而且这个地点就在这个地方的涂山。现在叫涂山的地方很多，安徽就有两个。我上次到安徽的巢湖，他们说涂山应该在他们这里。我说你这里没挖出人家那个东西，等你这里挖出来相应的东西咱们再讨论吧。

总而言之，涂山大会影响很大。涂山大会的重要性，一个是庆祝治水的成功，但是我觉得它还有更重要的意义，就是因为大禹治水成功了，有这么多诸侯都拥戴他，所以说后来舜把位子禅让给他是顺理成章的。如果没有这些功绩，没有这么多部落的拥戴，我想大禹要继承舜的位子，可能还没那么容易。

第三，建都阳城。阳城在什么地方，文献记载有说河南，也有说山西。河南也不只限于登封有阳城，还有开封附近的阳城。现在来看，从考古学的印证来看，可能应该是登封的王城岗遗址。这个文献记载也是很有意思的，不论是古本《竹书纪年》，还是《史记·封禅书·正义》记载，都说是舜把位子传给了禹，而禹觉得应该传给舜的儿子，他不应该继承这个位子。有的记载就说，禹为了躲这个事，他就跑到阳城去隐居了。但是最后老百姓还是拥戴大禹，所以大禹就在阳城这个地方建立了自己的都城。

20世纪70年代，当时河南省考古研究所的安金槐先生，带人在王城岗遗址，发现了规模比较大的河南龙山文化遗址，而且在这个城址中还发现了一个小城，这个小城是100米长、100米宽，有两道墙。安金槐先生根据文献记载，同时参考在它的东北方向发现的战国时期的阳城，认为王城岗这个遗址，应该就是历史记录中的禹都阳城的所在地。在离王城岗遗址东北方向大约十五华里的地方，发现了战国时期韩国的阳城，里面出土的陶文显示，战国时期的人是把这里叫作阳城的，所以安金槐先生认为这里就是禹都阳城。不过因为这个小城面积太小，在当时学术界没有得到公认，这就搁置了下来，没有定论。

后来，我们认为王城岗遗址确实重要，就提出来重新进行发掘。考古发掘的结果令人兴奋不已，在这个小城的外面居然又发现了一个大城，这个大城的年代和小城测定的年代，以及他们所属的文化期别有区别，按照考古学的分析，小城是建在王城岗的河南龙山文化考古分期的第二期，大城是建在分期的第三期。根据碳十四测定，小城的年代是公元前2100多年还要多，而大城正好是河南龙山文化分期的第三期，这个年代正好是公元前两千年前后。这与根据文献推定的夏代在四千年前多一点的估计是正好符合的。所以最后我们认为，王城岗后来发现的这个大城代表的，应该就是禹都阳城的那个阳城，也就是夏朝最早的都城所在地。

第四，划分九州。禹受舜禅做王以后，就把他版图之内，根据山川形势、物产状况、风俗习惯等等，把当时夏统治的区域分成了九个小区。为什么要分这九个地方，一来是因为好管理，二来是为了征税。其实那时候所谓税就是进贡，划分九州，从而可以区别出各地出产哪些物品，进而要求当地向他贡献这些东西，大概是这么个意思。九州就包括冀州、兖州、青州、徐州、扬州、荆州、幽州、豫州、雍州。过去，大家都不太相信大禹时代就能够划分九州，认为当时国家还没有那么大的地盘，分成九州更不用说了。

后来，社科院考古所的邵望平研究员写了一篇文章，把文献记载的九州和考古发现的考古学文化对应，根据文化因素分析的方法把它分为了几大块，她认为，考古学上的这种不同的现象，就是禹划分九州的根据。我觉得这是非常有道理的。这个研究就把文献记载和考古发现互相结合起来了，判定禹分九州基本是可靠的。具体到当时是不是能够划分得那么细，当然也不一定。但至少在那个时期，大禹曾经划分若干不同区块，应该是可靠的。

第五，征伐三苗。禹征三苗见于先秦文献的记载和司马迁的《夏本纪》，而且根据记载，尧舜禹这三代都征伐三苗。三苗在哪里，文献上有一个界定，《战国策·魏策》说，"昔者三苗之居，左彭蠡之波，右有洞庭之水，文山在其南，而衡山在其北。"基本上分布在长江中游这一块，这里就是三苗活动地域。当时，三苗经常和中原地区对立，所以尧舜禹几代都去征伐它，最后到夏禹时期把它彻底解决了，三苗一部分被迁到了甘肃，一部分就被融合到了中原文化、当时的龙山文化当中。

关于禹征三苗，过去只是停留在文献记载，后来湖北省考古工作者在那一带做考古发掘，就发现距今4000多年的时候，湖北考古中的石家河文化晚期，有些遗址的面貌发生了很大的改变。什么改变呢？就是在石家河晚期阶段，那个地方出现了不少河南龙山文化的因素。后来湖北省的一些考古工作者写文章，认为这个时期的确变化较大，可统一称为"后石家河文化"，认定它们比标准的石家河文化要晚。这个时期测定的年代，跟中原地区王城岗这个时期的测年基本是一致的，文化面貌也是和河南龙山文化的类似，基本差不多。而且它流行的风俗，比如瓮棺葬之类，当地原来是没有这个传统的，但是在河南龙山文化中就有这个传统。过去比较标准的石家河文化时期，考古工作者很少发现玉器，而在后石家河文化阶段发现很多玉器。但这些玉器也不像河南的传统，很多学者写文章认为，它

图3　黄河上游积石峡
2016年，一个中美科研团队在美国《科学》杂志上宣布，他们在黄河流域发现了古代一场超级大洪水的科学证据，这一洪水很可能就是"大禹治水"故事中提到的灾难性大洪水（新华社发）

可能和山东龙山文化有关。我觉得这是需要继续探讨的问题，总而言之，这些考古发现也能够说明，文献记载的禹征三苗，确有其事。

三、与大禹可能相关的考古发现

以上我讲的大禹时期的五件事情，应该说基本上都有考古学方面的证据。

从大禹建立夏朝，定都阳城，一直到夏桀灭亡，把整个的夏文化梳理一下，我在这里再讲三个与大禹有关的考古发现，也包括夏都问题。

第一个，是河南登封的王城岗遗址，也就是前面提到的阳城。这个城很小，所以安金槐先生认为是禹都阳城时，别人不太认可。后来，我们又发现了它附近的大城，34.8万平方米，而且大城的北城墙还突破了小城的北护城河。这就提供了一个确凿无疑的考古上讲的地层关系，也就是小城要早于大城，而年代测试显示小城是公元前两千一百多年，大城是公元前两千零几年，而我们根据文献推定夏代开始于公元前2070年，这与我们在王城岗的考古发现结果，比较接近。

第二个，根据文献记载，夏朝到了太康统治时期发生了"太康失国"事件。为什么失国了呢，就是东方来的夷人后羿，把太康的政权推掉，取代了他的位置。过去，我们只是从河南龙山文化的文化因素分析中尤其是二里头文化因素分析中，看到确实有一些来自东方的因素。1986年我写过一篇文章讲二里头遗址的文化性质，我提出来说，二里头文化不包含最早的夏文化，它是"少康中兴"以后的文化，从它的文化遗存看到有来自东方的因素，不过那个时候我们没有太多的证据，只是有相关的迹象和线索。后来，考古人员在新密的新砦遗址发现了比二里头遗迹要早、又比传统认识的河南龙山文化要晚的一些遗存，当时称之为"早于二里头一期的文化遗存"，或者叫"新砦期二里头文化"。后来，我们想确认夏代的这些考古遗迹，就提出来对新砦遗址进行重新发掘，刚开始我们还担心能不能挖到这个时期的遗存，我们只是请北大方面先挖挖看看，挖的结果是，确实找到了新砦期遗存和河南龙山文化，以及二里头文化的地层叠压关系，也就是在我们称之为新砦期遗存的地层下面，叠压着河南龙山文化的地层，在新砦期之上叠压着二里头文

图4 在河南偃师二里头遗址发现的绿松石龙形器（新华社发）

化底层，这就提供了一个确凿无疑的证据，新砦期遗存是存在的。为什么说它存在，因为它出土了很多具有山东龙山文化和豫东这个地方的龙山文化遗存特征的器物。

我们把这些考古发现和文献记载中的后羿代夏这件事联系起来，认为它可能就是后羿代夏这个阶段留下来的遗存。因为后羿带着东方来的夷人，把夏代推翻了，差不多经过了七八十年，到少康时期夏人的力量又起来了，又恢复了夏代政权。那么我们说，新砦期的遗存就应该是后羿以及后续的寒浞等人他们这个系统留下来的遗存。从新砦期遗存发现以后，郑州市考古研究院在巩义的花地嘴遗址也发现了一个比较大的新砦期的遗存，出土了更丰富的新砦期遗存。现在来看，所谓新砦期遗存不仅在花地嘴有，在别的地方例如郑州高新区的东赵也有。这就可以证明，后羿代夏确有其事。

这里需要说明一下，新砦期的有无问题一直有争论，实际情况如何，我觉得这确实值得我们好好分析一下。后羿代夏是后羿把夏王朝原来的正统推翻了，后羿系统统治了几十年。但是我们推测，这种统治更迭，可能并不像发洪水那样，后羿一来就把原来河南龙山文化为代表的这些遗存都彻底推翻掉了。我们通过考古也可以看出来，有一些遗址的东方因素比较多，像新砦，像花地嘴。根据这种情况，我们推想，后羿推翻了夏代正统，就把东边的这些因素带到了中原地区来，但它的势力影响小的地方，东方因素可能并不强烈。

少康中兴以后又经过了好多代，到了夏桀的时候被商汤推翻了，在这段时间里，夏代的都城迁过好几次，不过现在比较确切可靠的，能考古证实的，就是王城岗阳城和二里头遗址，文献讲的叫斟鄩的这个地方。二里头遗址我们可以看到，它现在是在洛河的南边，而当时洛河是改过道的，实际上在二里头时期它是在洛河之南的，它正好是在洛河和伊河之间这个地方，在洛阳的隋唐城、汉魏城的东边不是太远的那个地方。1963年，我曾经带学生实习，参加了这个考古发掘。这里的地层叠压关系，遗存的打破关系，都证明它是晚于河南龙山文化、早于郑州二里岗商文化的一种遗存。结合文献记载推测，有可能就是夏代都城斟鄩的遗址。

二里头遗址的分布范围，按照我的说法是豫西地区、晋南地区，还有河北省南部的部分地区，以及陕西东部的一部分地区。它出土了很多有特征的陶器，和河南龙山文化有继承关系，但是区别也是一望而知。

关于夏代的具体年代，我们认为是公元前2070~公元前1600年。其中公元前2070年，是大禹建阳城的时间，公元前1600年，是夏商分界，也就是商汤灭夏的时间。关于王城岗二期、三期测年的数据，二期大概是公元前2132年，三期大概是公元前

2030年。我觉得关于王城岗三期这个数值，公元前2030年，正好在二里头文化的前边。它是公元前2070年到公元前2030年，再往后这是王城岗第三期，到二里头的最晚期是公元前1600年。这就说明，二里头文化不是整个的夏文化。1986年我就写了这个文章，我觉得二里头文化是夏的遗存，但它不是从夏开始一直到夏灭亡整个夏代的遗存。根据文献记载推定，夏朝共14代17王，统治时间471年。而测年的结果是二里头文化只有300多年，不够400年。但是如果加上后羿代夏的七八十年，毕竟从年代发展来讲，不管是夏统治还是后羿统治，年代是不会变的。正是加上了后羿的这七八十年，就进入了夏朝471年这个范围之内。所以我们联系起来看，王城岗的大城作为最早的夏都，二里头遗址作为最晚的都城。这两个可以说是得到了考古学的证明。文献记载还有几个王搬了家了，但现在我们没有找到，这个是今后我们要做的工作。比如说河南省文物考古研究所在济源曾经发掘过一个二里头文化遗址，又比如郑州大学考古系他们在豫东发现了一个遗址，怀疑是否与老丘有关，我们也希望能继续再做一点工作。

说起夏代，大家可能会关注二里头遗址是不是夏的问题讨论，以及有没有夏存在的问题讨论。有学者提出二里头遗址有可能是夏也可能是商，没有发现当时的文字，都只能是猜想。我觉得这个问题是值得讨论的。

不过从倾向性的意见来看，认为二里头文化是夏文化，没有问题，二里头文化只是少康中兴以后的夏文化也应该没问题，应该再加上河南龙山文化。这大概就是现在倾向性的意见。通过重新考察二里头、王城岗、新砦等遗址，我们在王城岗发现了大城，在新砦发现了新砦期遗存等等。总而言之，正是因为考古工作的成果，才使我们看到夏代人确实有遗迹和遗物。

所以从口耳相传的到文献记载的文献史学系统，以及考古学在登封王城岗、新密新砦和二里头等地的考古发现，再加之文化人类学和社会学等的研究成果，我们认为，这个阶段已经进入了阶级社会，结合三种不同途径的研究成果综合来看，夏代是存在的，包括第一阶段河南龙山文化的王城岗遗址。第二阶段的新砦遗址，然后到二里头遗址，串起来了。

公元前1920年溃决洪水为中国大洪水传说和夏王朝的存在提供依据

吴庆龙等[1]

摘要: 中国传统史学讲述了一个在治理洪水成功后建立夏朝并开启文明史的故事。然而,洪水和夏朝的历史真实性一直存在争议。本文重建了约公元前1920年黄河上游地震引发的滑坡坝体的溃决洪水,为一万年以来地球上发生的最大的内陆洪水之一,可以解释中国传说的大洪水。本文将夏朝的开端确定为约公元前1900年,比传统的认识晚了2~3个世纪。测定结果表明,此年代的黄河流域状态与新石器向青铜器时代大变迁时的状态相吻合,这同时也佐证了初级国家形态——二里头文化是夏朝存在的考古证据的假说。

关键词: 公元前1920年 中国大洪水传说 夏王朝 黄河 溃决洪水

Outburst Flood at 1920 BCE Supports Historicity of China's Great Flood and the Xia Dynasty

Wu Qinglong etc.

Abstract: China's historiographical traditions tell of the successful control of a Great Flood leading to the establishment of the Xia dynasty and the beginning of civilization. However, the historicity of the flood and Xia remain controversial. Here, we reconstruct an earthquake inducing landslide dam outburst flood on the Yellow River about 1920 BCE

---

[1]吴庆龙:地质学家,南京师范大学教授。

Wu Qinglong: geologist of Nanjing Normal University, professor of School of Geographical Sciences.

本文原载于《中国水利》2017年第3期。原文由吴庆龙领衔的一支国际团队发表于《科学》(Science)杂志,由河海大学陈菁团队编译。

that ranks as one of the largest freshwater floods of the Holocene and could account for the Great Flood. This would place the beginning of Xia at 1900 BCE, several centuries later than traditionally thought. This date coincides flood at 1920 BCE supports historicity of China's Great Flood and the Xia dynasty.

Key words: 1900 BCE, the legend of China's Great Flood, Xia dynasty, the Yellow River outburst flood

中国早期的历史学典籍如《尚书》和《史记》等描述了远古时期黄河的一次毁灭性大洪水。传奇英雄大禹最终运用疏浚的方法征服了洪水，并赢得了建立中国首个朝代——夏朝的神圣使命，进而开启了中华文明史。这些记载构成了儒家正统意识形态体系的根基，以至于 2500 年来中国人对其真实性深信不疑。直到 1920 年，"疑古派"向其真实性发出了挑战。几年后，考古发掘的证据证明了第二个朝代——商朝的存在，于是对夏朝考古证据的发掘工作也开始着手。[1,2] 发掘于 20 世纪 50 年代的早期青铜器时代的二里头文化（约前 1900~ 前 1500 年）遗址，因其时间和空间与夏朝重叠，而被很多学者将其与夏朝联系起来。[1~6] 通常来说，历史学家将夏朝的开始时间确定为公元前 2200 年，但政府发起的"夏商周断代工程"采信的夏朝开始年代是公元前 2070 年，[5] 这和二里头文化的存在时间有一定间隔。[7~9] 有些学者则将夏朝纯粹视为统治者为其法统地位正名而虚构的神话。[10,11]

学术界长期为大洪水传说探寻着科学解释，[12~14]Charles Lyell 也提及过该问题，[15] 但迄今尚未发现证据。本文为公元前第二个千年早期阶段的一次灾难性洪水提供了地质学依据，并认为这可能是大洪水的基础证据，进而可以为夏朝的实际存在提供依据。

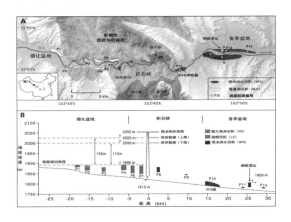

图 1　黄河流域上游极端溃决洪水的证据 (A)OFS（溃决洪水沉积），DLS（堰塞湖沉积）和滑坡坝体的分布。浅灰色区域（原文图件中为淡紫色阴影）标示紫褐色泥岩的分布范围；深灰色（原文图件中为绿色阴影）标示绿片岩的分布范围。穿过喇家遗址的线段 AB 标示图 S6C 中重建的溃决洪水断面的位置。(B) 溃决洪水沉积、滑坡坝址、堰塞湖沉积、喇家遗址和重建堰塞湖水位相对于当前黄河纵剖面的垂直分布图。堰塞湖沉积分为湖相沉积和扇三角洲沉积。

证据源自笔者对青海省黄河沿岸的考察，包括滑坡体遗址、上游的堰塞湖特质沉积物（DLS）、下游的溃决洪水沉积物（OFS）（图1和图S1~S5），笔者据此重建了堰塞湖和洪水的规模。

野外考察（图S2B）发现，该古滑坡体堆积高于当前黄河水位240米，并沿积石峡（图S1A、S3A）延伸1300米（图S2A）。笔者认为当时的堰塞体鞍部会比目前残留部分的最高点低30~55米，所以堰塞湖的水位高于目前黄河水位185~210米（海拔2000~2025米）（图S2B），蓄水量120亿~170亿立方米（表S1）。[16] 根据典型的河流径流量来估计，堰塞体在湖水外溢前会完全堵塞黄河长达6~9个月。[16] 广泛分布于堰塞体上游的堰塞湖特质沉积物（DLS）厚度高达30米，最高约为海拔1890米（图1B，图S1，图S3A)。这表明一场灾难性的溃决使水位下降了110~135米，并释放了大约113亿~160亿立方米的湖水（表S1），[16] 比先前研究得出的结果大一个数量级。[17] 溃决之后，DLS填充了残留堰塞体上游的残余堰塞湖。

在高于现今黄河下游水位7~50米的积石峡下游和官亭盆地，笔者发现了OFS（溃决洪水沉积）（图1，图S1，图S4），沉积物呈高浓度的悬浮物沉淀特征，且全部由来自积石峡的绿片岩碎屑和紫褐色泥岩构成（表S2）。在黄河进入官亭盆地的峡口处，沉积物堆积高达20米，其中包括直径2米的巨砾（图1B，图S1，图S4的C和D）。在位于堰塞体下游25km处遭强震破坏的史前喇家遗址（图S5），即齐家文化重要遗址之一（以发现早期面条残留物著称）处，笔者同样识别出了OF。在喇家遗址，OF填充了倒塌的洞穴（图S5的A和B）、陶制品（图S5B）以及地震裂缝（图S5C），并且与陶器碎片（图S5D）和其他齐家文化遗存混合在一起，最大分布高度高于现今黄河水位38米。

除了喇家遗址的毁灭特征之外（图S1），OFS、残留坝体、DLS、黄土、积石峡和邻近盆地的其他沉积物之间的地层关系，为笔者重建并确定溃决洪水暴发前一系列事件及其年代提供了有力依据。首先，堰塞事件和大洪水均发生在喇家窑洞垮塌之后的齐家文化时期（公元前2300~前1500年），在雨季降水形成的地表径流将泥沙填充地震裂缝之前，喇家遗址地表的地震裂缝已经被OFS完全填充（图S5C），表明了大洪水必然是在地震和洞穴垮塌后一年内发生的。可以推断，毁灭喇家遗址的这场地震，也引发了山体滑坡并堵塞黄河，同时它还触发了广泛的岩崩，而崩积体则被DLS

直接掩埋。

为确定洪水暴发时间，笔者采集了碳屑样本，用加速器质谱法（AMS）做 C14 年代测定。[16] 17 份 OFS 中提取的碳屑年代样品和 1 份位于 OFS 下层的碳屑年代样品（图 S1）显示洪水发生跨度为公元前 2129~ 前 1770 年之间（95% 置信区间）（图 2 和表 S5）。[16] 位于大坝上游的 DLS 中的碳屑年代样品（图 S1）的校准 C14 分析结果（95% 置信区间）为公元前 2020~ 前 1506 年（图 2A 和表 S5），证明 DLS 同期或晚于洪水暴发，并且证明了 DLS 是被残余堰塞湖填充的。由于喇家遗址毁灭发生在溃决洪水之前的一年内，因而对洪水最好的定年来自于喇家遗址。[16] 针对喇家遗址内发掘的 3 名 6~13 岁的遇难者骨骼样本（图 2B）所做的放射性碳测定结果一致（图 2A 和表 S5），这也与早前对两位遇难古人的遗骸的测年结果相一致。[21] 因为 C14 校准曲线在该区域呈线性，并且这些骨骼处于相同的年代，因此，笔者采用 3 条观测样本值的逆方差加权平

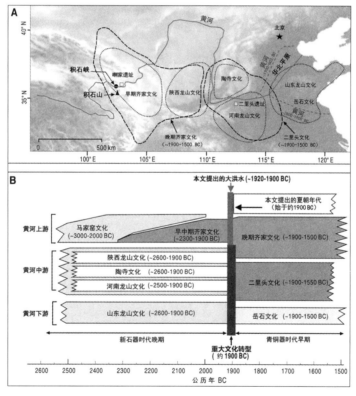

图 2　史前黄河溃决洪水的放射性 C14 年代

(A) 放射性 C14 数据的校准年代概率分布图。与地层顺序不一致的年代数据用星号作了标记，表明它们经历了再搬运的过程，那些能够对洪水年代作出最好限定的数据用红框表示。图 S1 标注了 C14 样品的位置。(B) 用于放射性碳测年的喇家遗址的洞穴 F4 中的遗骸、骨骼鉴定见参考文献 30。(C) 用 IntCal13 曲线 (31) 对三个骨骼样本做逆方差加权平均数校准，所有放射性碳测年都分别经过 IntCal13 (31) 和 OxCal 4.2 (32) 的校准。

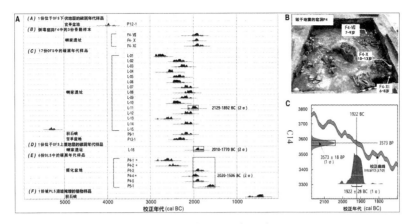

图 3　公元前约 1900 年黄河流域考古学文化重大变迁
C，文化；LSC，龙山文化。(A) 黄河流域新石器时代晚期和青铜器时代早期文化分布，蓝色虚线表示约公元前 2000 年黄河下游河道的决口改道 (24)。 (B) 考古学文化年代框架 (6，29) 与本文提出的中国大洪水年代框架。

均数，得出的校正年代为公元前 1922 ± 28 年（1 个标准差），置信度为 95% 的置信区间为公元前 1976~ 前 1882 年（图 2C）。为简化范围，笔者用公元前 1920 年表征洪水的近似年份。

笔者以两种方式估算洪峰流量。根据堰塞湖库容和坝高的经验公式，估算出 8 万 ~51 万立方米 /s 的范围，存在很大的不确定性（表 S3）。[16] 笔者还通过对官亭盆地的详细考察重构了洪水行洪河道断面，并利用曼宁公式估计洪峰流量在 36 万 ~48 万立方米 /s（图 S6 和表 S4），[16] 这与坝体处的估计结果相吻合（表 S3）。[16] 计算得出的洪峰流量约为 40 万立方米 /s，超过黄河积石峡平均流量 500 倍有余。这是地球全新世时期最大的淡水洪水之一。

笔者没有详细研究淹水模型和突发洪水对下游的作用，但通过类似事件可估算大坝滑坡造成的突发洪水所能波及的距离。1967 年，仅 6.4 亿立方米 的突发洪水就波及了雅砻江 ~ 长江沿岸至少 1 000 km。因此，约 110 亿 ~160 亿立方米的积石峡古洪水暴发可以轻易到达 2 000 km 以外的下游。积石峡洪水会突破黄河的天然堤岸，形成罕见的、广泛的洪灾。考古学家根据考古学资料，推断在大约公元前 2000 年黄河下游发生了一次重大的改道（图 3A），[24,25] 而这场溃决洪水可能是造成这一改道的原因。广泛的堤岸破坏和支流河口的堆积会造成干河道的不稳定，引起反复的洪水泛滥直到新河道形成为止。黄河下游平原广泛的洪灾会对当地的社会产生巨大影响。笔者认为，洪水事件本身及其后果可能留存在社会世代相传的集体记忆中，并最终在公元前第一个千年形成公认的大洪水传说。早期的历史典籍如《尚书》和《史记》说大禹是在一个叫"积石"的地方开始疏浚黄河，而这与溃决洪水开始的积石峡正好同名，这是否属于巧合，有赖于更多的历史地理学者的研究来解释。

公元前1920年的洪水具备古文献所描述的传说大洪水的主要特征。除了巨大的洪峰流量之外，下游平原的次生洪水可能长时间地持续，正如传说中的大洪水持续22年才用疏导法（而非堵住天然堤的决口）成功地加以治理。大洪水是否为极端气候所致仍存有争议，但是钟乳石记录显示，距今8000~500年前亚洲夏季季风普遍减弱；同样，湖泊和黄土记录也表明从公元前2000年开始黄河下游处于寒冷干燥的状态，所以极端气候导致大洪水的说法不太可能。此外，早期文献也未提及与大洪水相关的频繁极端的暴雨。

本文对积石峡突发大洪水的发现及重建，为中国古文献中大洪水传说的历史真实性提供了科学支持，也为夏朝的存在提供了潜在线索，因为大禹建立夏王朝直接依赖于他成功控制了大洪水。据《史记》记载，禹的父亲鲧治水"九年而水不息，功用不成"，之后禹用十三年余的时间征服了洪水。在洪水暴发20多年之后，大禹成功治水使他得到了"天命"，最终成为夏朝的开国之君。若公元前1920年积石峡洪水暴发确为古代传说中的大洪水，则笔者可以提出新的夏朝开始年代，即约公元前1900年。这比之前的年代晚了2~3个世纪，[1,2,5]而与倪德卫根据历史星相得到的公元前1914年相吻合。[28]这一夏朝的开始年代公元前1900年与二里头文化的开始时间[6]吻合，故本文也支持二里头文化是夏朝存在的考古证据，以及二里头遗址是夏朝曾经的都城之一的主张。[1,3]此次突发洪水也与黄河流域从新石器时代晚期至青铜器时代的社会政治大转型[2,6,29]（图3的A和B）的时间一致，得知，如此多的通过地质学、历史学、考古学的记录得到的自然及社会政治事件竟然几乎同时发生，这也许并非只是简单的巧合，而是生活在黄河流域的社会群体面对极端自然灾害时所作出的深刻而复杂的文化反应。

参考文献：

[1] 袁行霈：《中华文明史》第一卷，北京大学出版社，2006 年。

[2] 张光直：《古代中国考古学》，生活·读书·新知三联书店，2013 年。

[3] 邹衡：《关于探索夏文化的途径》，《中原文物》1978 年第 1 期，第 34~35 页。

[4] Thorp R L. *ERLITOU AND THESEARCH FOR THE XIA*. Early China, 1991, 16:1~38.

[5] 夏商周断代工程专家组：《夏商周断代工程 1996~2000 年阶段成果报告》，世界图书出版公司，2000 年。

[6] Liu L, Chen X. *The archaeology of China: From the late paleolithic to the early bronze age* [J]. Cambridge WorldArchaeology, 2012.

[7] Lawler A. *Archaeology in China. Beyond the Yellow River: how China became China* [J]. Science, 2009, 325(5943): 930.

[8] Li L, Xu H. *Rethinking Erlitou: legend, history and Chinese archaeology* [J]. Antiquity, 2007, 81(314): 886~901.

[9] Yun K L. Lee, Y. K. *Building the Chronology of Early Chinese History. Asian Perspectives* [J]. Asian Perspec-tives, 2002, 41(1).

[10] Allan S. *The myth of the Xia Dynasty* [J]. Journal of the Royal Asiatic Society, 1984, 116(2): 242~256.

[11] Lewis M E. *Flood Myths of Early China* [J]. 2006.

[12] Pang K D. *Extraordinary floods in early Chinese history and their absolute dates* [J]. Journal of Hydrology, 1987, 96(1~4): 139~155.

[13] 李学勤：《论豳公盨及其重要意义》，《中国国家博物馆馆刊》2002 年第 6 期，第 4~12 页。

[14] 吴文祥、葛全胜等：《夏朝前夕洪水发生的可能性及大禹治水真相》，《第四纪研究》2005 年第 6 期，第 741~749 页。

[15] Lyell C. *The Principles of Geolo-gy, 9th ed.* [M]. Boston: Little, Brown & Co., 1853.

[16] 作为补充材料的方法可在 ScienceOnline 获得。

[17] 吴庆龙、张培震、张会平等：《黄河上游积石峡古地震堰塞溃决事件与喇家遗址异常古洪水灾害》，《中国科学·地球科学》2009 年第 8 期，第 1148~1159 页。

[18] IA CASS. *The Lajia Site in Min-he County,Qinghai in 2000* [J]. Chinese Archaeology, 2003(3): 1~6.

[19] 夏正楷、杨晓燕、叶茂林：《青海喇家遗址史前灾难事件》，《科学通报》2003 年第 11 期，第 94~98 页。

[20] Lu H, Yang X, Ye M, et al. *Culinary archaeology: Millet noodles in Late Neolithic China* [J]. Nature, 2005, 437(7061): 967~968.

[21] 张雪莲、叶茂林、仇士华等：《民和喇家遗址碳十四测年及初步分析》，《考古》2014 年第 11 期，第 91~104 页。

[22] O'Connor J E, Costa J E. *TheWorld's Largest Floods, Past and Present: Their Causes and Magnitudes* [M] // The world's largest floods, pastand present: U.S. Geological Survey, 2004:33~35.

大禹诞生神话的医学诠释

——兼论"鲧复生禹"神话的误传

苑 利[①]

摘要：大禹诞生神话历来有"母生说"与"父生说"两种记载，前说认为大禹是其母女嬉所生，后说则认为大禹出于其父鲧之腹，即所谓"鲧腹生禹"。长期以来，受人类学产翁说影响，学界多倾向于"父生说"，对"鲧复生禹""伯鲧腹禹""伯禹复鲧"等说法有诸多解释，并且这一观点长期占据主流地位。实际上，"母生说"对大禹诞生的记录十分清楚：由于其母女嬉晚婚晚育导致大禹诞生时难产，她先是服薏苡催产，催产未果后用吴刀拆胸生禹，不少地方风物传说也印证了这些做法。因此，这一神话所讲述的不是鲧死后如何生禹的故事，而是鲧死后女嬉在过了预产期后如何采取多种医学手段生禹的故事。所谓的"父生说"，实际上不过是因"漏字"而产生的文化误读，但它也间接反映了当时的医疗观念与水平。

关键词：大禹诞生　神话　医学　误传

The Medical Explanation about the Great Yu's Birth Mystery
——the Theory 'Gun Gave Birth to Yu' is a Misinformation

Yuan Li

Abstract: The mystery has always been there that whether Great Yu was born by his mother or his father. It's lately believed that he was born out of his father's belly. For quite a long time, historians tended to think "father born him" influenced by anthropology and they

①苑利：中国艺术研究院研究员、博士生导师。
Yuan Li: researcher of Chinese National Academy of Arts, professor.
本文原载于《中原文化研究》2016 年第 3 期。

had tried to explain it. Actually, it's clearly documented that he was born by his mother. Her mother, NvXi, married late so she got a risk giving birth because of her venerable age. She took medicine to expedite child delivery but didn't work and then she rip herself open in the chest. It's confirmed by some local scenery legend. Therefore, this myth is about how NvXi used medical methods to give birth after the expected date rather than his father. The so called 'father Gun born him' thought is a misunderstanding caused by missing words. But it's indirectly reflected medical concept and level at that time.

Key words: the Great Yu born, myth, medical science, misinformation

通观大禹神话不难看出，它主要反映了两方面内容：一是大禹治水，这背后反映的是远古人类与大自然不屈不挠的斗争，表现的是人类的物质生产活动；二是大禹诞生，这背后反映的是远古人类在自身繁衍过程中所经历的种种磨难，表现的是人类自身的再生产。在此，笔者暂时搁置大禹治水神话不提，而是集中笔墨，专就大禹历尽磨难的出生问题，从医学角度，发表一点拙见。同时，从文献学角度，就"鲧复生禹"②神话的误传及其造成误传的原因等问题提出一些具体的看法。

一、大禹诞生神话研究概述

关于大禹诞生神话，古籍历来有"母生说"与"父生说"两种记载。前说认为大禹是其母女嬉所生，《史记》《吴越春秋》《竹书纪年》等书持此说；后说则认为大禹出于父亲鲧之腹，即所谓"鲧复生禹"，《楚辞》《归藏》《吕氏春秋》《山海经》等书持此说。令人不解的是，古籍记载虽有两种，但后世在研究大禹诞生神话时，往往对女嬉生禹神话置若罔闻，而把"鲧复生禹"神话作为热门谈资。这方面的研究以王逸、洪兴祖、孙作云、闻一多诸家学说为典型，如汉代王逸在给"伯禹愎鲧，夫何以变化"[1]作注时说："言鲧愚狠，愎而生禹。禹小见其所为，何以能变化而有圣德也？"意思是说：愚顽凶狠的鲧生下大禹，禹从小就知其所作所为，但禹改变了父性而成为一位具有圣德的贤人。在这里，他所强调的是鲧与禹性格上的差异，但其以"愎"释"愎"，故众皆非之，后人也少采此说。至南宋，洪兴祖释"愎"时，认为"愎"通"腹"，

---

② "鲧复生禹"在不同作品或不同版本中，又常以"鲧腹生禹""伯鲧腹禹""伯禹愎鲧"等形式出现，意思大体一致，所讲的都是鲧生禹的故事。

其意"犹怀抱也"。[2]当代学者孙作云在其遗著《天问研究》一书中，结合近代民俗学理论进一步指出，"伯禹愎鲧"应作"伯鲧腹禹"，此来源于母系社会向父系社会过渡过程中出现的产翁制习俗。割开父亲的肚子禹出生之情节，则是产翁制的变形。今人杨堃在他的著作《民族与民族学》中亦采产翁说。闻一多在《楚辞校补》《天问疏证》中则认为《山海经》中的"鲧复生禹"应解为"鲧腹生禹"，《天问》中的"伯禹愎鲧"，也应改作"伯鲧腹禹"。所谓的"腹"，通"孚"，而"孚"又通"孵"，意思便是"鲧生禹"。龚维英、郑慧生等人在他们的著述中直截了当地认为鲧原本就是女性神，是禹的母亲。③

以上诸说，尽管在解释上各有不同，但总的倾向是一致的，即都抛开女嬉生禹神话不提，专在"鲧复（愎）生禹"的"复"字上做文章，致使研究搁浅。

二、女嬉生禹神话考证及其医学诠释

女嬉生禹母题的神话，不但材料多，而且内容翔实，合情入理，应视为大禹诞生神话的主流；而"鲧复生禹"母题的神话，材料多寡姑且不说，就是从其荒诞不经的内容看，也只能算作支流。研究此类神话，置主流材料于不顾，只热衷于个别字词的考证，无论如何都是不足取的。

那么，作为主流材料的女嬉生禹神话是如何反映大禹诞生的？后来的"伯鲧复禹"神话又是因何产生的呢？

远古社会，人类自身的再生产是个相当棘手的问题。早婚早育、多生多育并没有使人类自身的再生产得以顺利发展。相反，近亲繁殖的加剧，自然环境的险恶，以及医疗手段的原始，常常威胁着人类自身的繁衍。为此，人类一方面凭借想象，祈求神灵保佑，建立起无数个"高禖"的殿堂；另一方面，又不得不面对现实，极力寻求有效的保产催生手段，以确保新生命的诞生与存活。如果说简狄吞卵等神话所反映的是前者，[3]那么，女嬉生禹神话所反映的则是后者，即展示了远古人类在解决自身再生产过程中遇到问题时所表现出来的求实精神。

大禹之母女嬉又称"女志""修己""志"，因隶属有莘氏，故又称"有莘氏

---

③龚维英：《鲧为女性说》，载淮阴师范学院《活页文史丛刊》第 12 号，1979 年；郑慧生：《上古华夏妇女与婚姻》，河南人民出版社，1988 年。

之女"。女嬉生禹神话异文颇多，如《礼纬》曰："禹母修己，吞薏苡而生禹，因姓姒氏。"《论衡》载："禹母吞薏而生禹，故夏姓曰姒。"《世本·帝系篇》云："禹母修己，吞神珠如薏苡，胸拆生禹。"《竹书纪年》言："帝禹夏后氏，母曰修己，出行，见流星贯昴，梦接意感，既而吞神珠，修己背剖而生禹于石纽，虎鼻大口，两耳参镂，首戴钩铃，胸有玉斗，足文履己，故名文命。"《帝王世纪》亦载："（鲧）纳有莘氏女曰志，是为修己。山行，见流星贯昴，梦接意感，又吞神珠薏苡（薏苡——笔者注），胸拆而生禹于石纽。"上述记载向我们交代了女嬉生禹时对付难产的两种方法：一是吞薏苡催产，二是吞薏苡催产不果后剖胸（背）取子，这也就是《世本·帝系篇》所说的"吞神珠如薏苡，胸拆生禹"。下面，我们分别加以论述。

何为薏苡？《广韵》曰："薏苡莲实。"《本草》载："薏苡仁开红白花，结实青白色，形似珠而稍长。一名回回米，又呼西番蜀秫，俗名草珠鬼。"传统医学认为薏苡有堕胎、催产作用。明代李时珍《本草纲目》"难产"部"堕生胎"条中就有用薏苡根堕胎的说法。即使现在，医师在给产妇治疗其他病症时，为防滑胎，也鲜有用薏苡者。

古籍中，我们还能见到一种与薏苡作用非常相似的中药，这便是芣苡。有人以为芣苡即是薏苡，实则不然。《玉篇》讲，芣苢（苡）即马舄。郭璞疏：芣苡"大叶长穗，江东呼为虾蟆衣"。陆玑疏："马舄，一名车前，一名当道，喜在牛迹中生。幽州人谓之牛舌草，可鬻作茹，大滑，其子治妇人难产。"又"芣"通"桴"，"苡"通"苢"，故"芣苢"又称"桴苡"。《唐韵》引《逸周书·王会解》："康民以桴苡。桴苡即所谓芣苡也，其实如李（《韵会》载《说文》，"李"作"麦"。笔者认为桴苡穗似麦，故用"麦"较"李"为上），食之宜子。"康民，即西域之民。

关于芣苢，史籍早有记载。《诗经·周南·芣苢》篇就是一首远古妇女采集芣苡时所唱的歌谣。歌谣唱道："采采芣苢，薄言采之。采采芣苢，薄言有之。采采芣苢，薄言掇之。采采芣苢，薄言捋之。采采芣苢，薄言袺之。采采不苢，薄言襭之。"从歌谣咏唱中的动词"采"（采集）、"有"（采到）、"掇"（拾起）、"捋"（揪果实）、"袺"（用衣角装）、"襭"（用衣襟兜）所传达出的内容看，妇女们所采集的并非芣苢全草，而是其籽实。为何采集芣苢籽实？《诗经集传》作者朱熹解释为："采之未详何用，或曰：其子治难产。"李时珍在《本草纲目》"车前子"

条云："治妇人难产……横生不出。方法：车前子末，酒服二钱，子母秘录。""颂曰：车前子入药最多，驻景丸用车前、菟丝二物，蜜丸食下服，古今以为奇方也。"车前子与菟丝子同服，有滑胎作用，主治难产。由此可知，远古孕妇采食苤苢的目的，并非像有些学者所说是为了受孕，而是希望通过吞食苤苢，能顺利产下婴儿。在此，苤苢与薏苢一样，都被古人视为催产神药。神话中女嬉"吞神珠薏苢，胸坼而生禹"，古人多有不解，近人也每每以图腾释之。其实，这则神话所记录的无非就是女嬉生禹遭遇难产时，吞薏苢催产这样一个基本事实。女嬉所在的姒姓氏族，催产方面是很有些经验的。据《白虎通》所引《刑德放》载："禹姓姒氏，祖昌意以薏苢生。"这就是说，大禹的高祖昌意，就是凭借着食用薏苢神药催产出生的。食薏苢以催生，可谓姒氏家族的祖传秘方。女嬉食之不果，剖产而亡，无疑引起了整个社会的关注，此类神话在大禹神话中所占比重之大，传播时空之久远，似乎都证明了这一点。

从传说学角度看，《蜀王本纪》载："禹本汶山广柔县人也，生于石纽。其地名痢儿畔，禹母吞珠孕禹，坼堛而生。"文中"痢儿畔"之"痢"，通"瘌"。《方言》云："凡饮药傅药而毒，南楚之外谓之瘌。"由此推断，大禹生身之地之所以叫痢（瘌）儿畔，恐与禹母吞催生神药薏苢之事有关。

催产不果，随之而来的便是"胸坼而生禹"的剖腹产手术。《竹书纪年》载："修己背剖而生禹。"《吴越春秋》载："（女嬉）剖胁而产高密。"《路史·后纪》载："（女嬉）屠龋而生禹。"这些所谓的"剖腹产手术"都有一个共同的特点，即并非剖腹而是剖胸。也就是说，为了抢救因难产而窒息的婴儿，远古人类采取的一个最常用的手段就是剖开产妇的胸腔，将婴儿取出，这一点与现代医学的剖腹产是有着本质的区别的。因为剖腹产所能挽救的是母与子两条命，而剖胸产所能挽救的只能是婴儿一条命。

关于"胸拆而生禹"神话，我们还可以引用大量被称之为大禹故乡的风物传说加以印证。《路史·后纪》载："鲧纳有莘氏曰志，是为修己。年壮不字，获若后于石纽，服媚之而遂孕，岁有二月，以六月六日屠龋而生禹于棘道之石纽乡，所谓刳儿坪者也。"刳儿坪之"刳"，音哭，剖开之义。刳儿，就是剖胸取子，这一点与史实记载无异。

由剖胸取子神话，又演绎出一系列民间风俗。《锦里新编》载："刳儿坪在石泉县南石纽山下，山绝壁处有'禹穴'二字，大径八尺，系太白书。坪下近江处，白石累累，俱有血点侵入，刮之不去。相传鲧纳有莘氏，胸臆拆而生禹，石上皆有血浅（溅）之迹。土人云取石涮水，可治难产。"由接触巫术反证，可知在土人看来，女嬉吞薏苡、剖胸之举，确因难产。

话又说回来，大禹的母亲女嬉生大禹时为何会难产呢？这一点史学家早有说明。《路史·后纪》说女嬉"年壮不字"[④]，说明她晚婚；《吴越春秋》说女嬉"年壮未孳"，说明她晚育。一句话，女嬉既晚婚又晚育，又是头胎，从而造成难产，命丧九泉。

三、"鲧复生禹"神话的产生及其误传原因

但在一些大禹诞生神话的研究者看来，大禹并非是其母女嬉所生，而是其父鲧所生的。事实上，古籍中也确有这方面的记述。如《山海经·海内经》云："洪水滔天，鲧窃帝之息壤以埋洪水，不待帝令，帝令祝融杀鲧于羽郊，鲧復生禹。帝乃命禹卒布土，以定九州。"《归藏·启筮》转引自《路史·后纪》："鲧殛死，三岁不腐，副之以吴刀，是用出禹。"《归藏·启筮》转引自《山海经·海内经》郭璞注："鲧死，三岁不腐，剖之以吴刀，化为黄龙也。"《吕氏春秋·行论》言："帝舜于是殛之于羽山，副之以吴刀。禹不敢怨。"《初学记》卷二二引《归藏》载："大副之吴刀，是用出禹。"这些史料的大意是说：禹之父鲧因治水无方，被舜杀于羽山。死后，三年不腐不烂。用刀剖开他的肚子，从里面生出大禹（或云生出一条黄龙。大禹所属夏族崇尚黄龙，并以之为图腾。族内人以黄龙自谓，故此黄龙概指大禹——笔者注）。

对此，战国时期的楚国大诗人屈原早就已经提出质疑："永遏在羽山，夫何三年不施？伯禹愎鲧，夫何以变化？"[1]意思是说，既然在羽山杀死了鲧，为什么那么长时间还不处理尸首？从大男人鲧的肚里生出禹，我倒要看看是怎么个生法？可见，这早在2000多年前就已经是悬案了。所谓的"伯禹愎鲧"，也就是"鲧复生禹"，在许多学者看来，"愎""复"皆通"腹"，均作动词，表生育之义。它们的意思是相同的，都是讲从鲧腹中生出大禹，只是语法略有区别，"伯禹愎鲧"为被动句，"鲧复生禹"为主动句，如此而已。它们的含义均与"鲧殛死，三岁不腐，

[④] "年壮不字"，是指尚未嫁人，古代婚姻中有"问名"之俗。女家向男家通报新娘名字后，男家方可迎娶。故"不字"指待嫁。

剖之以吴刀，是用出禹"的传统说法相通，可知古代确有此类传闻。然而，传闻并不等于事实。事实上，在已经熟知女嬉生禹神话的古人那里，是很难相信"鲧复生禹"这样一个荒唐故事的。大诗人屈原在《天问》中能把"鲧复生禹"作为他人生中一个重大疑问提交给老天爷，以求上天赐教，也说明了这一点。

那么，造成"鲧复生禹"这则荒唐传说流传的原因又是什么呢？笔者以为此当与传承过程中的误传有关。

中国是个古老的文明古国，汉字很早就产生了，有文字记录的历史非常久远，因笔录失误而造成的误传自然也不会少。"鲧复生禹"这则神话荒唐、非理性的主要原因也是由传播过程中的误传造成的，而误传的基本形式便是书写过程中的脱字。

"鲧复生禹"神话展现开来，讲述的似乎是这样一则故事："鲧殛死，三岁不腐，剖之以吴刀，是用出禹。"译成现代汉语就是：鲧被处以极刑后，三年不腐不烂，用吴刀剖开他的肚子，从里面生出大禹。其实，这种理解是有问题的。这则神话所讲述的绝不是鲧死后如何生禹的故事，而是鲧死后女嬉如何生禹的故事。遗憾的是，不知为什么，在行文中有意或无意地省却了主人公"女嬉"的名字，以至于使后人发生误解，并成为中国文化史上的一大悬案。

笔者认为，这则所谓的"鲧复生禹"神话，在补上脱字后，讲述的应该是这样一则故事："鲧殛死，（女嬉）三岁不腐，剖之以吴刀，是用出禹。"译成现代汉语就是：鲧被处以死刑后，（女嬉）腹中的胎儿，预产期过了很长时间都生不出来，无奈，以吴刀剖腹，才使大禹来到这个世上。从语法看，全句的行为发动者（主语）不是鲧，而是女嬉，它讲的不是鲧如何生禹的故事，而是女嬉如何生禹的故事。"鲧殛死"在全句中只起到了一个限定时间的状语作用，生禹一事，与鲧无关。脱字是古籍点校中的常见病，点到为止，无需详解。但这段话中的"三岁"与"腐"应该引起注意。

文中"三岁"，并非实指三年，而是言时间之长。"三岁不腐"是说女嬉的预产期已经过去很长时间，但仍无分娩迹象。这一点与《路史》修己怀孕"岁又二月"的记载以及《遁甲开山图》女狄"十四月而生夏禹"的记载是吻合的，他们都传达了女嬉孕期之长，生产之难这样一个基本主题。在中国远古神话中，难产出生情节并非大禹神话所独有，而是诞生神话中最常见的母题之一。例如，黄帝诞生神话讲：

"母曰附宝，之郊野，见大电绕北斗枢星，感而怀孕，二十四月而生黄帝于寿丘。"[4]史记·五帝本纪·正义再如商始祖契诞生神话说："商之始也，由有神女简狄游于桑野，见黑鸟遗卵于地，有五色文，作八百字，简狄拾之，贮以玉筐，覆以朱绂。夜梦神母谓之曰：'尔怀此卵，即生圣子，以继金德。'狄乃怀卵，一年而有娠，经十四月而生契。"[5]炎帝之后的神话载："炎帝之孙伯陵，伯陵同吴权之妻阿女缘妇，缘妇孕三年，是生鼓、延、殳。"[6]海内经为什么诞生神话多附有逾期不生的难产情节？是历史的偶然？还是具有某种特定的文化内涵？目前还是个谜。在此，我们只是希望不要因为"三岁不腐"而引起大家的误读。下面，再来看"腐"字的本义。腐，除腐烂之义外，还指人的不洁处。如：宫刑曰腐，《汉书·景帝纪》："死罪欲腐者许之。"注：宫刑其创腐臭，故曰腐也。在中国，人们视女阴为不洁，视生子为大不洁，均在"腐"之行列，故妇人生子，必另择产室以避之。文中"三岁不腐"之"腐"，实是动词，指生育，意思是说预产期过了很长时间也没分娩。有了这个前提，才出现了用吴刀剖腹以生大禹的情节。

至此，我们似乎可以肯定地说，所谓"鲧殛死，三岁不腐，剖之以吴刀，是用出禹"的神话所反映的绝非鲧的事迹，而是女嬉的事迹。它是"修己背剖而生禹"神话的一种异文，两者大同小异，同出一源，当可互证。

四、小结

"鲧复生禹"虽属误传，但修复之后，仍向我们反映出一些远古文化信息，而这些则是女嬉生禹神话所没有的。如女嬉神话中只交代了大禹出生时间，但鲧死于何时，父子是否见过面等，文中并无交代。而误传神话在修正之后，明确告诉人们大禹出生在鲧被处以死刑之后，是个遗腹儿。女嬉之所以"三岁不腐"，除前面我们所讲到的生理原因外，很可能与她在鲧死后的心理状况不佳有关。再者，女嬉神话中虽然也有"胸拆而生禹"的记载，但采用何种医疗器具并无明确交代，而这一点在"误传"神话中交代得非常明白，这便是——"剖之以吴刀"。这一资料不但向我们介绍了大禹时代医疗手段的层次，医疗器具的水平，而且也为我们了解大禹氏族的流向提供了一些可资借鉴的线索。

大禹治理汉江史考

李佩今[①]

摘要：汉江是一条古老的江河，据民间传说和文献资料记载，大禹曾对汉江进行过考察和治理，在汉江流域至今还残留有四千年前大禹治理汉江的遗迹，大禹治理汉江水患取得成功。通过分析找到了治水成功的原因，主要是迎难而进的精神力量，以疏导为主的正确治水方法，还有纪律严格、赏罚分明、现场勘探、合理规划、广用人才、依靠群众治水等具体措施。大禹是一定历史条件下产生的特定历史人物，他是我国最早的水利专家。成功治理汉江不是神话，而是史实。

关键词：汉江　嶓冢　三澨　旬阳禹穴　疏导　三过家门而不入

Research on the History of Great Yu's Governance of the Han River

Li Peijin

Abstract: The Han River is an ancient river. According to folklores and documentary records, Great Yu had inspected and regulated the Han River. There are still ruins of Great Yu regulating the Han River four thousand years ago along the Han River drainage basin. Great Yu has succeeded in controlling the floods of the River. After analysis, the reasons of his success are found. It is mainly because of spiritual strength to overcome difficulties, and the correct water regulating method focusing on dredging. It also involved those strategies managing the army with strict discipline, clear rewards or penalties, and exploring on-site, planning rationally and the widespread use of talents. He also relies on specific measures

---

①李佩今：四川省大禹研究会理事，中国先秦史学会原任理事。

Li Peijin: member of Sichuan Great Yu Research Institute，former member of Chinese Association of Pre-qin History.

such as mobilizing the masses. Great Yu is a special figure born under certain historical conditions. He is the earliest water conservancy expert in China. Successful management of the Han River is not a myth, but a historical fact.

Key words: Han River, Yuzhong, Sanli, Xunyang Yuxue, dredge, three times pass the house gate without entering

在中国文明史上，有没有夏王朝及夏文化，有没有夏禹王？学术界已争议了多年。前几年，我作为四川省大禹研究会理事，应邀参加了四川省"大禹及夏文化研讨会"。在会上，来自全国一百多名专家、教授和学者，将历史文献学、历史地理学和考古学有机结合起来进行研究，认为遍布于山东、四川、豫西、晋南、湖北、陕南一带的古代文物，就是夏人创造的物质文化遗存。特别是四川省广汉三星堆重大的考古发现，证明了距今四千年前，在中国曾确有过一次自然灾害集中爆发的异常期。当时，频繁的自然灾害、大规模的人口迁徙和激烈的部族战争，造成了中国社会的大动荡，也造就了部族和部族的领袖。历史上确实有个夏王朝。大禹正是夏王朝的创始人。由于他治水救民的功劳特别大，才被后世人称为夏禹、大禹、神禹。

据古文献资料记载，汉江，原来是一条古老的江河。四千年以前，大禹也曾沿着汉江，进行过考察和治理。他的功绩，在《尚书·禹贡》中这么记载的："导嶓冢，至于荆山，内方，至于大别……嶓冢导漾，东流为汉，又东为沧浪之水。过三澨，至于大别，南入于江，东汇泽为彭蠡，东为北江，于入海。"他治水"先厥成功"后，受到了汉江两岸万民的敬仰。人们世世代代传颂他的功德。为了缅怀和悼念大禹，后来，沿汉江两岸祭祀他的禹王庙、禹王宫星罗棋布，比比皆是。大禹治理汉江，虽然离现在非常遥远，留下的史料也不多，其中还有不少是神话传说，但我们通过考古的发掘和古文献资料的研究，仍可以拨开神话的迷雾，还其历史的真实。我们通过大禹治理汉江的研究，不仅可以看到大禹治水所经过的艰苦历程和伟大的功绩，还可以看到我们古老的汉江对推动我国历史的发展，促进汉江两岸物质和文明的建设，提高人民生活所做出的杰出贡献。

汉江，是古梁洲最北的一条大河。约四千年前，当时梁洲的地势，北面有华山、嶓冢山（今陕西省宁强县境内），西北有岷山之脉（今四川省北部），西面有蔡山

（今四川省雅安县东）、蒙山（今四川省名山县境内），南面和东面也有大山横亘。大山四面环抱，当中一片汪洋。沿嶓冢山西至岷山，南至蔡山、蒙山，更南到南部横亘的大山，一脉相连，仿佛像座桥梁。因此，当时便把这一大片土地取名为梁州。大禹荆州治水完毕，从大别山下来，西行数日，经过内方山（今湖北省荆门市东南），到了荆山（今湖北省襄阳县西）。此处，正是当时荆梁二州分界之地。在这里，大禹忽然发现一条沧浪之水从西北方面冲击震荡而来，经过荆山东北麓，直向东汹涌流去。看那水势，实在厉害。它迫使两岸人民无可栖息之地。禹考察汉江的下游，他发现江水受到大别山麓阻挡，忽又折向南流，滔滔地流向云梦大泽（即今包括洞庭湖在内的整个江汉平原），汇入长江。

大禹继续察看水势。他发现在这里，不仅有从西面奔腾呼啸而来的汉江，还有从北面而来的丹江和白水，水势亦甚大。三条江水，其水患不仅威胁着沿河两岸的人民生活，而且对下游的荆州、扬州，仍有很大的威胁。

大禹察看水势完毕，立即叫来治水大军的头目，命令在河水的两岸筑起堤防来。众人不解，问大禹：你向来治水总是顺水之性，高者凿而通之，卑者疏而泻之，使河流畅通，东流入海。如今，你怎么用起堤防来，难道不怕它将来溃决么？大禹说："汉江之水与黄河等流不同。黄河上游流经黄土，挟带甚多，而下游又无大湖之渲泄，用了堤防之后，泥沙淤积，年长月久，必定溃决；而汉江之流，水清见底，流态平稳，只在夏秋两季，上游水势盛涨，地势又陡，流势因而剽疾，在这里用堤防一拦，使它就范，直向云梦大泽而去，这样人民才可以安居乐业！"众人被说服了，头目们带着治水大军就依大禹的治水方案，在这里修筑了三个大堤。所以，后来有人就把这个地方取为"三澨"。为了探索汉江之源，大禹接着溯沧浪之水而上，日夜西行，不辞劳苦。一日，到了陕西旬阳县东小买铺，只见那里依山临水，风景秀丽，但汉江水势紧迫，水流不利，大禹就指挥众人疏凿。恰好，那江水的北岸，有一个天然的岩穴，高约八尺，深约九尺有余，正是理想的憩息之所。白天，大禹和众人一起疏凿汉江，晚上便在这里歇息。接着，大禹又乘舟继续西行，最后直穷汉水之源。大禹上了嶓冢山。只见那周围数百里的地方，山势高大雄伟，林木蓊郁。大山两边，各有一条大水分别逆向而流。两条大水的源头，不仅相近而且相通。他当时便把流向东边的大水称为汉水，流向西边的大水叫做潜水。潜者，地下流出之水也。潜水后又叫西汉水，下流汇合白龙江汇入嘉陵江。大禹找到了汉水之源，对汉水稍稍作了些疏通，至此，梁州北部水患已平，全梁州治水业已大功告成。

大禹治理汉水史实，不仅可见于古文献资料的记载、民间口头传说，在汉江流域，也还残留有大禹治水的遗迹。

汉江中游的旬阳"禹穴"，便是禹迹之一，它在今陕西省旬阳县东小买铺。其江北岸，有一洞穴，上面有摩崖石刻，上刻有"禹穴"二字。《兴安府志·古迹志》载，禹穴"岩洞一丈许，纵横皆一丈有余，相传禹治水至此，上刻禹穴二字"。紧靠"禹穴"二字，还有唐代开元十七年（729年）黄土县（今旬阳县旧名）摩崖刻石，其字径约三厘米，现能辨认出者，只有三百五十个字。书法"新鲜秀和，呼吸清淑，摆脱尘凡，飘飘乎有仙气"。虽然文字多有漫漶，断文极多，很难成读，但其文意表明，这里在唐代时，就常有官吏及文人学士集会，乘兴吟诗，歌颂大禹的功绩。此处的"禹穴"二字，我虽不能断定为是大禹所亲书，但其遗迹久远，早在唐代，就识定此穴就是大禹的憩息之所了。它是天下四大禹穴之一。

汉江上游，在今陕西宁强县烈金坝，有株古老的桂树，叶繁枝茂，形若华盖，这就是时历千年的禹穴古桂。这里有一座暴毁于"文革"时的禹王宫。由禹王宫旧址沿汉江北去，有一个绝壁千仞的白岩湾。白岩湾半岩上有一个石洞，洞内有巨石突出，乡人称巨石叫"石牛"。石牛的背及臀部有八个古字，字如蝌蚪，光怪陆离，今人瞪目不识，以意揣之，可能是"嶓冢导漾，东流为汉"。据《续修陕西交通志》载："昔禹治水，绩用攸成，则勒石以记其威。是以岣嵝有碑，志'南条'也，崆峒有碣，志'北海'也；嶓冢有石，志'汉源'也。"嶓冢禹碑，是否是大禹原留下的真迹，或者后人又有所修饰加工，还有待于考证，但它为大禹治理汉江所建立的丰功伟绩，也算提供了一个翔实的左证。

不可否认，大禹治水为我中华民族谱写出了一曲雄伟雄壮的战歌和颂歌。他以古冀州开始，治理黄河、淮河、长江、汉江，奔走于海北山南，穿凿于山岭，终于治理了天下水患，想当时交通不便，工具落后，又无经验和技术，困难重重。他能制服天下水患吗？由此有人怀疑大禹治水不是史实，还是一个神话。我认为尽管当时生产力低下，条件落后，但他最后终于制服水患，客观的讲，也是可能的。他不是神话，而是史实。大禹治水成功，我认为主要有如下几个因素。

一、巨大的精神力量

《太平御览》载："禹始忧民…禹常昼不暇食，而夜不暇寝，方是时，忧务民也。"他一心为公，一心为天下。没有半点私心和杂念。他的父亲原为朝廷所杀，但他以为乃为公益，不是私怨。于是继承父业，决心制服洪水。治水中他跋山涉水，栉风沐雨而"生偏枯之疾"，走路"步不相过"。积劳成疾，他不在乎；居外十三年，他三过家门而不入；为了制服水患，他年至三十而未娶，把自己的青春年华全部都献给治水大业。正因为大禹有这么一股精神力量，才能使他吃苦在前，迎难而进，不达目的，誓不罢休。最后终于治水成功。

二、广用人才，依靠群众治水

《吕氏春秋·求人》载，禹走遍东南西北"以求贤人"。后来，他带领数以万计的治水大军，其中也确实招募来了许多贤人。如《荀子·成相篇》说，大禹"得益、皋陶、横革、直成为辅"。在大禹的治水大军中，他启用了大批助手。这些人尽职尽责，真心拥护大禹，发挥了各自聪明才智，为治水立下了赫赫战功。

三、以疏导为主的正确治水方法

大禹接受了父亲治水专靠堵截湮塞的方法而导致失败的教训，他采用的是以疏导为主、疏导和湮塞相结合的方法。《汉书·郊祀志》说，"昔禹疏九河，决四渎"，这是一个符合当时地情、河情、水情的，是一个顺应客观规律的科学方法。大禹治理黄河、渭河，采用了疏导之法，治理汉江和彭蠡大泽，采用了湮塞法。这样有疏有塞，有导有堵，因情而导，因地制宜，方法合理，治水科学。这是大禹治水取得成功的重要原因。

四、纪律严肃，赏罚分明

《史记·夏本纪》载："禹为人，敏给克勤，其德不违其仁可亲，其言可信，声为律，身为度，称以出，亹亹穆穆、为纲为纪。"他处处以身作则，为治水大军的头目和民夫做出了表率。茅山大会，他"爵有德，封有功"奖励有功人员，而对不按时到会的治水头目防风氏"杀而戮之"（《国语·鲁语下》）。由于他治军赏罚分明，分散的队伍，变成了铁的队伍，一支所向披靡、战无不胜的队伍。

五、现场察勘，合理规划

《尸子》载："禹理洪水，观于河，见白面长鱼身出。曰：吾河精也。授禹河图，而还于澜中。"这就是流传下来的河精授河图的故事。它虽然属于虚幻，但却反映了大禹还曾"观于河"，进行了实地考察，而且还表明大禹治水是有图纸的。《拾遗记》载，"禹凿龙关之山"时，羲皇授大禹玉简一支，"长一尺二寸，以合十二时之数，仗量度天地"。这说明大禹治水还有丈量工具。有丈量，有规划，就有治水的科学蓝图。

通过以上分析，我认为四千年前，凶猛的洪水泛滥于天下是事实，大禹治水并能取得成功，也是史实，不是神话。

大禹确是我国最早的水利专家。他是在一定历史条件下产生的特定历史人物。今天，我们应该拨开神话和传说的迷雾，还其历史本来面目。应该说，大禹是我国夏王朝的奠基者，是炎黄之后的又一人文初祖。他是我国人人称颂的古代治水英雄。他对中华民族的生存和发展做出了巨大贡献。

大禹治理汉江，功者千古，也是史实。他寻觅汉水之源，治理汉江之水，其治水功绩，可与日月争辉，与天地齐寿。他的崇高精神，也有如源源而流的汉江，将哺育着汉江两岸一代又一代的华夏子孙。

《天问》中的鲧禹故事与近东开辟史诗

宋亦箫[①]

摘要： 屈原的《天问》可分为天文、地理、神话、历史和乱辞五个部分，历史部分演绎的是夏商周三代史，其中夏史部分有 32 句讲的是情节较为完整的鲧、禹治水故事，经过与近东开辟史诗的对比，我们发现鲧、禹的神功神迹与西亚神话人物哀亚、阿伯苏、马杜克等有源流关系，因此历史上的鲧、禹治水故事，是神话的历史化而已。

关键词：《天问》　伯鲧　大禹　近东开辟史诗　中外文化交流

The Stories of Gun and Yu in Asking Heaven and Enuma-Elis

Song Yixiao

Abstract: Qu yuan's Asking Heaven can be divided into five parts which include astronomy, geography, mythology, history, and absurdity .The part of history tells the history of xia, shang and zhou dynasties. In the history of Xia dynasty , there are 32 sentences telling the relatively complete stories about curbing Floods of Gun and Yu. Compared with Enuma-Elis, we find that the miracles of Gun and Yu have a close relationship with West Asian mythological characters, like Ea, Apsu, Marduk, etc. Therefore , the stories of Gun and Yu's curbing Floods are just a myth of history.

Key words: Asking Heaven, Bo Gun, the Great Yu, Enuma-Elis, Cultural exchanges between China and foreign countries

①宋亦箫：华中师范大学历史文化学院教授、博士生导师。
Song Yixiao: professor of History and Culture Institute, Central China Normal University，PhD student supervisor.

屈原的赋体文中，以《九歌》《离骚》《天问》三部的知名度最高，这其中又以《天问》最难理解。它之难于理解，一在"文理太杂乱"②，前人为此提出了杂乱之因的"呵壁说"③和"错简说"④；二在内容太"深奥"，究其实则是因为后人丧失了理解《天问》当中的域外神话宗教知识之故。身兼作家和学者双重身份的苏雪林，长期关注中外民俗神话，因教学需要而整理《天问》，偶然中理顺了《天问》的错简，并利用域外神话宗教知识来注解《天问》，终使这二千年谜案得到破解。⑤苏先生将《天问》全篇分为五大段，分别是天文、地理、神话、历史和乱辞。每段句数各有定规。如天文、地理、神话各四十四句，历史部分是夏、商、周三代史，每代各七十二句。乱辞二十四句。她认为，《天问》是战国及其以前传入中国的域外知识之总汇。不但天文、地理、神话三个部分如此，即便是三代历史部分也夹杂了不少域外文化因子，乱辞的前半部分也属域外神话。丁山先生也曾提到《天问》中的天文知识即宇宙本源论是袭自印度《梨俱吠陀》中的创造赞歌。⑥包括《天问》的体裁，苏雪林也怀疑是屈原通过模仿自印度《吠陀颂》或《旧约·智慧书·约伯传》的疑问式体裁而来，⑦屈原以此体裁将他所接触、理解的域外知识记录下来并传之后世，为我们保留了极为珍贵的战国及其以前的中外文化交流史料。

下面我们将以苏雪林、丁山等诸位前贤的研究成果为前提，讨论《天问》中"历史"部分的鲧、禹故事，及其与近东开辟史诗可能存在的源流关系。

一、《天问》中的鲧禹故事

在《天问》的夏史部分，有八简共32句问的是鲧、禹治水的故事。鲧、禹其人其事，既放在《天问》的历史部分，说明屈原已将其看作真人真事了。也可见至少到战国时期，关于夏初的"历史"已构建完成，⑧尽管像屈原这样的多才多识之士，或许还有些怀疑，乃至化为《天问》中的疑问。⑨

---

② 文理杂乱是因为错简及不理解内容造成的，在苏雪林重新调整文句次序后，《天问》已文理通顺，井然有序。
③ "呵壁说"由王逸最先提出，本因错简造成的文理杂乱，王不知其故，推想是屈原精神失常，看到楚先王之庙、公卿祠堂壁画而在其下据壁画信手涂写的结果。
④ "错简说"最初由清人屈复提出。既是错简造成文理杂乱，他们便着手调整，但因未真正理解内容，仍是如入迷宫，困难重重。
⑤苏雪林：《天问正简》，武汉大学出版社，2007年，第1~23页。
⑥丁山：《古代神话与民族》，商务印书馆，2005年，第365~369页。
⑦苏雪林：《天问正简》，武汉大学出版社，2007年，第22~23页。
⑧苏雪林：《天问正简》，武汉大学出版社，2007年，第22~23页。
⑨此处疑问只指鲧禹治水部分，而《天问》中绝大多数问题，屈原是知道答案的，他只不过以提问的方式来结构诗句而已。

先转引这八简 32 句原辞：

不任汩鸿，师何以尚之？佥曰何忧，何不课而行之？鸱龟曳衔，鲧何听焉？顺欲成功，帝何刑焉？永遏在羽山，夫何三年不施？伯禹腹鲧，夫何以变化？阻穷西征，岩何越焉？化为黄能，巫何活焉？咸播秬黍，莆雚是营，何由并投，而鲧疾修盈？纂就前绪，遂成考功，何续初继业，而厥谋不同？禹之力献功，降省下土四方，焉得彼涂山女，而通之乎台桑？闵妃匹合，厥身是继，胡维嗜不同味，而快鼂饱？⑩

这 32 句原辞，苏雪林认为当初是写在八枚竹简上，每简有 4 句。我们以简为单位，来概述每简歌词大意。

首简：鲧既然不胜任治水，众人为何还要推戴他？既然众人还有犹疑，为何不经考察就任用？首句中的"鸿"字，是"洪水"之意。

次简：鸱龟以它们的行迹教导伯鲧筑堤治水，鲧是如何照办的呢？假如鲧治水能够成功，天帝还会惩治他吗？"鸱龟曳衔"应该是一个流传久远的情节，或许是指鸱龟教伯鲧填土造地之法，但根据前后文意，屈原还是将其理解成助鲧治水。关于"鸱龟曳衔"情节，这里作一些推测，鸱是鸱鸮，即猫头鹰，鲧曾有化龟的经历，则龟是伯鲧的化身。据苏雪林考证，鲧与西亚的水神哀亚（Ea）有许多共性，他们是同源关系，而哀亚有鱼、羊、蛇、龟、鸟等形象，⑪则鲧也可以有这些形象，因此鸱、龟都可看成是鲧的变形，再变为他的治水助手，是没有什么问题的。还有两类物象，值得拿出来作类比，一是湖南长沙子弹库战国楚墓出土的《人物御龙帛画》，画面正中的一弯舟形巨龙尾部立有一鸟，形成鸟龙组合。无独有偶，在天赤道区的星座中，有一长蛇座，长蛇尾部立有一乌鸦座，二者构成了鸟蛇组合，在星座神话中，长蛇座之长蛇原型，是西亚大母神原始女怪，也称混沌孽龙，她有蛇（龙）形，也有龟形，则蛇、龟都可以表现她，有置换的关系。若将上述两鸟蛇（龙）组合的蛇（龙）置换为龟，便跟"鸱龟"组合合拍了。因此，笔者怀疑，"鸱龟曳衔"、《人物御龙帛画》中的鸟龙组合及太空中的长蛇座、乌鸦座神话，有着同源关系。

三简：伯鲧被永远禁锢在羽山，为何三年都不受诛？伯禹从鲧腹中出生，这是怎

---

⑩苏雪林：《天问正简》，武汉大学出版社，2007 年，第 29~30 页。这里所引为苏雪林的"正简"版。

⑪苏雪林：《天问正简》，武汉大学出版社，2007 年，第 269 页。

么变化出来的呢？伯鲧被锁系于羽山，可以类比西亚神话中的哀亚锁系阿伯苏（Apsu）、宙斯锁系普罗米修斯、以及黄帝械蚩尤、大禹锁巫支祈、李冰父子锁孽龙等等，属同一母题的衍化。而鲧腹生禹，完全同于西亚神话中的水神阿伯苏腹诞马杜克（Marduk）。详情见后文。

四简：向西的道路充满艰险，是如何越过这重重岩障的呢？伯鲧化为三足鳖入于羽渊，神巫是如何使他复活的呢？西亚哀亚系的天神都有死而复生的特性，伯鲧居然也有此特异功能。再加上神巫的参与、伯鲧所化之鳖正是哀亚的众多形象龟之一类等等，显示了伯鲧与西亚水神哀亚的同质性。

五简：鲧、禹都曾以芦苇布土造地，并为人类引播黑黍，为什么鲧得到的却是与四凶并罚，且负罪还如此深重呢？这一简内容反映了屈原对鲧的遭遇的惋惜和不平。也反映出屈子对鲧、禹的神话背景和源头没有足够了解。诗句中的“萑蒲”是形似芦苇的水草，而芦苇在西亚创世神话中发挥了极大作用。如西亚创世大神马杜克就曾以芦苇为架（Reed Frame），造泥土于其旁以成隆起的大地，还有记载是马杜克以苇管吸泥，倾出以造人类。[12]可见芦苇在造地和造人中都派上了用场。西亚创世神话中之所以出现芦苇，一方面是因为神话里认为未有天地前只有深渊，那深渊中当然只能长些芦苇之类的水草了，二是西亚的芦苇能长到很高大，乃至西亚人用之造房甚至造水上村庄，且一直延续到现在（图1）。屈原不一定清楚这一情节，但他还是较为忠实地将表达

图1　两河流域自古及今的芦苇屋

创世神话信息的物质记在了诗句中。另一个旁证是女娲补天故事。《淮南子·览冥》说到女娲“炼五色石以补苍天，积芦灰以止淫水”。这“芦灰”二字，用在中国古文化语境里会感觉有些突兀，但若了解了西亚创世神话里芦苇的贡献，就能明白此处“芦灰”的文化来源及巨大作用了。此外女娲抟土造人神话也颇类马独克的倾泥造人。

六简：继承并推进前人的事业，成就了父辈的开创之功。为何继续的是当初的事业，

⑫苏雪林：《天问正简》，武汉大学出版社，2007年，第157~158页。

而谋略却有不同？这说的是鲧、禹治水事业一致，但具体办法有异。或许就是指的一个用堵一个用疏的办法吧。看来至迟在屈原时代，已丧失掉鲧、禹布土造陆的开辟神话，而理解成了治理水患的先王功绩。

七简：禹致力于造福人类，他下降到地上四方。他是怎么得到涂山之女的？还与其交配在台桑？这一简所讲大禹"降省下土"，似乎又说明禹是天神下降人间。还言及他娶了涂山之女为妻。笔者曾讨论过涂山也即昆仑山，[13]则涂山女与居于昆仑山的西王母也有等同关系。实际上也正是如此，因西亚大母神伊南娜（易士塔儿）曾传衍到世界诸多古文明区，如埃及的伊西丝，印度的黛维、乌摩、杜尔伽、吉祥天等等，希腊（罗马）的赫拉（朱诺）、阿佛洛狄忒（维纳斯）、雅典娜（密涅瓦）、阿尔忒弥斯（狄安娜）等等，传至中国的幻化成多位女神，有西王母、女娲、王母娘娘、湘夫人、嫘祖、织女、马头娘、妈祖、素女、泰山娘娘、观音等等，也包括涂山女。在她们身上，或多或少都有着西王母乃至域外大母神、金星神伊南娜（易士塔儿）的影子。[14]

八简：大禹忧愁没有配偶，那涂山女可算是填补了。他为何嗜好不同口味，特别喜欢饱餐大海龟？苏雪林将此句中的"鼋"解释为大海龟或大海鳖[15]，鲧、禹都有化龟的经历，[16]这都体现了大禹与龟的紧密关系。在近东开辟史诗中，马独克吃一种叫Ku-pu的东西，才有能力造天地。印度偏入天之龟名Kurma，有时又叫Kapila，它们之间似有对音关系。苏雪林因而推断Ku-pu就是龟。[17]这样的话，则大禹及其西亚原型马杜克，都喜欢吃一种龟，这当然不是巧合。

我们分析作为表象的鲧、禹治水故事，能够看出其背后的神话底层。如"窃帝之息壤""奠山导水""鲧腹生禹""鲧、禹化黄能"等等非人力所能及的行为，却在鲧、禹身上频频出现。如果我们放宽视野，还能看出鲧、禹的斑斑事迹和神功，多能在近东开辟史诗中找到原型。其原型神话人物有哀亚、阿伯苏、尼波（Nebo）、马杜克等等。下面，请看近东开辟史诗中的鲧、禹原型及与鲧禹可对应的事功。

⑬宋亦箫：《昆仑山新考》，待发表。
⑭宋亦箫：《西王母的原型及其在世界古文明区的传衍》，《民族艺术》2017年第2期。
⑮苏雪林：《天问正简》，武汉大学出版社，2007年，第246、266页。
⑯黄永堂：《国语全译》，贵州人民出版社，1995年，第543页；[清]马骕：《绎史》（一）卷12，中华书局，2002年，第158页。
⑰苏雪林：《天问正简》，武汉大学出版社，2007年，第265页。

二、近东开辟史诗与鲧禹故事之关联

近东开辟史诗是西亚阿卡德人的创世神话，用楔形文字刻写在七块泥板上。有饶宗颐先生的中译本。[18]我们研读史诗情节，会发现史诗中的创造主马杜克及其神父哀亚或阿伯苏，他们的神功神迹，与《天问》中的鲧、禹神话多有契合。苏雪林认为这是因为前者影响了后者之故。[19]笔者赞同林说，这里便以林说为基础，继续考察二者的源流关系。

先言近东开辟史诗。史诗讲道，宇宙未造成之前，充塞整个空间的都是水，名叫"深渊"（Deep，也叫 Apsu 或 Abyss），此深渊人格化为一女性神，叫蒂亚华滋（Tiawath）或蒂亚马特（Tiamat），也称混沌孽龙（Dragon of Chaos），还称 Kudarru。俗称原始女怪。她的外形，有时如有角之巨蛇，有时如有翅之狮，有时则为头生双角身披鳞甲的异兽，还有时为龟形。[20]

原始女怪生出许多天神，天帝阿努及水主哀亚皆是她的子孙。后来原始源渊分化为甘咸二水，哀亚主甘水，为善神，咸水称阿伯苏（也即深渊 Apsu），为恶神。[21]

据苏雪林考证，中国古籍中的水神共工及伯鲧，其"共工"和"鲧"之音读，皆源自原始女怪之名 Kudarru，二者皆由阿伯苏变来。杨宽和顾颉刚等先生也指出"共工"不过是"鲧"音的缓读，"鲧"字则是"共工"的急音。[22]我们在文献中也发现有许多情节，一说是共工所为，又说是伯鲧所做，[23]正印证了二者当是西亚神话中的恶神阿伯苏在不同阶段流入中国所造成的分化而已。由于阿伯苏的恶神性，影响到共工和伯鲧在中国神话里也成为四凶之二。当然，鲧在中国文献中也有布土造地治水的善行，这一方面是由阿伯苏本为原始深渊有其创造天地而利世的一面而来，另一方面则是鲧也因袭水主哀亚的特性所致。阿伯苏在神魔大战中败北，身被戮。这就是伯鲧虽布土造地息土填洪仍然落得被殛于羽山的命运之所由。而其子伯禹做的是同样的布土造地奠山导水的工作，却能被封赏拥戴，这也是由于其前身是西亚创世大神倍儿马杜克所拥有的崇高地位对大禹的影响所致。所以，鲧、禹的结局，无关个人努力，是因为他

⑱饶宗颐编译：《近东开辟史诗》，辽宁教育出版社，1998 年。
⑲苏雪林：《天问正简》，武汉大学出版社，2007 年，第 264~281 页。
⑳苏雪林：《天问正简》，武汉大学出版社，2007 年，第 265 页。
㉑苏雪林：《天问正简》，武汉大学出版社，2007 年，第 266 页。
㉒杨宽：《中国上古史导论》，《古史辨》第 7 册，海南出版社，2005 年，第 195 页；顾颉刚、童书业：《鲧禹的传说》，《古史辨》第 7 册，海南出版社，2005 年，第 582 页。
㉓杨宽：《中国上古史导论》，《古史辨》第 7 册，海南出版社，2005 年，第 192~196 页。

们的不同命运早就"前生注定"。

开辟史诗中讲到一场神魔大战，以神方胜利而结束。创世主哀亚用催眠法将魔军统领阿伯苏催眠，夺其冠冕，析其筋肉，锁而杀之。并在阿伯苏遗体上建居所，生出群神领袖马杜克。另一说则是马杜克为哀亚与其妻唐克娜所生。还有一说，马杜克从阿伯苏尸腹中诞出。史诗这样说："于阿伯苏内，马杜克诞生，于神圣的阿伯苏内，马杜克诞生。"无怪乎在一些宗教颂歌中又称马杜克为"阿伯苏之子"。中国神话中的鲧腹生禹，显然就是阿伯苏腹中诞出马独克的翻版，而且这两对父子也刚好是对应关系。知道了这层渊源，就不必像一些学者那样非得去论证鲧为女性才能生禹等徒劳无功的事了。因为这本是神话。若要非说鲧是女性，我们从原始女怪所具有的女神特征方面出发也不是不可以找到一些鲧是女性的证据，但那样太迂回，鲧腹生禹直接源自阿伯苏腹诞马杜克的神话才是最便捷的解释。

开辟史诗另有一种说法是原始女怪之夫魔军统帅京固败于火神，被火焚死。西亚神话中的夫妻父子经常混同互换，这里的京固也就相当于原始女怪或阿伯苏。而《山海经》中有"帝令祝融杀鲧于羽郊"之说，祝融是中国的火神。显然这也属外来的情节被安排在祝融和鲧的身上。

水主哀亚被称之为"群神之大巫"，哀亚便有了起死回生的法力，所以他的祭司总是唱道："我是哀亚的祭司，我能使死者复活。"自哀亚一系所衍化的诸神，都有死而复活的经历。如旦缪子、马杜克等等。而伯鲧被杀于羽山三年不腐，经巫者法术而复活并化为黄能入羽渊。则这里的巫者、复活二节正可对应于哀亚故事。

哀亚有说是原始女怪直接所生，在西亚神统记里也常被说成是天帝阿努之子。而《墨子·尚贤》所载"昔者伯鲧，帝之元子"，这就跟哀亚为天帝阿努之子划上了等号。

还有就是哀亚曾是西亚神话中的创造主（齐地八神中的天主，正是水星神哀亚，奉水星神哀亚为天主，体现了齐地八神神话传来时应在哀亚作为创造主的西亚苏美尔神话时期），后来其子马杜克也有屠龙创世之伟业。而中国文献中也屡提"禹、鲧是始布土，均定九州"等布土造地的业绩。鲧、禹各称伯鲧、伯禹，这"伯"字，并非要说他们均是长子，也不是说他们有"伯"之爵位，而是"爸""父"之义，是人类祖之意。这也跟哀亚、马杜克父子在西亚神话中的创造主地位相一致了。

上面所论以伯鲧为主，讨论了近东开辟史诗中的哀亚、阿伯苏与伯鲧之间的对应关系。下面我们再具体看看大禹与其西亚神话原型马杜克、尼波之间的对应关系。

大禹既吸收了西亚群神领袖木星神马杜克的诸多事迹和印迹，也具备水星神尼波的神性。这是因为，大禹一方面继承了其父伯鲧及其原型哀亚、阿伯苏的水神性，也保持着像哀亚、阿伯苏与马杜克为父子关系一样与伯鲧为父子关系，所以自然要继承阿伯苏之子马杜克的神性。在西亚神话中，马杜克是哀亚之子，但又与哀亚的"符合者"尼波有父子关系，这就相当于本为一身的哀亚和尼波，从父亲（哀亚）一角转变成了儿子（尼波）。西亚神话中这种角色转换在所多见，我们就见怪不怪吧。提请注意的仅是这对父子的神性已集中于大禹一身。

西亚神话中马杜克打败原始女怪后，将这个庞然大物（即龟形）劈为两半，上半造天盖，下半造大地。[24]并用女怪身体各部件造成天地万物。他还步天、察地、测深渊之广狭。大禹也有布土定九州，奠山导水，制定晨昏的功绩，他还以太阳行程为根据，测得空间有五亿万七千三百九里，这是步天。命亥坚、太章量东西南北四极的里数，这是察地。测鸿水渊薮，这是测深渊。大禹的"息土填鸿"，通常认为这就是治理洪水，其实不然。《淮南子·地形》所言："凡鸿水渊薮自三百仞以上，二亿三万三千五百五十里，有九渊。禹乃以息土填洪水以为名山，掘昆仑虚以下地。"这个"鸿水渊薮"，实际是原始深渊（Deep）传到中国后的叫法，而不是大洪水。"掘昆仑虚以下地"是指大禹掘昆仑墟四周之土以堆成高山，供天神作为台阶下到地面。这都说的是布土造地及堆山为阶的神话。笔者甚至推断所谓鲧、禹治水，恐怕也是"禹、鲧是始布土，均定九州"的讹误。即将在原始深渊中创造大地误解成了在大地上治理洪水。

西亚诸神皆有徽记，马杜克的徽记是巨铲。也有以一巨铲竖立在三角架上之形，更完整的形式则是巨铲下卧伏一狐形异兽也即混沌孽龙（图2）。在中国的古帝王画像中，大禹也常手执一铲（图3）。我们再来看"禹"字的构形。"禹"字在甲骨文中不见，金文中有𢀜、𢀜、𢀜、𢀜等形，皆手持铲状或三角架上立一铲形。顾颉刚先生对大禹有过精深研究，曾提出"大禹是一条虫"的命题，依据是《说文》上的释义。这在20世纪20年代成为攻击顾颉刚的一个"笑柄"。那顾氏如此立意可有道理呢？

㉔龟甲上盖圆形，造为圆天，下版为方，造为方形大地。

苏雪林认为是有道理的。秦公敦上的"禹"字，形如𩵋，铲形尾部弯曲厉害，接近《说文》上看作是虫类的"𥝌"字了。文献上记"句龙"为后土，而后土又为社，苏雪林论证过大禹死而为社，[25]则大禹也即是后土和句龙。马杜克之父哀亚有蛇形，则马杜克也具备蛇形，这蛇、龙不过是一物的两说，故大禹与马杜克在此又重叠了。再说回来，古代中国将多种动物称为虫，如龙为鳞虫之长，虎为大虫，人为倮虫等等。由此苏雪林推测，造"禹"字者大概将铲、虫两个因素一起融入了"禹"字中，才形成头铲尾虫的合并形"禹"（𥝌）字。[26]由此，说大禹是一条虫就是有道理的了。只不过，其理据不是《说文》中的释义，而是其西亚原型马杜克及其父哀亚有蛇形这一要素在起作用，而大禹像执铲的设计以及"禹"字由铲形作为构件，都是西亚马杜克以巨铲为徽记影响的结果。"禹"字之铲与蛇（龙）的结合，还可从大禹的对应者马杜克的徽记上看出端倪，后者也称铲与混沌孽龙的组合，这当是"禹"字主要构型"铲、蛇"的最深远源头。

图 2　西亚木星神马杜克徽记

图 3　东汉武梁祠画像石大禹执铲像

　　鲧、禹既是从水主哀亚一系发展而来，则水主作为最早的死神的特性也该有所继承。先看禹死为社的说法。《左传》记载蔡墨与魏献子谈龙，说道："共工氏有子曰句龙、为后土……后土为社。"共工也即鲧，则其子就是禹了。再看一个更显然的例子，《礼记·祭法》："共工氏子曰后土。能平九州，故祭以为社。"顾颉刚认为能平九州，又是共工氏子，不为禹是不可能的。而社乃土地之神，为地主，也即死神。

㉕苏雪林：《天问正简》，武汉大学出版社，2007 年，第 273 页。
㉖苏雪林：《天问正简》，武汉大学出版社，2007 年，第 278 页。

浙江绍兴有禹穴，故秦始皇、秦二世到泰山行封禅大典时先封泰山，随后又到会稽（今浙江省绍兴市）祭大禹。封泰山是为求升天祈长生，祭大禹自然也是这个仪典中一项，即祭死神，求得死神允他不死以便升天。由这几点，大禹的死神性也很明显了。

文献中有"禹步"一说，是指曲一足而用一足行走之意。而西亚水星神尼波，为智慧神、笔神，他传到中国衍化为魁星，曲其一足而用独足立于鳌背上。魁星点斗、独占鳌头说的就是这位神道（图4）。[27]独足行走称为禹步，当然是尼波同时也是水主哀亚的符合者传来中国后以他的中国替身大禹命名的缘故。

以上分析解读了鲧、禹与其西亚神话人物原型的对应情节。我们认为，夏史可以存在，但其开国奠基的

图4　清代乾隆二年铭独占鳌头砖拓

人物鲧、禹，恐怕是后人的拉郎配。鲧、禹所治洪水，与西亚神话、《圣经》等的大神、上帝降洪水毁灭人类然后再开始第二代人祖繁衍到现在的故事不是一回事，而更可能是西亚开天辟地神话中在深渊中造大地传到中国的讹误。但也有另一种可能，便是鲧、禹也曾做为良渚文化先民的祖神，在良渚文化后期，因遭遇所谓的"夏禹宇宙期"海浸事件，大部良渚人群北迁中原，并以他们为主，与中原土著结合建立夏朝，后者仍以鲧、禹为其祖神，并将发生于东南沿海的海浸事件以及抵挡洪水故实纳入鲧、禹神话中，形成流传后世的鲧、禹治水传说。[28]

三、结论

《天问》的夏史部分，有八简32句讲述的是鲧禹治水故事，故事也相对完整，有讲到鲧、禹治水的一败一成，败被惩、成被赏等等，以及伯鲧受惩过程中三年不腐、

㉗苏雪林：《屈原与〈九歌〉》，武汉大学出版社，2007年，第182~183，189~190页。
㉘宋亦箫：《良渚文化神徽为"大禹操龟"说》，待发表。

鲧腹生禹、死而复活、化为大海龟入羽渊等情节，还有鸱龟协助伯鲧治理洪水，鲧、禹以芦苇布土造地，教民耕播黑黍等等，最后还言及大禹从天而降、娶涂山女、饱餐大海龟等情节。鲧、禹的这些事功神迹，在中国历史常识里，一般看作是历史人物身上附着了一些夸张的不实成分，可看成是历史的神话化。

但经过与近东开辟史诗的对比，才发现鲧、禹的事迹大多可在开辟史诗中的神话人物哀亚、阿伯苏、马杜克身上找到原型，两地的人物和事功有着源与流的关系。如此，我们更愿意相信，鲧、禹是揉合了诸多西亚神话人物哀亚、阿伯苏、马杜克的神话人物，鲧、禹治水故事是神话的历史化。

大禹与西羌历史研究

邵小梅[①]

摘要：中华文明兴于华夏，华夏始于炎黄，史传关系炎黄之后。甲骨文中唯一留下记载的族姓即为羌。在历史的先期，它曾是一支高度文明的部族。中国第一个王朝——夏，即是以羌为主体建立的一个统一大国。中华民族的形成与发展，与羌的融合密不可分。

关键词：大禹　华夏　西羌

A Historical Research on the Great Yu and Western Qiang

Shao Xiaomei

Abstract: Chinese civilization prospers in Huaxia, which originates from Yanhuang. The only family name left recorded on the inscriptions of tortoise shells is Qiang. In the early time of history, Qiang used to be a highly civilized tribe. The first dynasty of China, Xia, was built as a united nation with Qiang people as its majority. The formation and development of the Chinese nation are closely connected with the fusion of Qiang.

Key words: the Great Yu, Huaxia, western Qiang

一、大禹故里与治水的故事

西羌是大禹的故乡，而羌族是中华民族大家庭中最古老的民族了。

---

①邵小梅：四川中国西部研究与发展促进会羌学研究院副院长，四川汇德轩文化艺术有限公司副总经理。
Shao Xiaomei : vice president of the Promotion Association of Research and Development of the Western Qiang, Sichuan, China. deputy general manager of Sichuan Huidexuan Culture & Art Co., LTD.,

说到大禹，我们很自然便会联想到很多有关大禹的传说故事，有些故事甚至带有相当浓郁的神话色彩。但大禹并不是神话人物，而是新石器时代率领中华各族人民疏通江河、治理水患的一位杰出的英雄。今天，我们从东汉流传下来的山东嘉祥武梁祠画像石上，能看到一幅大禹的画像，头戴笠，手持耒，衣着简朴，正是大禹风尘仆仆于九州治理水患的生动写照。

图1　传说大禹治水是从岷江开始的
（山东嘉祥武梁祠西壁大禹画像）

关于大禹的出生地，常璩《华阳国志》卷三说："蜀之为邦……则汶江出其徼，故上圣则大禹生其乡。"[②]汶江是古代羌人的栖息地，常璩虽没有明确说明大禹的出生地点，但认为大禹生于羌乡则是肯定的。从其他古籍记载来看，司马迁《史记·六国年表序》就有"禹兴于西羌"之说，注释《集解》说"皇甫谧曰：孟子称禹生石纽，西夷人也。传曰'禹生自西羌'是也"。注释《正义》说"禹生于茂州汶川县，本冉駹国，皆西羌"。[③]查今本《孟子》中未见这段文字，可能是佚文，但也透露了先秦已有此说。陆贾《新语》也采用了这一说法，说"大禹出于西羌"。[④]赵晔《吴越春秋》卷六说的更为详细："鲧娶于有莘氏之女……剖胁而产高密。家于西羌，地曰石纽。石纽在蜀西川也"。[⑤]文中所说高密，也就是大禹。古籍《世本》也有相同记述。扬雄《蜀王本纪》也说"禹本汶山郡广柔县人也，生于石纽"。[⑥]皇甫谧《帝王世纪》也说"伯禹，

②[晋]常璩撰，刘琳校注：《华阳国志校注》，巴蜀书社，1984年，第330页。
③[汉]司马迁：《史记》，中华书局，1959年，第686页。
④《百子全书》，浙江古籍出版社，1998年，第89页。
⑤[汉]赵晔撰，张觉译注：《吴越春秋全译》，贵州人民出版社，1993年，第239页。
⑥[清]严可均校辑：《全上古三代秦汉三国六朝文》，中华书局，1958年，第415页。

夏后氏，姒姓也，其先出颛顼，颛顼生鲧，尧封为崇伯，纳有莘氏女，曰志，是为修己，山行，见流星贯昴，梦接意感，又吞神珠薏苡，胸坼而生禹于石纽……名文命，字高密，身长九尺二寸，长于西羌，西夷人也"。[7]陈寿《三国志·蜀书·秦宓传》也记载"禹生石纽，今之汶山郡是也"。裴松之注引谯周《蜀本纪》曰"禹本汶山广柔县人也，生于石纽，其地名刳儿坪"。[8]明代曹学佺《蜀中名胜记》也记述说"开辟以来，群圣之功，唯禹为大也。百川之长有四渎，而江河为大。江出蜀之西徼，禹乃生于西羌，石纽其地也"。[9]可见这是古籍记载中比较一致的说法。

而据《史记·五帝本纪》和《夏本纪》以及浙江绍兴禹陵所藏《姒氏世谱》等史料所载，大禹名文命，字高密，父亲是鲧，祖父是颛顼，曾祖父是昌意，而昌意的父亲则是黄帝。据《华阳国志·蜀志》中记载，昌意娶蜀山氏之女、生子高阳、封于蜀、世为侯伯，所以按辈份算下来大禹应是黄帝元孙，并和蜀族有着亲缘关系。大禹的母亲名修己，为有莘氏女，属于羌族，怀孕了十四个月，于尧戊寅二十八载六月六日生禹于西川之石纽乡。后世纪念大禹，每年农历六月六日即为大禹的诞辰纪念日。

大禹兴于西羌，生于石纽，按照众多古籍史料中的记载，应该是没有疑问的。石纽是古代西羌的一个地方，位于西川岷江东岸一带。其地望究竟在何处，大致有四种说法：一为今汶川县飞沙关山岭，二为今北川县石纽山，三为今理县汶山寨石纽山，四为今都江堰市龙池山。这些地方，都有许多关于大禹诞生的传说和遗迹。其中尤其是北川县禹里、治城两个羌族乡现存的遗迹最多，有"石纽""甘泉""禹穴"等摩崖刻石，又有刳儿坪、禹床、洗儿池、禹母池等名胜。当地传说，禹穴刳儿坪即为禹母剖生大禹之处，瀑布下面的水也因洗浴过大禹，水中的白石因之染上了红斑，民间附会这里的红斑白石"以滚水浸之水腥，孕妇服之能催生"，颇有奇效。又传说，在大禹的诞生之地石纽，"夷人营其地，方百里不敢居牧。有过，逃其野中，不敢追，云畏禹神，能藏三年，为人所得，则共原之，云禹神灵佑之"。[10]《水经注》卷三十六对此也有记述，"沫水出广柔徼外，县有石纽乡，禹所生也。今夷人共营之，地方百里，不敢居牧，有罪逃野，捕之者不逼，能藏三年，不为人得，则共原之言大禹之神祐之也"。[11]传说虽有附会，但融入了当地民俗，流传颇为悠久。

⑦ [晋] 皇甫谧：《帝王世纪》，齐鲁书社，2010年，第21页。
⑧ [晋] 陈寿：《三国志》，中华书局，1959年，第975页。
⑨ [明] 曹学佺：《蜀中名胜记》，重庆出版社，1984年，第24页。
⑩ [晋] 常璩撰，刘琳校注：《华阳国志校注》，巴蜀书社，1984年，第331页。

中国历史上的诸多伟大人物，特别是古代的开国帝王，当后人追述他们的生平事迹时，大都加以渲染，会有许多神奇的附会。大禹自然也不例外，所以其诞生地有诸种说法也就不足为奇了。西川之石纽，在秦汉之前本是比较笼统的说法，泛指岷江流域古羌居地的某个地方。汉武帝征服了西南夷后，设置了汶山郡广柔县，这才有了后

图 2　北川石纽，附近有禹王沟，传说即为兴于西羌的大禹出生地

来多种史籍中比较明确的禹生于汶山郡广柔县的说法。而由于广柔县是在古代西羌地区新开辟的县，其地广袤，故今汶川、茂县、北川等地均有禹迹。唐朝贞观年间改置石泉县后，在石纽山麓修建了禹庙，作为敬仰纪念大禹的象征。禹庙的规模并不大，仅三楹两进。明朝嘉靖年间在禹庙庭院内增建了碑亭，刻建了有名的"岣嵝碑"。到了清朝，禹庙得到了进一步扩建，并在石纽山前修建了"神禹故里坊"。其实，禹庙的修建并不仅石纽一处，其他许多地方为了纪念大禹也纷纷建起了禹庙，唐宋明清以来，数量相当可观。譬如山东禹城为纪念大禹修建了禹王亭，浙江绍兴修建有大禹陵，等等。当然，四川境内最著名的仍是石泉(今北川)的禹庙。

大禹生活的尧舜时代，古羌和华夏民族都处于向农耕发展的过程之中。这个时代的气候属于多变期，经常洪涝成灾，严重威胁着人们的生存和发展，治水便成了这个时代的一件头等大事。《孟子·滕文公》描述当时的情形说：当尧的时候，洪水横流，四处泛滥，五谷不登，禽兽逼人，大地上成为蛇和龙的居处，人们无处安身，低地的

---

⑪ [北魏] 郦道元撰，王国维校：《水经注校》，上海人民出版社，1984年，第1121页。

图 3 　大禹出征

图 4 　山东禹城为纪念大禹修建的禹王亭

图 5 　浙江绍兴大禹陵

人只有在树上搭巢，高地的则挖洞穴而居。可见处境是非常严峻的。[12]《史记》记载尧曾公开征求能治水者，当时分管四方诸侯的四岳与群臣都推荐鲧，于是尧付鲧于重任，负责治理全国的水害。鲧在危难之际接受了这个艰巨的任务之后，殚心竭力治理洪水，传说他甚至偷来了上帝的息壤以填塞洪水。《山海经·海内经》记述说"鲧窃帝之息壤以堙洪水"，传说息壤是一种神奇的泥土，可以无限止生长，用来阻挡填塞洪水显然是非常好的东西。[13]鲧治水的手段，主要是采取筑堤的方法，实践证明这种方法并不能阻挡洪水的泛滥，每年秋冬千辛万苦筑起的堤坝，一到春夏洪水大肆泛滥便又冲垮了，就这样年年修年年垮，治水九年都没成功，终于导致了鲧的悲壮失败。史料记载，当时继承尧摄行天子之政的舜，巡行天下，对鲧的治水无状十分生气，"乃殛鲧于羽山以死"。舜在严厉地惩处了治水失败的鲧之后，又举贤任能，任命鲧的儿

---

⑫杨伯峻：《孟子译注》，中华书局，1960 年，第 124 页。
⑬袁珂：《山海经校注》（增补修订本），巴蜀书社，1993 年，第 536 页。

子禹继承父业，继续担当治理洪水的重任。

大禹治水，吸取了鲧的教训，放弃了单纯堵塞的方法，改为湮疏并用，着重采用了疏导的手段。《山海经·海内经》说"帝卒命禹布土定九州"，[14]《淮南子·坠形训》说"禹乃以息土填洪水，以为名山"。[15]最近在成都博物馆看到展出的燹公盨铭文中也有"天令禹敷土，随山浚川，迺差地设征，降民监德"的记述（北京保利艺术博物馆收藏，成都博物馆最近展出了该件器物）。燹公盨是北京保利艺术博物馆专家2002年在海外文物市场发现的，不是考古发掘出土，传闻得自河南窖藏，未必可信。李学勤等专家对这件燹公盨做了鉴定，并对铭文做了辨识。有专家认为燹公盨是西周时期的一件器物，铭文所述大概是迄今所知最早关于大禹治水的记录了。

而据《尚书》与《史记》等记载，为了行之有效地治理水患，大禹对全国的山川河流进行了详细勘查，"行山表木，定高山大川"，将全国划为九个州，每州征调民工3万人，组成27万治水大军，疏通河道，使洪水东归于海，使百姓有地可居，有田可耕。以当时的人力物力，来完成如此浩大的工程，其艰巨的程度是难以想象的。《史

图6　燹公盨及其铭文

记·夏本纪》记述大禹"乃劳身焦思，居外十三年，过家门不敢入。薄衣食，致孝于鬼神。卑宫室，致费於沟淢。陆行乘车，水行乘船，泥行乘橇，山行乘檋。左准绳，右规矩，载四时，以开九州，通九道，陂九泽，度九山"。[16]《太平御览》引《吕氏春秋》记载说，大禹一心治水，"年三十未娶"，后来娶涂山氏女，新婚才数日，便又走上了治水的征途。[17]通过这些记述所展示的生动画卷，使我们看到，大禹不仅做出了表率，更体现了一种精神，吃苦耐劳，不畏艰险，公而忘私，发奋图强，率领治水大军经过

[14] 袁珂：《山海经校注》（增补修订本），巴蜀书社，1993年，第536页，第539页。
[15]《二十二子》，上海古籍出版社，1986年，第2121页。
[16][汉]司马迁：《史记》，中华书局，1959年校点本，第51页。
[17][宋]李昉等：《太平御览》，中华书局，1960年影印本，第382页，第2580页。

十三年百折不挠的奋斗，终于取得了治水的成功。

大禹治水的范围相当广阔，从岷江到黄河流域和长江流域，足迹遍及九州。根据《禹贡》等古籍记述，有的地方水患情形复杂，大禹往返了多次。西蜀岷江是水患比较严重的地区，《禹贡》中数次提到大禹曾由"岷山之阳，至于衡山"，"岷山导江，东别为沱"，"岷嶓既艺，沱潜既道"，[18]说明大禹在治水过程中曾花了大量精力对岷江进行过治理。如果我们作进一步深入的探讨，大禹治水很可能就是从岷江开始的。大禹导山实际也是从岷山开始的。导山是治水的准备，大禹采取的办法是"随山刊木"，[19]根据山势地形确定水的流向，然后随山之势，相其便宜，斩木通道以治之，进而疏浚河道，达到根治水患的目的。导山治水，可以说是对自然环境进行综合治理的一种高明而有效的手段，大禹乃是华夏历史上综合治理山与水的第一人，亦是世界人类文明史上开创自然环境综合治理的鼻祖。

大禹导山治水的办法在岷江流域取得了成功，进而才变成了整个中原的治水方法，并推广到了九州。古代文献中说大禹"西兴东渐"，考古发现对此也有较多的印证。我们知道，大禹兴起于西羌，以大禹为代表的夏部族后来由岷江迁移到了汉中平原汉水流域，进而迁移到了晋南豫西豫中地区。以崇山（即嵩山）为中心的伊洛河三川地带是夏人鼎盛时期的疆域，西蜀地区则是夏人早期活动区域。中原偃师二里头考古发现的夏文化为灰陶文化，分布于陕西、山西、河南；成都平原宝墩古城遗址出土的泥质灰陶和夹砂褐陶，也可称为灰陶文化，与夏人尚黑说相符，其年代与二里头文化相当或略早，这些考古资料便揭示了夏部族的迁徙。大禹治水的过程中间，有跟随他的本族队伍，也有追随他的其他部族。有学者认为，古蜀国的第二代蜀王柏灌，就率领族人跟随大禹治水，迁往了中原。在《古本竹书纪年》等古籍中有斟灌氏的记载，是夏的同盟部族。[20]《左传》中也说到了斟灌族与夏王朝的密切关系，[21]由此推测，斟灌氏很可能就是迁到中原的蜀王柏灌及其族人。

总而言之，我们有充足的理由认为，正是由于大禹最先治理岷江，使岷江西羌的文化发达起来，所以后人才把岷江视为长江的源头。现在我们可以说，大禹治水的次第是：第一是首先治理岷江，第二是治理汉水，第三是治理河济，第四是治理江淮，

⑱ [清] 胡渭著、邹逸麟整理：《禹贡锥指》，上海古籍出版社，1996 年，第 375、557、272、273 页。
⑲ [唐]《尚书正义·禹贡》上册，载 [清] 阮元校刻：《十三经注疏》，中华书局，1980 年，第 146 页。
⑳ [东周]《古本竹书纪年》，载 [晋] 皇甫谧：《帝王世纪》，齐鲁书社，2010 年，第 53~54 页。
㉑ 王守谦等：《左传全译》下册，贵州人民出版社，1990 年，第 770、1483 页。

最终取得了全国水患被治理的大成功。

二、西羌白石崇拜的由来

在中华民族发展融合的历史过程中，羌人是古老而又影响深远的民族，原游牧栖居于今天的川、甘、青相交的区域内，位于长江、黄河二源之间，亦是传说中昆仑山西王母的范围。长江和黄河的上游源流处与河湟区域，远古时期生态良好，水草丰茂，曾是古羌的栖息繁衍之地。古代羌人的牧羊业特别发达，所以《说文》解释"羌"字从羊从人，即指此。[22]后来羌人不断东进，向岷江流域和渭河流域发展，逐步转向农耕。

羌人历史上有过多次迁徙，有西迁和北迁的，西迁的一支后来成为藏族先民的一部分，还有向西南发展的，建立了青衣羌国。羌族的若干分支在长期的历史发展过程中，由于不同的条件和原因而演变为汉藏语系中藏缅语族的各民族。正如学者们所述，"在长期的历史发展过程中，羌族中的若干分支由于种种条件和原因，逐渐发展、演变为汉藏语系中的藏缅语族的各民族。研究藏、彝、白、哈尼、纳西、傈僳、拉祜、基若、普米、景颇、独龙、怒、阿昌、土家等族的历史，都必须探索其与羌族的关系"。[23]据《后汉书·西羌传》记载，汉以前在河湟区域居住的主要是羌人，对此也是一个很好的说明。《后汉书·西羌传》说秦献公时羌人"畏秦之威，将其种人附落而南，出由赐支河曲西数千里，与众羌绝远，不复交通。其后子孙分别，各自为种，任随所之。或为牦牛种，越巂羌是也"。[24]实际上古羌的迁徙，早在春秋战国之前就开始了。这里说的越巂羌，只是古羌的一支，还有若干分支则分散迁徙到了西南其他地方。著名的羌族史诗《羌戈大战》，便记叙了羌人九支人马分别向西向南迁徙的故事，其中一支来到岷江上游打败了戈基人而定居下来。有学者认为戈基人可能是冉駹，为氐族。[25]

岷江上游同时还栖居着与氐羌关系密切的蚕丛氏蜀人，在考古学上遗留下了丰富的石棺葬文化。据说岷江上流是古代蜀人的发祥地，其先称为蜀山氏，后称为蚕丛氏，与古羌毗邻而居。黄帝的时候，蜀山氏已成为和黄帝氏族世代通婚的部落。黄帝娶西陵氏女嫘祖为正妃，生子青阳与昌意，为昌意娶蜀山氏女而生高阳，高阳生颛顼，后继承帝位称为帝颛顼。颛顼生鲧，鲧生大禹。大禹兴于西羌，羌乡是大禹的故里。可

㉒ [汉]许慎撰，[清]段玉裁注：《说文解字注》，上海古籍出版社，1988年，第146~147页。
㉓ 冉光荣、李绍明、周锡银：《羌族史》，四川民族出版社，1985年，第1页。
㉔ [南朝·宋]范晔：《后汉书·西羌传》，中华书局，1965年，第2876页。
㉕ 段渝：《四川通史》，四川大学出版社，1993年，第32页。

知古代羌人和古代蜀人的亲缘关系，可谓由来已久。

蚕丛氏后来沿着岷江向东发展，进入成都平原创立了古代蜀国。当我们查阅古籍的时候，会读到一些这样的记述，如章樵注《蜀都赋》引《蜀王本纪》云："蚕丛始居岷山石室中。"《华阳国志·蜀志》说："有蜀侯蚕丛，其目纵，始称王，死，作石棺石椁，国人从之，故俗以石棺椁为纵目人冢也。"[26]20世纪的考古学者们，在岷江上游发现了大量的新石器时代晚期文化遗存，即与古代氐羌和蚕丛氏蜀人有关。

石崇拜这一古老习俗的形成与盛行，与大禹为代表的夏族崛起有很大的关系。古籍中说大禹生于石纽，古人解释石纽为二块结成纽状的灵石。北川禹穴附近有敬奉血

图7　岷江上游的叠溪河谷有蚕丛遗迹

图8　茂县牟托石棺葬遗址

石的习俗，传说亦与大禹降生有关。古籍中又说，大禹的儿子启也是破石而生的，如《墨子·墨子后语》与《蜀典》等古籍中就记述了"石破北方而生启"的传说。《楚辞·天问》有"何勤子屠母"的询问：为何夏启出生杀害母亲？朱熹《楚辞集注》说"屠母疑亦谓《淮南》所说，禹治水时自化为熊以通轘辕之道，涂山氏见之而惭，遂化为石。时方孕启，禹曰归我子，于是石破北方而启生。其石在嵩山，见《汉书》注"。[27]在《汉书·武帝纪》中有汉武帝巡视中岳"见夏后启母石"的记载，颜师古注释曰"启，夏禹子也，其母涂山氏女也。禹治鸿水，通轘辕山，化为熊，谓涂山氏曰：'欲饷，闻鼓声乃来。'禹跳石，误中鼓。涂山氏往，见禹方作熊，惭而去，至嵩高山下化为石，方生启。禹曰：'归我子。'石破北方而启生。事见《淮南子》"。[28]《水经注》卷三十九也有"启生石中"的记载，对这个传说颇有疑问，王国维注释亦引用了上述说法，文字上略有不同："《随

㉖ [晋] 常璩撰，刘琳校注：《华阳国志校注》，巴蜀书社，1984年，第181页。
㉗ [宋] 朱熹：《楚辞集注》第2册，人民文学出版社，1953年影印宋端平刻本，第11页。
㉘ [汉] 班固：《汉书》第1册，中华书局，1962年，第190页。

巢子》《淮南子》并云：禹娶涂山氏，治鸿水通轘辕山，化为熊，涂山氏见之慙而去，至嵩高山下化为石，禹曰：归我子石，破北方而生启。李彤《四部》云：嵩山南有启母祠，郭景纯云：阳城西有启母石也。"㉙

《淮南子·修务训》说"禹生于石"。㉚《艺文类聚》卷六引《隋巢子》也有"禹产于崌石，启生于石"的记载。㉛这些古老的民间传说与遗迹，都显示了大禹与儿子启乃石所衍生的内容，而这正是典型的石崇拜形式。大禹产于石，其子启亦出生于石，这无疑说明了夏族具有强烈的石崇拜信仰。

由于夏族与西羌和古蜀的特殊关系，夏族的石崇拜观念在西羌和古蜀也同样盛行。就像龙图腾信仰的传播一样，夏族的石崇拜观念对西南地区的许多讲羌语支民族和一些藏缅语民族，在心理与习俗上都产生了重大影响。也许是因为这些民族在远古时期有着族源上的密切关系，同时也由于客观上存在着地域传播带的原因，所以他们的文化大都具有相似的现象。在经历了漫长的发展演变和融合之后，迄今我们仍能看到许多远古流传下来的遗俗。堪称是民族文化史上的"活化石"，这对我们探索描述石崇拜观念无疑提供了极大的方便。

在羌族的原始信仰中，延续至今的白石崇拜一直占据着极其重要的地位。羌族这个古老的习俗与夏族的石崇拜观念是一脉相承的，同时又采用传说的形式给予了神奇的解释和美丽的发挥。据羌族世代相传的口碑史诗《羌戈大战》描述说，羌人原来生活在水草丰美牛羊成群的西北大草原上，后遭到北方异族侵略，被迫迁徙，羌人九弟兄率九支人马各奔前程，大哥率领的人马途中又遭到敌兵袭击，损失惨重，他们向天女木姐珠祷告，祈求帮助，木姐珠从天上抛出三块白石，变成岷山上的三座雪山，挡住了敌兵，使这支羌人才得以摆脱敌人，重建家园。于是，羌人便决定在"雪山顶上捧白石，白石供在房顶正中间"，以报答神恩。后来羌人又受到戈基人的侵犯，羌人屡战不胜，得到天神几波尔勒授予的白石与麻秆，才战胜了戈基人，终于在岷江上游定居下来，这使得羌人更加强了对白石崇拜的信念。

羌人以一种乳白色的石英石作为偶像的表征，供奉在山上、地里、屋顶或庙内。此外在门楣、窗口、碉楼上以及树林之中也供奉着这样一些白石，作为神灵的象征。

㉙ [北魏] 郦道元撰，王国维校：《水经注校》，上海人民出版社，1984年，第1214页。
㉚ [汉] 刘安撰，高诱注：《淮南子》，《二十二子》，上海古籍出版社，1986年，第1297页。
㉛ [唐] 欧阳询撰，汪绍楹校：《艺文类聚》，上海古籍出版社，1982年，第107页。

学者们认为，羌族的这一石崇拜形式，可以称之为以白石为中心的多神崇拜或以白石为表征的诸神信仰。[32]其内涵包括了自然崇拜、动物崇拜、植物崇拜和祖先崇拜，原始宗教所具有的几种基本形式，在羌族的信仰习俗中都保留得比较完整，并通过白石崇拜给以了充分的体现。羌族敬奉白石，与羌人自古尚白的习俗也有很大关系。世界上崇尚白色的民族不少，但将尚白习俗与石崇拜观念密切结合并发挥到了极致，羌族可谓是最典型的代表。

如果我们作更深入的探讨，我们便会发现，崇拜白石这一信仰习俗对羌族人民的

图 9　羌族民居随处可见白石崇拜　　　　图 10　羌族的白石崇拜习俗

思想和行为都发生了深厚的影响。在漫长的历史进程中已逐步渗透到社会生活的各方面，并积淀为一种稳定的民族心理因素。羌族的白石崇拜，对西南其他少数民族也有很大的影响。在我国西南地区岷江、大渡河、雅砻江、金沙江流域的崇山峻岭中，有很多属于羌语支语言的少数民族，"凡操羌语支语言的居民，都把白石作为自己崇拜的偶像"。[33]对于羌族这样一个历史悠久而又演变剧烈的民族来说，白石崇拜代代相传影响深远，起到了传承羌族文化的纽带作用，显然具有非常重要的意义。

古代蜀人的大石崇拜，作为一种悠久的信仰象征，同样具有隐秘而又复杂的文化内涵。从文献记载看，《华阳国志·蜀志》记述古蜀时代最先称王的蜀侯蚕丛"死，作石棺石椁，国人从之"，便透露出古代蜀人崇拜大石的原始宗教意识。这与古蜀蚕丛时期居住在岷江上游的生存环境，无疑有着很大的关系，同时与夏族石崇拜观念的影响亦密不可分。古代蜀人沿着岷江走出岷山迁入成都平原之后，崇拜大石的传统依然盛行。《华阳国志·蜀志》说古蜀国开明王朝时期，"每王薨，辄立大石，长三丈，

32 李绍明：《从石崇拜看禹羌关系》，《四川文物》1998 年第 6 期。
33 《中国原始宗教资料丛编》，上海人民出版社，1993 年，第 447 页。

重千钧，为墓志，今石笋是也"，便是一个很好的说明。这种崇拜大石的习俗，反映了古代蜀人的心理观念，既有自然崇拜的因素，更有浓郁的祖先崇拜特征。据文献记载，古蜀时代留传下来的大石遗迹，除了著名的石笋，还有武担石、石镜、天涯石、地角石、五块石、支机石等。据刘琳解释，这些巨石"均为古代蜀王墓前的标志"，"皆由数十里乃至百里外的山上开采运来"。[34]这些巨石，大都附会有神奇的传说，曾矗立在富饶美丽的成都，形成一种特殊的景观。在追述古蜀历史故事的时候，迄今仍使人津津乐道。

---

[34] [晋]常璩撰，刘琳校注：《华阳国志校注》，巴蜀书社，1984年，第185~187页。

民间传说与文献记载的比较研究

——由怀远、登封两地大禹传说谈起

高　群　杨恒亮[①]

摘要：本文通过对安徽怀远、河南登封两地很多大禹传说与文献记载的初步研究分析，认为两地大禹传说各具特征，又有紧密的关系。通过两地考古发掘验证文献记载的研究，又使其民间传说具有强烈的地域性。通过对民间传说、文献记载、考古发掘之间关系的研究，最后认为，怀远、登封两地紧密地连成了亲戚间的地缘关系。

关键词：怀远　登封　民间传说　文献记载　考古发掘

Studies on Folklore and Literature
——From the Legend of Great Yu in Huaiyuan and Dengfeng

Gao Qun Yang Hengliang

Abstract: Based on the preliminary study and analysis of many Great Yu 's legends and documentary records in Huaiyuan, Anhui Province and Dengfeng, Henan Province, this paper shows that the legends of the Great Yu have their own characteristics and a close relationship in the two places. Through the archaeological exploration of the two places, the article verifies the study of documentary records. Its folklore has a strong regional character. By studying the relationship between folklores, documentary records and archaeological exploration, it is concluded that Huaiyuan and Dengfeng are closely related.

① 高群：中国大禹文化研究中心安徽分会副会长兼秘书长。
Gao Qun:vice chairman and secretary-general of Anhui branch of China's Great Yu Culture Research Center.
杨恒亮：中国大禹文化研究中心安徽分会会长，蚌埠市涂山大禹文化研究会理事。
Yang Hengliang: chairman of Anhui branch of China's Great Yu Culture Research Center, director of Bengbu Tushan and Great Yu Culture Research Institute.

Key words: Huaiyuan, Dengfeng, folklore, document records, archaeological exploration

一、引子

专家们普遍认为有文字记载的历史叫信史，没有文字记载的历史叫传说。我国上古时代的历史，由于当时没有文字记载，人们只有口耳相传，到了有公认的文字时，将口耳相传的历史事件记载下来。从先秦时代的文献中，人们知道了上古时代的一些重要的历史事件；从民间传说中，也同样知道上古时代的一些重要的历史事件，而且更为形象生动。

如果，将民间传说和文献记载予以对照、分析，可以看出他们之间有着某种密切的关系，从中又可以看出各自的特点，以及这些关系、特点背后所隐藏的学术思考，其中尤以大禹治水的传说最为典型。

现就安徽省的怀远与河南省的登封两地，关于大禹的民间传说与文献记载予以分析研究。

二、怀远、登封两地大禹的传说与文献记载

夏朝的历史，由于"夏商周断代工程"的实施和研究成果，使人们确认了夏朝从公元前 2070 年开始，其立国帝王为大禹。建立夏朝之前禹的历史，还是要从有关文献中得知一二。虽然这"一二"不能对大禹立国之前的历史予以确认，但是，毕竟有了线索，这些线索对以后人们继续探讨研究禹的历史大有裨益。

蚌埠市怀远县有很多关于大禹涂山治水的传说和遗存，如禹娶涂山氏女、生子启，禹会诸侯于涂山，禹斩防风氏，大禹治水三过家门不入，涂山禹王宫、启母石、鲧王庙、涂山峡和禹墟，等等；河南省登封市有很多与禹的身世、家庭有关的传说和遗存，如大禹治水三过家门不入的民谣、太室阙、少室阙、三涂山、启母石、启母冢、禹都阳城，等等。以上这些，都与大禹有着密切的关系。

著名的历史文献《史记》有大禹治水"居外十三年，过家门不敢入"的记载；《孟子》对大禹治水有"禹八年於外，三过其门而不入"的记载。这些记载所记的"家门"或"其

门"，到底是大禹故乡登封，还是大禹第二故乡涂山？以笔者之见，还是登封较为可信。

笔者曾把"过家门不敢入"，认为大禹的第二故乡涂山的想法，[1]后来看到有关资料，[2]认为，"居外十三年，过家门不敢入"的记载，应为大禹的老家登封较为妥切、合理，因为，登封是鲧的封地、大禹的第一故乡。登封市至今流传着的"大禹治水三过家门不入"的民谣，就是一个明证。

"一过家门听骂声，二过家门听笑声，三过家门捎口讯，治平洪水回家中"，这样的民谣，是对文献记载的"居外十三年，过家门不敢入"作了形象生动的描述。据传，大禹入赘娶了涂山氏女娇，妹妹女姚先是帮姐姐照顾外甥启，后又嫁给大禹，所以，登封又流传着："姐夫娶小姨子，儿子不吃亏；小姨子嫁姐夫，外甥不吃亏"的说法。

座落于蚌埠涂山风景名胜区中涂山禹王宫前山坡上的古代雕刻（年代不详）的巨形启母石像，生动地显示启母坐等大禹归来的情形，这也是对"居外十三年，过家门不敢入"形象性的解读，与登封的启母石概念性解读大相径庭。

三、怀远、登封两地大禹传说的特征

从上面两地的民间传说，可以看出，登封和怀远有着悠久的亲戚关系；两地的民间传说源自不同的历史文献，有着各自不同的解读和特点。

登封的大禹民间传说，大多以文献记载的神话传说居多，怀远的大禹民间传说，多以文献记载的历史史实为多；登封大禹民间传说，多以虚构为主，怀远的民间传说，多以客观形象、具体实地为主。

其实，怀远和登封关于大禹的传说，大多起自于汉、唐代之间，正是这期间传说源自于文献记载的不同内容，所以才使两地传说有了区别。随着人们对历史传说进一步的加深认识，两地之间的差别又逐渐地缩小，直至现今，两地人们对其之间关系有了"大水淹了龙王庙，一家不认一家人"的殊途同归之感，即两地有着亲戚之间的地缘关系。

怀远、登封两地同是历史文化悠久的城市。由于地理环境的因素，淮河流域中游地区水患灾害一直不断，加上历史上战乱不断等原因，在怀远涂山周围的历史文化遗存大多损失殆尽，唯一遗存的是唐至清的涂山禹王宫、涂山峡治水工程、启母石雕像等，

① 杨恒亮：《涂山文化——关于蚌埠历史文化的思考与研究》，安徽煤田光大彩印有限责任公司承印，2012年，第92页。
② 中国大禹文化研究中心、河南省登封市大禹文化研究会：《中国大禹文化》创刊号，2012年，第51页。

其地下遗存四千多年前至今的文物很多，其中有涂山氏国、禹墟、当涂县（马头城）等，以及一些与大禹治水的传说和诗歌文章；登封的地理环境和怀远不一样，除了因战乱、朝代更替、历史久远等原因毁掉一些文物之外，地面遗存较为丰富，如太室阙、启母塚、少林寺等，地下遗存，如"禹都阳城"或"禹居阳城"，等等。

怀远、登封两地有很多关于大禹的传说，现以登封的启母石、禹都阳城，与怀远的启母石、禹墟为例，予以分析两地传说的各自特点。

（一）登封启母石和怀远启母石的各自特征

怀远启母石，座落在涂山风景名胜区的涂山禹王宫（省级重点文物保护单位）前山坡上，雕刻于唐代，为县级重点文物保护单位。怀远启母石的传说，源自《史记·夏本纪》："居外十三年，过家门不敢入。"民间称启母石为"望夫石"。宋苏辙游涂山时，留下著名诗篇："娶妇山中不肯留，会朝山下万诸侯。古人辛苦今谁信，只见清淮入海流。"黄庭坚在其《涂山》

图 1　怀远涂山上启母石

诗中有"启母石迎新月白"句。明初宋濂《游荆涂二山记》曰："巨石危立如人形，遥望之，一妪如人形，相传为启母石。"启母石是一座写实主义的艺术作品，其形象丰腴稳重，虽无具体年代记载，却符合唐代对人物形象的审美欣赏和追求。

登封启母石，在嵩山南麓的万岁峰下、启母阙（汉代石阙）的东北面，是一座高约十多米天然巨石，被当地人称作"启母石"。登封启母石的传说，主要源自《汉书·武

图 2　登封嵩山脚下启母石

帝纪》："朕用事华山，至于中岳，……见夏后启母石。禹治洪水，通轘辕山，化为熊。谓涂山氏曰：'欲飨，闻鼓声乃来。'禹跳石，误中鼓，涂山氏往，见禹方作熊，惭而去，至嵩山下化为石。方生启，禹曰：'归我子。'石破北方而启生。"所以，登封启母石是源自"涂山氏往，见禹方作熊，惭而去，至嵩山下化为石"的神话传说。

无论怀远启母石的传说，还是登封的启母化石的神话传说，说明它们都"正是历史真实的流传和反应"。[③]

（二）禹墟和禹都阳城之间关系的分析

禹墟位于涂山风景名胜区的禹会村内。禹会村之名，源自"禹会诸侯"的文献传说，《左传·哀公七年》有"禹会诸侯于涂山，执玉帛者万国"的记载；禹会村中的"禹墟"一词，见之于《史记·外戚世家》"夏之兴也以涂山"条下应劭所注"九江（郡）当涂（县）有禹墟"，这是我国最早记载与大禹治水有关的文化遗址。禹墟，是距今4000多年前大禹涂山治水会诸侯的地方，已被中国社科院考古研究所作为涂山地区古文化遗址重点项目，于2005年纳入我国早期文明探源工程，予以考古发掘，并且已被列入第七批全国重点文物保护单位。

"禹都阳城"或"禹居阳城"，在《古本竹书纪年》《孟子》《世本》《史记·夏本纪》《国语》等文献中都有记载。"禹居阳城"或"禹都阳城"的王城岗，是新石器文化晚期的遗址，"是夏代大禹王所居的阳城"[④]，即现今的登封市告成镇。王城岗遗址与启母阙、少室阙、太室阙等全国重点文物保护单位，和嵩山下的启母石及其大禹治水的民间传说，构成了夏王朝初期前后大禹家族的传说，承续了涂山大禹治水的历史传说。

所以，"禹居阳城"或"禹都阳城"，是大禹涂山治水前后的祖居和立国之地。因此，禹墟和禹都阳城之间的关系十分密切，即前文所言，两地有着亲戚之间的地缘关系。

四、民间传说与文献记载的研究

综合上面所述，可以看出民间传说与文献记载往往有密不可分的关联，而其附于的地域、实物，具有不同的特征，从而得出如下研究的心得。

---

③ 李学勤、孟世凯：《中国古代文明起源》，上海科学技术文献出版社，2007年，第54页注①。
④ 岳南：《考古中国——夏商周断代工程解密记》，海南出版社，2007年，第77页。

1.民间传说与文献记载往往有密不可分的联系。有文字之后的文献记载和民间传说还容易分辨出它们之间的关系；文字未出现之前的历史事件，在文献记载和民间传说之间的关系，是十分复杂、难予考证分辨的。

民间传说的产生，通常会根据当地的自然环境、社会的价值取向、人们的价值观念、社会的需要以及有关的文化传播等诸多因素，来完成传说情节的创造。如怀远流传的"大禹斩防风""启母石"的故事，⑤登封流传的启母变巨石的故事等，都是根据两地各自的自然环境等因素创作的。所以，民间传说具有明显的地域性和幻想性。而且，这些流传的民间传说故事，具体形象地将文献记载的历史事件流传于社会，经久不衰。但是，文献记载的不确切性，就要靠考古发掘来予以验证。

2.考古发掘，能验证文献记载。文献记载的历史事件，尤其是史前的历史事件，因为涉及历史传说的发生地，即所谓的"地望"问题，记载的不太明确，所以，一直困扰着学术界争论不休。与大禹居地、治水、建国有关的一些问题，就是一个典型的、亟需解决的问题。

我国近代学术大师王国维提出了用西方的"田园考古"的新法，来验证地面材料（即文献材料），即通常所谓考古发掘验证地面材料的"二重证据法"⑥。

譬如，大禹治水会诸侯的"涂山"，及大禹曾经居住和立国的"禹居阳城""禹都阳城"，就是典型的例子。

2001年，在蚌埠召开的"涂山·淮河流域历史文明研讨会及中国先秦史学会第七届年会"上，来自全国各地一百多位知名学者专家，对《史记》记载"夏之兴也以涂山""禹会诸侯于涂山，执玉帛者万国"的"涂山"，达成了共识；2005年，中国社科院考古研究所又根据《左传》记载"禹会诸侯于涂山，执玉帛者万国"的涂山南侧禹会村的"禹墟"进行考古发掘，初步证实禹墟，是一处4000多年前新石器时代大型祭祀遗址，与大禹涂山治水会诸侯有着密切关系。

早在1975年和1977年，河南省有关专业部门对登封市告成镇的王城岗文化遗址进行了考古发掘，并"结合前贤所考证的夏代早期'禹都阳城'或'禹居阳城'的地望、名称，以及在附近发现的东周时代的阳城等认为，王城岗龙山文化遗址就是夏代大禹

⑤蚌埠市政协：《中国的历史文化名山——涂山》，蚌埠市政协文史资料委员会，1996年，第241、247页。
⑥王国维：《古史新证——王国维最后的讲义》，清华大学出版社，1994年。

王所居的阳城"。⑦

大禹治水会诸侯的"涂山"和夏代大禹王所居的"阳城"，经过考古发掘验证之后，有关大禹的一系列民间传说，就有了地域的依托了。又能使民间传说更加丰富、充实其实物资源。所以，考古发掘就可以逐渐明晰了。

3.民间传说通过考古发掘对文献记载的验证，往往可以使民间传说的地域性更加真实。文献记载通过考古发掘，使其历史事件的"地望"问题得到验证，验证后的地望又可以使民间传说的地域性更加确切。这样，丰富、生动、富于想象力的民间传说更具地域特性。

一个地方民间传说，既与文献记载紧密关联，又经过考古发掘证实了这个地方，确实符合史料"地望"的记载，那么，在这个地方产生的民间传说，就越能使人相信其真实性。

史前历史事件的地望，像"禹居阳城""禹都阳城"等，通过考古发掘验证，使人们知道了大禹曾经居住的，又曾是建国立都的地方，就在河南登封的"阳城"。在登封流行的那首"大禹治水三过家门不入的民谣"，就可信了；那个"禹变熊""启母化石"的神话故事，只是"神话"而已，使人们看到的是，四千年前后那个客观现实的世界了。

史前的历史事件，尤其是像大禹涂山治水、会诸侯、娶涂山氏女、生子启的历史传说，通过对禹墟的考古发掘，逐渐清晰、确切起来。"'夏之兴也以涂山'，涂山在中国国家形成过程中的历史地位应予充分注意"，⑧大禹在涂山治水立下的丰功伟绩，使大禹成为"天下共主"，为其后在阳城建立夏王朝，奠定了坚实基础。

通过上述研究，使史前的大禹传说，更加清晰地显现出来。嵩山南麓的颍河和东麓的双洎河，在登封市告成镇汇合后，浩浩荡荡地向东流入淮河，然后，来到涂山脚下，将两地紧密地连成了亲戚间的地缘关系。

⑦岳南：《考古中国——夏商周断代工程解密记》，海南出版社，2007年，第77页。
⑧中国先秦史学会：《先秦史研究动态——涂山·淮河流域历史文明专刊》，2001年，第16页。

参考文献：

［1］李梦生：《左传译注》，上海古籍出版社，2008 年；

［2］[汉]司马迁：《史记》（缩印本），上海古籍出版社，1987 年；

［3］[汉]班固：《汉书》（缩印本），上海古籍出版社，1987 年；

［4］司徒博文：《诸子百家·孟子》，京华出版社，2006 年；

［5］王国维：《古史新证——王国维最后的讲义》，清华大学出版社，1994 年；

［6］中国先秦史学会：《先秦史研究动态——涂山·淮河流域历史文明专刊》，2001 年；

［7］岳南：《考古中国——夏商周断代工程解密记》，海南出版社，2007 年；

［8］蚌埠市政协：《中国的历史文化名山——涂山》，蚌埠市政协文史资料委员会，1996 年；

［9］杨恒亮：《涂山文化——关于蚌埠历史文化的思考与研究》，安徽煤田光大彩印有限责任公司承印，2012 年；

［10］中国大禹文化研究中心、河南登封市大禹文化研究会：《中国大禹文化》创刊号，2012 年。

民国时期湖北地区大禹遗迹

汪梅梅　施　磊①

摘要：大禹治水神话传说在荆楚地区广泛流传，留下许多与之相关的遗址遗迹。本文依据民国《湖北通志》对湖北地区大禹遗迹进行了整理，统计得出遗迹共 39 处。

关键词：湖北　大禹　遗迹

The Great Yu Relics in Hubei during the Republic of China

Wang Meimei　Shi Lei

Abstract: The myth and legend of the Great Yu governing water are widely spread in Jingchu area, leaving many related relics. According to the "Encyclopedia of Hubei" published in Republic of China, this paper has sorted out the Great Yu relics in Hubei area. It statistically show that there are 39 relics.

Key words: Hubei, the Great Yu, relics

大禹治水是中国古代著名的神话传说。《山海经》载："洪水滔天。鲧窃帝之息壤以堙洪水，不待帝命。帝令祝融杀鲧于羽郊。鲧复生禹。帝乃命禹卒布土以定九州。"[②]《尚书》亦载："禹敷土，随山刊木，奠高山大川。"[③]湖北地区的长江、汉水亦曾被大禹治理，《尚书》载"江、汉朝宗于海，九江孔殷，沱、潜既道，云土梦作乂"，[④]《墨

① 汪梅梅：武汉革命博物馆馆员。
Wang Meimei: Wuhan Revolution Museum.
施磊：武汉市群众艺术馆场馆管理部副主任。
Shi Lei: deputy head of Venue Management Department, Wuhan Public Art Museum.
② [汉] 刘向、刘歆编：《山海经》，万卷出版公司，2009 年，第 276 页。
③ 李民、王健：《尚书译注》，上海古籍出版社，2004 年，第 54 页。
④ 李民、王健：《尚书译注》，上海古籍出版社，2004 年，第 66 页。

子·兼爱篇》也指出"南为江、汉、淮、汝，东流之，注五湖之处，以利荆楚、于越，南夷之民"。⑤因此，大禹治水神话传说在湖北地区广泛流传，留下了许多与之相关的遗址遗迹。

本文依据民国《湖北通志》对湖北地区大禹遗迹进行了整理，统计得出遗迹共39处。

一、湖北地区大禹治水遗迹

龟山。古称大别山，"大别山"名见武汉市龟山北侧岩壁石刻。相传大禹治水至此山，见山南江汉奔腾，春意盎然，而山北黄河冰封，寒风凛凛，不禁惊叹"一山隔两景，真乃大别也"，"大别山"遂得名。后来大禹治水受阻，一只灵龟挺身而出与水妖搏斗，最终杀死水妖，江汉治平，而灵龟则化身为山。也有说是大禹身边的龟灵大将军在此与水怪巫支祁决战，他背上的息壤把水怪永远镇压在水底，而他和息壤则化成山。因而此山又名龟山。大别山是湖北地区重要门户，据林元《勅赠汉阳大别山禹庙碑》载："荆州之域，江汉为重，汉鄂之山，大别为表。禹乘四载，随山刊木，导水至于大别，西则岷蜀襄沔之众流聚焉。南则衡湘洞庭之巨浸汇焉，疏凿排决，亦云劳矣。至今江浒两矶对峙，顺流东注，朝贡舟航，浮于海，入于淮，逾河达于帝都。"⑥

禹功矶。位于武汉市龟山脚下。大禹治水前，荆楚境内江河湖泊星罗棋布，水患频发，素有"泽国"之称。而大禹治水成功后，长江、汉水朝宗于海，洞庭湖、沱江、潜水都得到治理，云梦泽一带也可以种植庄稼了。为了缅怀大禹的功绩，人们把他治水成功的地方称为"禹功矶"。三国时，孙权和曹操"皆守此矶以为险"，所以"矶之旁为铁门关，古置戍守，盖矶与关近，守矶即所以守关，非别置戍也"。⑦唐代时，因仙人吕洞宾在矶上吹笛，故当地人称之为"吕公矶"。元代时，元世祖忽必烈曾南巡至汉阳，问及此矶名为"吕公"的缘由，有人说是"闻唐时有道人吕姓者吹笛其上"。⑧元世祖又追问此矶唐代以前的名字，有人答曰"闻诸古语云是禹功，字音讹传"。⑨元世祖认为大禹治水将黎民从水深火热之中拯救出来，居功至伟，应当恢复其旧名"禹功"。原本

---

⑤ [清]毕沅校注，吴旭民校点：《墨子》，上海古籍出版社，2014年，第62~63页。
⑥ 武汉市蔡甸区地方志办公室、武汉地方志办公室：《明嘉靖汉阳府志校注》，武汉出版社，2011年，第150页。
⑦ 吕调元、张仲炘、刘承恩等：《湖北通志》，上海古籍出版社，1990年，第8页。
⑧ 网络版《中国历代石刻史料汇编·〔嘉庆〕湖北通志·金石七·辽金元》，第10~11页，总页号：22164~22165。
⑨ 同上。

要将汉阳拨归江北治理，考虑到黄鹄山、大别山夹江而峙，是鄂汉地区重要的天然屏障，故仍将汉阳划归湖广管辖。

朝宗亭。位于禹功矶之侧。"朝宗"，原指朝拜天子，《周礼·春官·大宗伯》载："春见曰朝，夏见曰宗。"[10]这里借指百川争流入海。大禹治水，将长江、汉水在此汇流入海，故名"朝宗亭"。清代陈大文《重建阁记》中载："江发源于岷山，《山海经》注云东南经蜀郡键为至江阳东，北经巴东、建平、宜都、南郡、江夏，汉发源于嶓冢，案水经汉水出武都沮县东狼谷，经汉中魏兴至南乡，东经襄阳至江夏，是二水皆流数千里，而始会于大别，想神禹当日胼胝八年，躬乘四载，盖下知几经疏凿决排，而后得此朝宗之象也。"[11]民国初年拆除。1986年政府拨款重建，亭为六角攒尖亭，亭柱上篆刻有著名书法家朱敬华书写的"山势西分巫峡雨，江流东压海门潮"，极言凭亭所望之壮阔景观。

朝宗门。明代汉阳东门，又称"朝宗楼"，位于原汉阳城墙上。城楼上有一匾，上书"江汉朝宗"四字。汉阳城墙乃唐武德四年（621年）鲁山城改建为汉阳城时所筑，宋宣和三年（1121年）大水淹城，城墙亦毁，明初在旧址上重建。明洪武甲辰（1364年）汉阳知府程瑞在城墙东西南北四门之上分别建楼，其中东门即为朝宗门。明清两代城墙几经毁修，其中朝宗门于嘉靖二十一年（1543年）由知府应天桂重修。嘉庆十二年（1807年）朝宗门毁损严重，几近倒塌，汉阳知县裴行恕重修，并在城楼悬挂"江汉朝宗"之匾。重修后的朝宗门既有御敌之险，又有观光之利，据裴行恕《重建汉阳朝宗门城楼记》载："计出雉堞而为危楼者，凡两层。上则飞檐耸峙，高欲凌风；下则广牖洞开，虚能延月，盖与晴川、黄鹤遥相望焉。登斯楼也，风帆、沙鸟、树影、江声，无不辅势合形，效技于楯栏之下。而屏藩省会，保障郡垣，尤其事之大者。"[12]咸丰二年（1852年）太平军攻陷汉阳城，城墙毁。光绪四年（1878年）知县林瑞枝重修城墙，并在东门楼上题名"江汉"。

晴川阁。位于武汉市龟山脚下，雄踞长江中上游，与黄鹤楼隔岸相峙，乃三楚胜境之一。始建于明嘉靖年间（1522~1566年），时任汉阳知府的范之箴为"志大禹之功德于不忘"[13]而倡修，以崔颢"晴川历历汉阳树"之句得名。山前立庙，以缅怀大禹"随

⑩杨天宇：《周礼译注》，上海古籍出版社，2004年，第277页。
⑪吕调元、张仲炘、刘承恩等：《湖北通志》，上海古籍出版社，1990年，第51~52页。
⑫武汉市汉阳区地方志办公室：《新辑汉阳识略》，武汉出版社，2013年，第511页。
⑬吕调元、张仲炘、刘承恩等：《湖北通志》，上海古籍出版社，1990年，第51页。

刊之绩”，“成平之功”。[14]清顺治雍正中再修，咸丰二年（1852 年）毁于太平天国之乱，咸丰十一年（1861 年）汉阳太守钟云卿主持重修，同治三年（1864 年）再次重修。1983 年再建。1986 年晴川阁景区正式对外开放。

禹柏。在武汉市龟山脚下太平兴国寺内。太平兴国寺，又名文殊院，旧名大别寺，始建于唐，宋太平兴国年间（976~984 年）奉旨重修，故名太平兴国寺。寺前有柏树，相传是大禹治水时所植。宋代著名诗人苏轼于元丰年间（1078~1084 年）奉诏自黄州回朝，路过汉阳，曾作《禹柏》诗曰：“谁种殿前柏？僧言大禹栽。不知几千载，柯干长苍苔。”[15]元代末年寺庙废弃，寺前禹柏却被众多诗人吟诵，如虞集《太平兴国寺柏》诗曰：“凭陵霜雪鼓风雷，此树相传禹手栽。想见楼头黄鹤客，一年一度此山来。”[16]元代还有人以禹柏入画作《禹柏图》，此图流传甚广，吴莱的《韩吉父座上观汉阳大别山禹柏图》、程钜的《禹柏图》、吴师道的《禹柏图》都是观《禹柏图》后所作。明洪武（1368~1398 年）初年寺庙重修，不久又毁于兵燹，清顺治（1644~1661 年）初又重修，咸丰四年（1854 年）复毁，同治（1862~1874 年）初修复。

断江峡。在宜昌西北十五里，“江水历禹断江南峡，北有七古村，两山间有水清，深潭而不流，又耆旧传言昔是大江，及禹治水，此江小，不足泄水，禹更开今峡口，水势迳衝，此江遂绝”，[17]故名“断江”。

插灶。俗称悬棺，在宜昌长江左岸悬崖上，相传是为禹煮饭的火炉斜插入崖间而成。《水经注》载云：“江之左岸，绝崖壁立数百丈，飞鸟所不能栖。有一火烬插在崖间，远见可长数尺。父老传言，昔洪水之时，人薄舟崖侧，以余烬插之岩侧，至今犹存，故先后相承，谓之‘插灶’也。”[18]

西陵峡。西起秭归县西的香溪口，东至宜昌市南津关，全长 76 公里，是长江三峡中最长的峡谷。因位于“楚之西塞”和夷陵（宜昌古称）的西边而得名。相传是大禹开通宜昌县两岸夹江而立的荆门、虎牙两山而成。

棺材峡。位于秭归县西北二十里。相传大禹曾下令将治水时因开凿峡谷而亡的人们，收敛封葬在此处的岩穴中，故名“棺材峡”，当地人称穴中棺为“仙人棺”。

⑭吕调元、张仲炘、刘承恩等：《湖北通志》，上海古籍出版社，1990 年，第 52 页。
⑮武汉市汉阳区地方志办公室：《汉阳历史文化丛书 汉阳典故传说》，湖北人民出版社，2013 年，第 404 页。
⑯皮明庥：《武汉通史·宋元明清卷》，武汉出版社，2006 年，第 257 页。
⑰吕调元、张仲炘、刘承恩等：《湖北通志》，上海古籍出版社，1990 年，第 29 页。
⑱ [北魏] 郦道元撰，陈庆元编：《水经注选》（注译本），福建教育出版社，1991 年，第 185 页。

禹迹池。位于武当山上，见明代王在晋记："过紫霄宫前所谓日月池、禹迹池，乘篮一寓目焉。"[19]

"禹治水登此"石刻。位于幕阜山上。幕阜山，"东接江西义宁州，南接湖南平江县界。山周五百里，跨三县，有水四出，东南入湘西、入洞庭，北入隽，吴太史慈爲建昌都尉，拒刘表从子，磐于此置营幕，故名。天宝中改名昌江山。山有石壁刻铭，上言禹治水登此。有列仙宝坛在其侧，旁有竹两本，随风扫拂，其上有葛仙翁炼丹井，药臼尚存。"[20]

龙穴洲。在嘉鱼县沙阳洲之下。"宋文帝车驾发江陵至此，有黑龙负舟，左右失色，帝曰夏禹所以受天命也，我何德以堪之，故有龙穴之称。"[21]

龙穴口。在石首县东。《水经·江水注》云："大江右得龙穴口，江浦右迤，北对虎洲，又洲北有龙巢，昔禹济江，黄龙夹舟，故名。"清《一统志》称："路史以龙巢及水口皆在江陵。"《荆州舆图书》谓："江水过夏口而得龙山，故名龙穴。"[22]

禹梁山。又作米粮山、禹粮山、女郎山，在汉阳县西二十里。《舆地纪胜》记载："汉水之南有女郎山。"[23]因阳台女神曾降于此而得名。相传大禹治水时曾驻军在此，他们"把所带粮食贮藏在山洞里，又在山上垒筑石梁茅屋，安置乡邻和大军人马。大禹为乡民们治水，后稷又传授乡民种植粮食的技术，十里八村的人们感激不尽。他们取来躲避洪水时挂在原居室附近树上的粮食、干肉，以及猎获的野味、鱼类，放进米粮山山洞里，充作禹王军粮"，[24]故名"禹粮山"。又因大禹曾取巨石为梁建造石屋，也称"禹梁山"。

禹观山。又作羽冠山、雨灌山，在江夏县南七十里。相传大禹治水途经金口，曾登临此山观察长江与金水河水势，故名禹观山。

禹迹桥。在均州城南八十里。

禹门桥。在蒲圻县。

禹稷行宫。原名禹王庙，在武汉市龟山东麓禹功矶上。始建于南宋绍兴年间（1131~1161年），司农少卿张体江建，内供祀大禹像，以伯益、后稷配祀，日久毁

⑲吕调元、张仲炘、刘承恩等：《湖北通志》，上海古籍出版社，1990年，第30页。
⑳吕调元、张仲炘、刘承恩等：《湖北通志》，上海古籍出版社，1990年，第36页。
㉑吕调元、张仲炘、刘承恩等：《湖北通志》，上海古籍出版社，1990年，第30页。
㉒吕调元、张仲炘、刘承恩等：《湖北通志》，上海古籍出版社，1990年，第20页。
㉓吕调元、张仲炘、刘承恩等：《湖北通志》，上海古籍出版社，1990年，第5页。
㉔武汉市汉阳区地方志办公室：《汉阳历史文化丛书·汉阳典故传说》，湖北人民出版社，2013年，第575页。

圯。元代初年忽必烈曾南巡至汉阳，命人在禹功矶上重建禹王庙，后来平章答剌罕于大德元年（1304年）重建，元至顺间（1330~1333年）立石。明洪武二十年（1387年）楚王曾亲自在此祭祀大禹。明天顺庚辰（1460年）天下大旱，湖广巡抚白圭率领百官在庙前祈雨，不多时，天降甘霖，百姓纷纷称赞是大禹的功劳。明天顺间（1457年~1464年）湖湘巡抚王俭重修。明成化年间（1485~1487年）复修。明天启五年（1625年）金事张元芳重修时，认为将后稷作为大禹的配祀不合礼制，于是，他将后稷与大禹并祀，左右分列八元八恺，又附祀周召康公穆公，因名禹稷行宫。清顺治九年（1652年）复修，同治三年（1864年）重建。1983武汉市政府拨款重修，重塑大禹像。1986年10月，禹稷行宫作为晴川阁下属景点正式对外开放。2006年，晴川阁景区又修建了以大禹治水神话雕塑为主体的大禹神话园。

江陵县禹王宫。在江陵县南纪门外，即古代息壤所在之地，明万历中建。明雷思霈《荆州方舆书》云："南门有息壤祠。"《山海经》："鲧窃帝之息壤以陻洪水。"《溟洪记》云："江陵有息壤。唐元和中裴宇牧荆州，阴雨弥旬不止，羽士欧阳献谓宇曰：若作一石瘗之雨当止。宇惊曰：前日弃藩篱下者是也。乃从献言。雨即止。后人掘地得石，其状与江陵城同，石径六尺八寸。徒弃之，是岁雨不止，埋此乃止。"苏轼序云："今江陵南门外有石，状若宇，陷于地中，而犹见其吞旁有石记云不可犯，畚锸所及，辄复如故，以致雷雨、岁大旱屡发有应，后失其处，万历壬午新筑南门外，乃得之，辄瘗以土而祠其上。"清乾隆五十七年（1792年）知县杨玠修，光绪元年（1875年）知府倪文蔚捐建享殿，别庙在虎渡口，道光二十二年（1842年）候补道查炳华建。[25]

东湖县黄牛灵应庙。在东湖县黄牛峡。因神辅佐大禹治水有功，故三国时诸葛亮在此建祠。诸葛亮《黄牛庙记》云："古传所载，黄龙助禹开江治水，九载而功成，信不诬也。惜乎庙貌废去，使人太息。神有功助禹开江，不事凿斧，顺济舟航，当庙食兹土。仆复而兴之，再建其庙貌，目之曰黄牛，以显神功。"[26]宋绍兴时神封嘉应保安侯，并祀禹和镇江王。一在西塞铺，明正德间（1505~1521年）州判秦云建，清康熙十八年（1679年）修。一在三斗铺。

此外，还有18个县建有禹王庙或禹王宫（表1）。

㉕吕调元、张仲炘、刘承恩等：《湖北通志》，上海古籍出版社，1990年，第29~30页。
㉖吕调元、张仲炘、刘承恩等：《湖北通志》，上海古籍出版社，1990年，第2页。

表1 湖北省18县禹王庙（宫）一览表

庙宇	地点
禹王庙	均州龙山上
禹王庙	光化县县北三里
禹王宫（原名淮渎庙，俗名桐柏庙）	安陆县县南涢水上
禹王庙	钟祥县县南街口
禹王庙	襄阳县城西大隄上
禹王庙	枣阳县大东门外护城隄上
禹王庙	谷城县县西门外
禹王庙	松滋县文公山前
禹王庙	保康县沙洋堤上
禹王宫	石首县城外
禹王宫	监利县郝家垱
禹王宫	来凤县南门内
禹王宫	宣恩县小关石虎里，别庙有三：一在高罗里，一在忠峝里，一在木册里
禹王宫	恩施县大吉场
禹王宫	东湖县在南藩门外
禹王宫	建始县北门外
禹王宫	利川县北门内
禹王宫	咸丰县，一在西门内，一在清水塘，一在活龙坪，一在大路坝，一在丁寨

（注：此表据民国《湖北通志》整理而成）

二、湖北地区大禹文化的当代价值

　　"一方水土养一方人"，遍布湖北地区的大禹遗迹对湖北地域文化的形成具有重要影响。以遗迹最多的汉阳为例，汉阳士风、学风自古以来俱深受大禹文化浸润。据《湖北通志》载，"汉阳之为郡，江汉交汇，而大别之山则神禹之旧蹟在焉，宜其冈峦雄秀，人文蔚起，为东南一大都会，国家百数十年来厚泽深仁，涵濡醒醲，士有欣欣向风"，[27]"大禹明德垂江汉间，多士习耳而目者缅想当年亦惟忧君之忧"。[28]汉阳士人时时缅怀大禹

㉗吕调元、张仲炘、刘承恩等：《湖北通志》，上海古籍出版社，1990年，第22页。
㉘吕调元、张仲炘、刘承恩等：《湖北通志》，上海古籍出版社，1990年，第21页。

治平水土，拯救百姓之功劳，纷纷以大禹为垂范，以报国救民为己任。至于学风，《湖北通志》云："若思汉阳之学所自来乎？自有汉以来，官师其地者不知几千百人，顾民所讴吟而思慕之，社稷而尸祝之，惟夏后氏及游定夫黄直卿二先生。禹王之矶专祠文命凤栖之后，并祀二贤，盖亦谓禹见知尧舜，上绍精一之传游，与黄受业于程朱，而远翼孔氏之宗也，则汉人士与闻比学也，渊源所从来远矣。禹贡曰：'惟荆州，江汉朝宗于海，导嶓冢至荆山内方至于大别。'禹往来于汉亦屡矣，志称定夫知汉阳军郡治后为屋，馆四方士，勉斋有政教録，则二贤所以教汉人士亦屡矣。"[29]直言汉阳之学源出夏禹和黄干（字直卿，号勉斋，朱熹的学生）。可见夏禹对汉阳学风的影响之巨大。

如今，大禹被尊为武汉"城市之父"。"敢为人先，追求卓越"的武汉精神是大禹治水的当代诠释。2005年5月1日至7日，由武汉市晴川阁管理处发起，武汉市文化局、武汉市旅游局、武汉市水务局和汉阳区人民政府主办的首届中国武汉大禹文化旅游节在汉阳晴川阁举行，旅游节以祭大禹、扬美德、祈福寿、图发展为主题，以纪念大禹治水为主线，举办了《大禹祭》系列祭祀活动、《大禹魂》文艺演出、《大禹风》水上特技风筝表演、《大禹颂》系列展览等一系列群众文化活动。其中，《大禹祭》系列祭祀活动是压轴戏，包括公祭大禹、水上祭禹和民间祭禹，是新中国成立以来的首次公祭治水先驱大禹的活动。2006年，武汉市又花费重金将晴川阁至长江大桥间400米江滩约2.4万平方米的地域打造为融原始、粗犷、神秘、浪漫、美好为一体的大禹神话园。大禹神话园分为上、中、下三个区域和一个大禹治水博物馆。上区从长江大桥以下至大禹祭祀台侧，由神话园大门、"应龙画江河""大禹降生"铜雕和"鲸治水"透雕石刻组成；中区以大禹祭祀台为中心，由"大禹乘车检阅九鼎""搏杀相柳""九尾狐说亲"铜雕、"三过家门不入""大禹治水图"石刻组成；下区由"大禹南方治水"和"镇江柱"石刻组成；治水博物馆在大禹祭祀台下。大禹神话园对外开放后，观众络绎不绝。

武汉大禹文化旅游节和大禹神话园是对大禹遗址遗迹的有效开发和利用，它们不仅是仅供人们赏奇猎艳的旅游资源，而且是具有丰富内涵的历史文化资源。我们应该抓紧对湖北地区大禹遗迹进行整合创新，考察其历史和现状，打造特色鲜明的大禹治水湖北文化品牌，为湖北增添新的个性魅力。

---

[29]吕调元、张仲炘、刘承恩等：《湖北通志》，上海古籍出版社，1990年，第23页。

论陕西石泉禹王宫的历史

李佩今[①]

摘要：有史记载："禹生石泉。"我国历史上曾有两个"石泉"，今陕西石泉县和四川北川羌族自治县从唐代到民国都称为"石泉县"。两县同名1000余年。本文通过陕西石泉县禹王宫的历史沿革及其祭祀活动，说明陕西的石泉县和四川的北川羌族自治县（蜀之石泉）两地的文化是相通的，两地的文化交流是在不断深入发展的。两地的禹王公庙及两地人民群众祭祀大禹的活动，说明两地文化有许多共同之处，关系十分密切。

关键词：禹王宫　石泉县　禹庙祭祀　大禹故里

The History of the Great Yu Palace in Shiquan, Shanxi Province

Li Peijin

Abstract: It has been recorded that there were two "Yusheng Shiquan" in Chinese history. Shiquan County in Shanxi Province and Beichuan County in Sichuan Province were both called "Shiquan County" from Tang Dynasty. The two counties have the same name for more than 1000 years. Through the historical evolution and sacrificial activities of the Great Yu's Palace in Shiquan County, Shanxi Province, this paper illustrates that the culture of Shiquan County in Shanxi Province and Beichuan County in Sichuan Province (Shiquan in Sichuan Province) are interlinked. And the cultural exchanges between the two places are developing in depth. The Great Yu Temple and the people of

---

①李佩今：四川省大禹研究会理事，中国先秦史学会原任理事。

Li Peijin: associate senior editor, member of Sichuan Great Yu Research Institute,former member of Chinese Association of Pre-qin History.

both places offering sacrifices to the Great Yu show that there are many similarities and close relations between the two cultures.

Key words: the Great Yu Palace, Shiquan County, the Great Yu temple Sacrifice, the Great Yu's Hometown

四川省北川羌族自治县（古蜀之石泉）有一座历史悠久、气势恢宏的禹王庙；陕西省石泉县也有一座古朴典雅、气势不凡的禹王宫。

陕西石泉禹王宫，是陕西省人民政府公布的省级重点文物保护单位。它座落在汉水之滨——陕西省石泉县城关镇老城东门之内，是石泉县众多的历史遗存中，现在唯一幸存下来的古庙建筑。

陕西石泉，公元 552 年（西魏废帝元年）置县，历史悠久。历史上，由于屡遭兵燹，石泉大部分文物古迹、古建筑都已被毁掉。而唯一幸存下来的禹王宫，至今还雄伟地挺立在城内，成了今天石泉县城内一道亮丽的景观。现存的禹王宫内祭祀大殿，其建筑结构严谨凝重、规模宏敞；建筑风格古朴典雅、气势不凡。正殿为砖木结构。从外观看，大殿廊柱高擎，飞檐斗拱，梁栋外露，饰有浮雕，图案多姿，雕饰精妙。整个大殿，宏大美观、富丽堂皇，显得十分庄重和气派！特别是石泉禹王宫的建筑材料，很有个性和特色。正殿磨砌的青砖，不仅比普通的青砖块大，而且每一块青砖都是画砖，砖上雕饰有"禹王宫"字样儿（楷书）。其它各种建筑材料也都各有各自的特殊标志，而且至今保存完好。

现在，陕西石泉县城内为什么会遗存有这么一座气势不凡的禹王宫？我们通过对石泉禹王宫历史沿革的考察和研究，才发现正是这座禹王宫，向人们讲述了四川省北川县和陕西石泉县人民为纪念功大德盛、名闻遐迩的大禹所发生的一些鲜为人知的珍贵历史事实。

一、兴盛于唐宋时期的禹庙

大禹是中华民族人文初祖之一，是我国第一代王朝的奠基者，是伟大的抗洪、治水的英雄。他治水十三年，足迹遍及于神州大地，因而在我国黄河、长江流域，有关大禹的遗迹和纪念庙宇不仅分布很广，而且数量极多。

据考证，天下的禹庙均兴起于秦汉，盛行于唐宋，普建于明清。有史记载，秦始皇三十七年(前 210 年)"上会稽，祭大禹"。汉灵帝光和二年(179 年)建成龙门禹庙。唐宋时期，禹庙祭祀列入国家祀典。唐玄宗时，新修的《开元礼》还规定有祭祀的祝文格式。从此以后，各地的禹庙随之增多。

陕西石泉禹王宫，最早兴建于唐代玄宗李隆基开元年间。西魏废帝元年(552 年)置石泉县，至唐代李隆基开元元年(713 年)已有 161 年历史了。唐代之后，有许多文献史籍记载：大禹生于石泉。石泉是大禹的故里。如《唐书·地理志》《郡国志》《华阳国志》《御批通鉴·注》《升庵外集》《井畦杂记》以及宋代以后的《职方书》《先儒舆地纪》《大明一统志》《大清一统志》、四川省的《石泉县志》，皆以石泉之地称为大禹的降生处，石泉是大禹的故里。《岣嵝碑跋》载："石泉石纽山，禹产地也。"《郡国志》又载："石纽山在今石泉县南。"《唐书·地理志》载："石泉县治有石纽山。"明代的王舜卿还十分肯定地说："大禹生于石泉县。"大禹生于石泉，已载入史册，是没有异议的。思其人，宝其地，石泉因此而有盛名。同时，随着石泉县知名度的提高，石泉县城为纪念大禹而修建的禹王宫，也就越来越有气派了。

据传，唐代时陕西石泉县城内的禹王宫，座落于城内东门里，有近百间房舍，占地二万多平方米。总的布局殿宇相连，亭阁星罗，回廊开敞，曲径通幽。主殿富丽堂皇，古色古香。大禹神像落座正殿，大有帝王威严气派！他头戴冕旒，手执玉圭，身披朱雀双龙华衮，雍容大度，令人望而生敬。

唐代贞观八年(634 年)，在四川省茂州有个叫鸡栖老翁城的地方(今四川省北川羌族自治县)，又设置了一个石泉县。这个石泉县和陕西的石泉县同名。两县仅相距数百公里之遥。四川省石泉县晚于陕西省石泉县建置 82 年。四川省石泉县，是羌人集居的地方，境内有石纽山。根据史载"禹生石泉"之说，特别是根据司马迁《史记》中有关"羌人大禹"的记载，可以肯定四川省的石泉县是大禹的故里。民国三年(1914 年)，四川省石泉县因为与陕西省石泉县同名而复名为北川县。两个县同名"石泉县"，时间长达 1280 年。

两个石泉县的地理经济、文化环境十分相似：一、都是山区农业县；二、两地县城(四川省指北川羌族自治县境内石泉治城)都傍山依水，沿山而建，一个滨临漷江，一个滨临汉江；三、县城西都有江河交汇，城南临江处都有红石包，红石隙缝中有清冽的泉水流淌：四、两县的县城中，都建修有雄伟壮观的禹庙。每年到农历六月六日，两地都同时举行隆重祭祀大禹的活动。

唐宋时期，四川和陕西两地的石泉县禹庙或禹王宫，都很有名气，都是古代重要的、著名的历史古庙。

二、明清时期的禹王宫

明代时，据传朝廷对禹生圣地石泉县还作出了多项特殊规定：一、每年六月六日大禹生日时，县衙知事需用帝王、诸侯祭祀社稷时的大牢(牛、羊、猪三牲齐备)之礼仪，致祭大禹；二、县衙大门口两旁，可设置只有州、府以上才能备有的鼓楼、乐楼、以待祭祀大禹和重大礼仪时使用；三、知县必须科举出身，捐班杂职不能充任，七品县令可供以五品官俸禄；四、录取科举秀才，可由朝廷分配的4名增至8名；五、朝廷贡赋年年均有减免。规定颁布下来后，四川和陕西两个石泉县的人民群众照常友好往来，可是，两个县的牧官却互不相让，他们都以自己的"石泉"县为名，为大禹的故里究竟是哪个石泉县而长期有所争执。

其实，大禹的故里当在四川省的石泉县，即今北川羌族自治县。《蜀志》曰："蜀之石泉，禹生之地。"清代乾隆年间，陕西安康有个举人，名叫董诏。学识渊博，读书万卷，著有《读志脞说》，编纂有安康、汉阴、旬阳、宝鸡等县县志，还续修有《兴安府志》(安康古称兴安)。他曾吟诗曰："神禹藏会稽，其生在石纽。迁史太白书，两地耀先后。"他以为大禹的故里，就在四川省石泉县境内的石纽山。

明代时，陕西石泉县禹王宫渐渐衰落，香火渐渐冷清起来。到了明末清初，石泉禹王宫就不复存在了。这里，有两个史实可作证明：一、明代有个巡按御史傅振商，他在四川省石泉县写有《大禹庙记》传世，可后来到了陕西省石泉县，他虽然也写有《雾中望凤凰山》《登霹雳峰》等诗篇传世，却都只字未提及石泉的禹王宫；二、清代，陕西石泉县的康熙《石泉县志》中，载有石佛寺、文庙、武庙、天台观、真武宫、药王庙等寺庙观宫，多达43处，却不见有禹庙或禹王宫的记载。

到了清代道光年间，舒钧新编纂的陕西《石泉县志》中，也不见有禹庙或禹王宫的记载。提及到禹王宫的，只见于民国二十一年陕西《石泉县志》中。志中有载："湖广馆，即禹王宫，在城隍庙左。供禹王及周子。乾隆年建。"从归志记载看来，可以肯定地说，现在存留在陕西石泉县城内的禹王宫，是清代乾隆年间重建，距今仅仅只有270余年的历史。这时的禹王宫，只是"会馆"式的庙宇，已不同于原来带有纪念性的禹庙了。

对于禹王宫庙，正如已经在地震中去世的四川省北川县志办主任谢兴鹏先生在其所著的《九州方圆话大禹》一书中所说，可以分为三类：其一是夏禹肇迹处的纪念性禹庙，如（四川）石泉禹庙，以禹生于石泉而建；其二是崇德报功，具有德教功能性的禹庙，如忠县禹庙、奉节禹庙等；其三是指清代由外来移民所新造的"会馆"式的庙宇，如南充禹王宫。今天，陕西石泉县城内所遗存的历史建筑禹王宫，就是由广东、湖南、湖北来陕的移民所建造的"会馆"式的庙宇。

三、两地石泉县祭祀大禹活动

大禹以其治理天下洪患的盖世奇功而赢得万民景仰，被人们奉为神灵，四时祭祀。陕西石泉县的禹王宫，和四川省石泉县的禹庙一样，历史上虽有兴衰，但民间对大禹的祭祀活动，却从唐代一直到清代，香火连绵不断，均有祭祀活动。

昔日，在四川和陕西两地石泉县为官者，不仅把祭祀大禹作为重要职责，也视为一种荣耀，并且还把维护和复修禹庙视为重要的政绩。特别是每年六月六日（农历）大禹生日这一天，是两地石泉县民众的一个最隆重的喜庆节日。地方上不仅要举行庙会等活动，而且县衙的长官还要直接出面主持和参加各种不同形式的祭祀活动。

陕西石泉县在历史上的祭禹活动，主要有两种形式：一是官方举行的公祭活动；二是民间举行的各类祭拜活动。官方公祭，首先要在农历六月六日之前，要将禹庙修葺一新。到了六月六日这一天，县令手捧祭文或祝辞，骑着高头大马，率领着本县大小官员，以盛大而威严的仪仗队为先导，接着有数十人抬着牛头、羊头、猪头、帛、爵、笾等祭品，从县衙出发，浩浩荡荡奔向禹王宫。县城内外，有千余群众随队前往，以太牢之礼仪祭祀大禹。县令带头对大禹二叩六拜，百姓们三叩九拜，其虔诚之心，皇天可鉴。

昔日，按照陕西石泉的地方习俗，每年的农历元日、二月二日、三月三日、四月八日、五月五日、六月六日、七夕、中秋、九月九日、长至日，都是老百姓的重要节日。清代康熙年间陕西《石泉县志》载："六月六日、俗以锦绣纨绔，高悬于竹架之上，比屋竞胜。各家于汉江取水，贮瓮中，名为（大禹）神水，以造曲药，不用他药而味倍焉。过此，则不灵也"。

陕西石泉禹王宫，历来是百姓们民间祭祀大禹的重要场所。每逢农历六月六日大禹诞辰日，这里都要举行隆重的庙会活动。白天，禹王宫前搭台唱大戏（汉调二黄）；晚上，汉江河里放河灯。期间，人潮涌动，帐篷连营，庙宇的香火十分鼎盛。

自古以来，陕西汉江中上游地区和四川省西北地区，陕西的石泉县和四川的北川羌族自治县（蜀之石泉）两地的文化是相通的。两地的文化交流是在不断深入发展的。两地的禹王宫庙及其两地人民群众祭祀大禹的活动，说明两地文化有许多共同之处，关系十分密切。陕西石泉县所处的汉江中上游流域，古为蜀国辖地，在大禹划分天下为九州时，汉江中上游归属于梁州。汉江中上游流域既具有巴蜀文化的特征，也具有大禹夏文化的特征。

湖北大禹遗迹略考

张引娣　张德旺[①]

摘要： 大禹是我国上古神话系统里与自然力对抗的治水英雄，也是民族记忆中的夏人先祖，是一位集英雄、帝王、圣贤等多重角色于一身的神话传说人物。湖北地区历史悠久、人文深厚，分布着诸多具有"古楚"标识的文物古迹，也是大禹神话传说的盛传之地，赋予湖北得天独厚的地域文化底蕴。

关键词： 大禹治水　湖北　遗址遗迹

Research on the Great Yu's Relics in Hubei

Zhang Yindi Zhang Dewang

Abstract: the Great Yu is our country's water conservancy hero who had fought against the forces of nature in the ancient mythological era. He is also a national memory of our ancestors. He is a collection of hero, emperor, sage and other multiple roles in the myths. Hubei province has a long history and deep humanities. There are many cultural relics with identity of "ancient Chu". The place where the Great Yu's myth widely spread has been given unique regional culture heritage.

Key words: the Great Yu controls the water, Hubei province, site remains

从宇宙洪荒中走出来的大禹，是史籍记载最早、古遗存最多、传说最广的人物，他为中华民族的开创建立了首功，奠定了千秋伟业。"大禹治水"与"女娲补天""后

---

① 张引娣：晴川阁武汉大禹文化博物馆保管陈列部主任，副研究馆员。
Zhang Yindi: Qingchuan Pavilion, Wuhan Great Yu Culture Museum, head of Storage and Exhibition Department, associate researcher.
张德旺：武汉博物馆（武汉文物交流中心）馆员。
Zhang Dewang: Wuhan Museum (Wuhan Antique Exchange Center).

羿射日"同属于中华民族草创的神话，但惟有大禹更真实、更可信，完全是中华民族自强不息的象征。

大禹治水最早是口头流传下来的传说，至少是经几百年文字发明之后，才将口头传说用文字记载下来，但记载的详略各有不同，版本也很多。上海辞书出版社出版的《辞海》中，关于大禹治水有这么一段文字："禹，传说中古代部落联盟首领。姓姒，亦称大禹、夏禹、戎禹。一说名文命。鲧之子。原为夏后氏部落领袖，奉舜命治理洪水。据后人记载，他领导人民疏通江河，兴修沟渠，发展农业。在治水十三年中，三过家门不入。以后治水有功，被舜选为继承人，舜死后担任部落联盟首领。传曾铸造九鼎。其子启建立了中国历史上第一个奴隶制国家，即夏代。"[②]这段文字基本概括了传说的梗概，而且简明扼要。具体说到武汉，因汉水中、上游，特别是丹江、唐白河，是黄帝、炎帝后人生息集居的中原地区，因而也是大禹治水的重要活动区域，具有丰富而久远的文化内涵。《尚书·禹贡》有"大禹治水，使江汉朝宗于海"的记载。今天，在汉阳晴川阁一带，还流传着许多大禹治水的传说故事。登上汉阳的龟山，在北侧的岩壁上可以看到三个约五尺见方的大字"大别山。"大别山即现在的汉阳龟山。它虽然不高大，但由于所处扼长江镇汉水的特殊位置，历来被人们称道。而这一得名正是源于大禹。据《尚书·禹贡》记载，大禹"嶓冢导漾，东流为汉，又东流为沧浪之水，过三澨，至于大别，南入于江"。传说大禹治水从黄河南下长江，来到了长江边上的龟山，看到江汉奔腾，春水凝绿，草长莺飞，万紫嫣红；回顾北国，尚在千里冰封，万里雪飘，寒风凛冽，水冷草枯。大禹看到江南与北国的气候风景如此不一样，惊奇地说："一山隔两景，真大别也"。后来人们便把大禹讲这段话的地方，叫做大别山。而龟山这个名称的来历也与大禹有关。当年，大禹为了治水，来到江汉合流的地方。他费尽了千辛万苦，江汉巨流仍是到处横流，原来这里有一个叫做巫支祁的水怪在此做乱，连天神都不是它的对手。在这危急时刻，大禹身旁的灵龟大将挺身而出，一跃腾上高空，猛力向下一扑，整个身躯都压在水怪之上。水怪昂头一戳，独角插在龟壳之中再也拔不出来了。只听一声霹雳，龟腹破裂。灵龟倒下了，但它背上驮负的息壤却重重地压在上面，把水怪永远镇在水底，随后灵龟连同息壤化成了一座山，顿时，云消雾散，风平浪息，江汉也顺流了。后来，人们为了纪念灵龟大将，便把它牺牲后

② 《辞海》，上海辞书出版社，1979年。

化成的山峰称作龟山。虽然龟山后来还有其它的别名，却"山因禹迹名偏重"，因此，人们更喜欢称其为龟山，所以龟山成为大禹治水成功的绝好见证。

从外形看，龟山好似一只巨鳌浮在长江之滨，那江中的巨石就是它的脑袋。说到这块巨石，还有一段佳话。据《江夏县志》载，元世祖忽必烈南巡来到武昌，登上蛇山观景，他发现隔江对岸有一块凸出的石矶立在江中，就问身边的人此矶何名？一位大臣答道："那叫吕公矶。唐代时八仙之一的吕洞宾曾在上面吹过笛子，并在此跨鹤升天。"元世祖感到非常奇怪，于是又问道："那么，唐代以前又叫什么名字呢？"大臣们面面相觑，无言以对。这时一位过路的老者告诉大家："这块石矶叫禹功矶，是大禹治水成功的地方，因为湖北人'吕''禹'发音混淆不清，所以误传为'吕公矶'。"忽必烈听了很高兴，当即命令恢复禹功矶之名，并在矶上建禹王庙以纪念大禹。禹功矶由于与大禹治水有关，与燕子矶、采石矶、城陵矶号称万里长江四大名矶，每年都吸引着成千上万的游客来参观游览。大禹在湖北武汉的传说被一代代流传下来，由此也留下了众多与大禹治水相关的遗址遗迹，如龟山、禹稷行宫、晴川阁、禹功矶、禹碑亭、朝宗亭、禹柏等。

一、大禹与武汉

由于武汉"两江交汇、三镇鼎立、龟蛇相望、长桥飞虹、山水相映"的这种全国仅有的独特的城市文化景观和文化色彩，使她与水的关系更加密切。从汉代到清代的两千多年时间里，大约每20年发生一次构成灾害的洪水。无论从神话传说还是史料记载看，大禹都堪称是第一位在武汉治水成功的英雄，以他为象征、为代表的荆楚民众，通过艰苦卓绝的抗洪斗争，战胜了一次次大洪水，奠定了大武汉的生态格局。大禹因为功勋卓著，被人们视为"水神"，成为人们顶礼膜拜的对象。为了颂扬大禹治水的功德和治水精神，以禹命名的地名、河名，以纪念、祭祀大禹的祠庙等建筑物更是遍布全国各地，而其在长江中上游最重要的遗迹当在湖北武汉。

禹稷行宫。始建于南宋绍兴年间的禹稷行宫是武汉历代祭祀大禹之地。据《大别山禹庙碑记》记载：元世祖忽必烈在禹功矶上复建大禹庙，以"寄禹功之思"，并岁岁祭祀大禹。另据明嘉靖《汉阳府志》记载："大禹庙在大别山禹功矶上，亦称禹王祠。"南宋绍兴年间司农少卿张体江督修大别山禹王庙，独祭大禹。明天启年间（1621~1627

年）改大禹庙为禹稷行宫，在祭祀大禹的基础上，又加祀后稷、伯益、八元、八恺等先贤，禹稷行宫之名一直沿用至今。现在的禹稷行宫，修建于清同治二年。

晴川阁。晴川阁始建于明代嘉靖年间（1522~1566年），此阁背依龟山，面临长江，与黄鹤楼隔岸相峙，交相辉映。取唐代诗人崔颢《黄鹤楼》中"晴川历历汉阳树"诗句命名。晴川阁自创建后，因其建筑"飞甍绮疏，层轩曲楯，宏敞骞峙"，明、清两代就是"四方冠盖所必至"的人文荟萃之地，素有"千古钜观""三楚胜境""楚国晴川第一楼"之称。自明嘉靖年汉阳知府范之箴"志大禹之功德于不忘"倡建晴川阁之后的数百年间，历史上重建、增建、复修、加修竟达七、八次之多，其规模越来越宏大壮丽。历代学者、诗人、书画家纷纷来此赋诗填词、刻石作画。明代文学家袁宏道将晴川阁、黄鹤楼、岳阳楼、仲宣楼并称为"楚四名楼"。古晴川阁最后毁于1934年一场特大风灾。1983~1986年，按照清同治三年（1864年）的制式在原址上重建了晴川阁，维修并构建周边重要景观，形成了以晴川阁主楼为核心的古式建筑群。

朝宗亭。《尚书·禹贡》中有大禹引汉水进入长江。使"江汉朝宗于海"的记载。清代陈大文在《重建晴川阁记》中说："是二水（长江、汉水）皆流数千里，而始会于大别，想神禹当日胼胝八年，躬乘四载。盖下知几经疏凿决排，而后得朝宗之象也。"所以，在大禹治水成功之地——武汉，不但以"朝宗"为名修建过许多纪念性的建筑，（如明代汉阳东门的朝宗楼），"江汉朝宗"还被诗意地运用于武汉三镇的税卡抽厘关口，即武昌白沙洲的江关、汉口茶庵的汉关、汉阳鹦鹉洲的朝关和汉口上茶庵的宗关。现立于禹功矶头临江边第一层驳岸上的朝宗亭，为六角攒尖形建筑，是武汉地区纪念大禹景观的延伸。

禹柏。相传当年大禹治水的时候来到龟山，他曾亲自栽种了不少柏树。据清代《大别山志》记载，"古柏在晴川阁侧，相传大禹所植，根达县北四十余里柏泉井（现东西湖柏泉农场内）"，井底有两只鲤鱼形状的树根，每当正午阳光直射井底时，就会有"双鱼戏水"的影像出现。自宋代起，有很多文人墨客来此寻访禹柏，这其中也包括大文豪苏轼。"谁种殿前柏，僧言大禹栽，不知几千载，柯干长苍苔"。苏轼的这首诗更让禹柏蒙上了一层神秘的色彩。元代文学家吴师道在一幅《禹柏图》上题诗一首："柏贡荆州任土风，汉阳遗树尚葱茏。休夸此是曾亲植，四海青青尽禹功。"明代有人为禹柏建亭，名相张居正还为此亭作诗。禹柏最终毁于明末战火，它是我们所知的武汉纪念大禹的最早遗迹。

禹碑。与全国其它地区大禹纪念地的禹碑不同，晴川阁的禹碑亭中有两块禹碑。一块是由清乾隆年间的荆南观察使李振义摹刻（晴川阁出土），由何处勾填不得而知。另一块是清初文人毛会建自衡山岣嵝峰摹刻的。毛会建，字子霞，曾为乐昌县令，清初流落江湖，游历大江南北，后来定居在武昌。清雍正《湖广通志》载："禹碑七十七字，在岣嵝峰不可复睹，在岳麓亦不易得。子霞历巉岩，探虎穴，手自摹勒。乃得原本，载归武昌，至是复刻石于大别山巅。大别，固大禹导水所憩之地也，时顺治庚子三月日。"清《黄鹄山志》中也由相同的记载。毛会建感到大别山（龟山）与衡山一样都是大禹治水所到达的地方，故"私心不自揣"，历经千辛万苦将禹碑勾填后，快舟赶回武昌，摹刻于大别山。（后又有毛会建将勾填的禹碑文原样拿到西安碑林重刻了一块一说）此后史书均说禹碑在晴川阁大禹庙前。1986年重修晴川阁时，从西安碑林摹刻了一块，与李振义勾填的禹碑一并竖立在禹碑亭内。

大禹神话园。大禹神话园位于晴川阁之西，长江大桥汉阳桥头堡之东，背靠龟山，面临长江，山水辉映，绿树成荫。园区以"原始、粗犷、神秘、浪漫、美好"的大禹治水神话雕塑为主体，用地呈刀形，长约400米，宽约60米，面积约24000平方米。整个园区采取轴对称布局，按故事内容分为上、中、下三个区。上区有玉面人像、商代双龙门、应龙画河海、大禹降生、鲧治水；中区有搏杀相柳、大禹北方治水故事高浮雕、大禹乘龙马车检阅九鼎台、九尾狐说亲；下区有三过家门、大禹南方治水神话传说、镇江柱等雕塑景观。在严格遵守防洪和城市规划法规的前提下，努力做到人文景观与自然景观、历史文化与现代文化、艺术品位和群众欣赏要求的和谐统一，集雕塑、绿化、园艺、亭台流水于一体，无不体现出将文化融入景观的特色。大禹神话园是国内仅有的纪念中国上古名人的神话文化园，极具艺术性与鉴赏性，这张以绿色为基调、亲水为主题、地域文化为底蕴、人与自然和谐、城市与江河相互融合的风景长卷，成为武汉市最靓丽的城市"名片"，就像镶嵌在长江中游的一颗璀璨明珠，吸引着人们的眼球。漫步江边，亲江亲水，已成为武汉市民的一种休闲方式，很多外宾游览了江滩之后，无不为江滩的壮观和美丽而惊叹。大禹神话园，不仅仅是武汉市的一项民心工程，她已经成为武汉市著名的旅游品牌走向了世界，是中外游客的必游胜地。

二、大禹与宜昌

黄陵庙。黄陵庙位于湖北宜昌西陵峡黄牛峡黄牛山麓,原名叫黄牛祠、黄牛庙,相传此庙是春秋时代为了纪念神牛助禹开峡的功绩而修建的。庙中现存的禹王殿、武侯祠是明万历四十六年(1618年)重修的;庙前西侧那座3米多高的石碑上,有乾隆三十八年(1773年)刻的《凿石平江记》。记录了当时治江工程中的情景。宋朝文学家欧阳修任夷陵(今宜昌)县令时,只信禹王开山之功,不信神牛触石之说,故将"黄牛庙"改名为"黄陵庙"。为此,他还特地写了《黄牛峡祠》:"江水东流不暂停,黄牛千古长如故……黄牛不下江头饮,行人惟向舟中望。"苏东坡也写了一首题为《黄陵庙》的七言古风。名诗传千古,黄陵庙也就更加名扬四方了。黄陵庙面阔进深均为5间,高约15米,重檐九脊,青瓦丹墙,色调和谐,古朴庄重,檐下悬"玄功万古"匾额一方,传为明藩惠王朱常润所题,边框浮雕游龙,飞金走彩,颇为富丽。大殿内,立有36根两人合抱的巨柱,蔚为壮观。立柱上雕着九条蟠龙,形态各异,栩栩如生。其中有一根"水女柱"立在殿之左侧,其离地约四米的柱面,留有历经120多年的陈旧水迹。柱上挂着一木牌,上书"庚午年(1870年)洪水至此"。这是珍贵的水文资料,记录了有史以来长江最大的一次洪水。庙内还存有许多记载洪水水位的碑刻。

神女峰。大禹治水来到巫山,这巫山绵延八百里,岩石坚硬异常,更有狂风骤起,刮得天昏地暗,山崖震动,江涛像山峰一样矗立起来,凿山的民工有许多丧于狂风骇浪之中,几个月来,无法凿开那坚硬似铁的岩石,大禹甚为发愁。西王母第二十三个女儿瑶姬,心地善良,喜欢游玩。有一天,她带着侍女和一帮侍臣从东海遨游回来,驾着彩云轻飘飘地从巫山经过。大禹见到瑶姬,连忙对空致意,请求瑶姬帮忙。瑶姬既怜遭受洪水灾害的人们,又敬佩大禹为民治水的精神,慨然答应。她告诉大禹:要打通巫山,须用火烧。又派出神将狂章、虞余、黄魔、大翳去帮助大禹治水。大禹非常感激瑶姬的指点,率众百姓在巫山两头放起火来,瑶姬和神将也施展本领,或用电轰,或用雷霆。经过七七四十九个日夜,坚硬的岩石渐渐变软起来,施工的人们很快就打通了巫山八百里,让洪水从巴蜀境内流出来,直向大海奔去。治理后的巫山成为美丽的长江三峡风光。瑶姬也因在打通三峡时耗尽了神力,回不得天上,只能留在人间漫游。她天天站在高崖上凝神眺望,看到三峡风险浪急,许多行船在风浪中沉没,她就派遣了几千只水鸟，轮番在峡谷中飞行，担任行船的导航，引导人们安全地从峡谷中通过。瑶姬不走了，她热爱这风景秀丽的三峡风光，长久地站在高崖上，年复一年，日复一日，久而久之，渐渐地化为巫山的一座山峰，被后人称之为"神女峰"。陪伴她的侍女们，也一个个变化成大大小小的峰峦，永远陪伴着瑶姬，这就是现在人们看到的巫山十二峰。至今，人们行船从三峡经过，看到这峭拔俊秀的神女峰，都会油然生情，感念瑶姬帮助大禹治水、凿通巫峡的功绩。

三、大禹与荆州

荆州古称"江陵"，是春秋战国时楚国都城所在地。荆州市位于湖北省中南部，长江中游两岸，江汉平原腹地，作为第一批国家历史文化名城之一，荆州历史悠久，早在五六千年前，人类就在这里创造了大溪文化等原始文化。对于荆州这个名字，源于《尚书·禹贡》："荆及衡阳惟荆州"。在大禹治水后，将天下划分为古九州，荆州就是其一。同时，荆是古代楚国的别称，因楚曾建国于荆山，故古时荆、楚通用，比如楚国也被称为荆楚。荆州系楚文化的发祥地，春秋战国时属楚。

荆州息壤祠。大禹治水来到荆州，见一穴口，四处泛滥，洪水滔天，"遂投息壤以湮穴口"水即断流。大禹思虑，荆州这个地方湖沼大泽，江行四野，势必还会洪水泛滥，于是在穴口息壤上筑一石屋，以镇今后将要出现的洪水。据《湨洪录》载，唐元和年间，裴胄任荆南节度使，在修建城墙时挖得一个大石头，形状与荆州城相似，径长六尺八。裴胄没怎么在意，为了不影响施工，吩咐下属将石头搬走丢弃了。紧接着天色大变，连续十多天大雨不止，江水猛涨，裴胄十分着急。这时有个名叫欧泔献的道士对裴胄说："你不是曾挖到一个石头吗？我卜得以卦，那石头是大禹治水时留下的息壤，如果给息壤做一石室，再埋入原地，大雨就会停下来。"裴胄大为吃惊，说前日确实是挖了一个石头，但不知丢到哪里去了，连忙派人四处寻找，最后在一个竹篱笆下面找到了，果如道士所言，息壤埋入地下，天色就晴好如初了。于是裴胄在南门外息壤处建大禹庙、修息壤祠，祭拜大禹和息壤。

四、大禹与武当山

禹迹池。禹迹池位于五当山紫霄宫前。相传上古时期，当地大旱三年，农民颗粒无收，很多人因此饿死。大禹治水正好路过这里，看到这种情况，焦急万分，他用手中的耒用力向下一戳，念动真经，感动了上苍，一股清泉喷涌而出，蓄积而成了禹迹池，池里的水灌溉了山下的农田，禾苗生长，万物复苏，使天下的百姓丰衣足食，安居乐业。后人为了纪念大禹，宋末元初时，在池上修建了禹迹桥。明永乐年间重建，池中原有禹迹亭，现已废。禹迹池的地势处于紫霄宫前的最低处，如百川归海，接纳百涓。

随着社会经济的发展，科技进步和一系列重大考古发现，揭示出古人类的发展历史，湖北丰富的大禹文化资源，大禹治水应该是一段真实的历史，而不是"神话"，大禹更不是一条大虫。因此大禹治水很值得我们很好地去研究，以正确肯定其历史功绩，拓展其在治水过程中表现出的治水理念和为部落、为民族不畏艰险、艰苦奋斗的伟大精神，进而弘扬中华民族一贯倡导、赞颂的"为民"美德，体现湖北武汉"敢为天下先"的城市精神，为建设和谐社会实现中华复兴梦服务。

参考文献：

［1］郭永金：《拓展大禹精神 弘扬为民文化》，《水政水资源》2005 年 5 月刊（5 月 8 日）；
［2］程涛平：《程涛平史学文集》，武汉出版社，2015 年；
［3］《晴川阁》编辑委员会：《晴川阁》，武汉大学出版社，1996 年；
［4］《晴川掌故》编纂委员会：《晴川掌故》，武汉出版社，2005 年；
［5］《武当山志》编纂委员会：《武当山志》，新华出版社，1994 年。

大禹与禹姓祖族关系的考证

涂家英　周　玲①

摘要：大禹的故事在中国家喻户晓，然而大禹的存在和事迹曾经一直是人们争议的话题。现在随着考古发掘的诸多新证和文献史料科学研究的推进，证明大禹其人其事是中国历史上真实存在的人和事，同时大禹与禹姓有着最直接的始祖关系。随着历史的进程，禹姓一族的传承遍布全国各地。

关键词：大禹　大禹与禹姓　关系考证

Research on the Relations between the Great Yu and Ancestors Surnamed Yu

Tu Jiaying　Zhou Ling

Abstract: The story of the Great Yu is well known in China, but the existence and deeds of the Great Yu have always been a controversial topic. Now with much new evidence of archaeological excavations and the advancement of scientific research on historical documents, the Great Yu is a real man in Chinese history. At the same time, the Great Yu and surname of Yu have the closest similarity as an ancestor and his descendants. With the progress of history, the surname Yu has passed on all over the country.

Key words: Great Yu, the Great Yu and surname of Yu, research on relations

在我们日常生活中稀有见到姓禹的人，大禹的故事却是普天下中国人都知道和传

①涂家英：晴川阁武汉大禹文化博物馆古建维护部馆员。
Tu Jiaying: Qingchuan Pavilion, Wuhan Great Yu Culture Museum, Ancient Architecture Maintenance Department.
周玲：武汉博物馆。
Zhou Ling: Wuhan Museum.

颂的。大禹是禹姓的始祖吗？大禹是人，是神，还是一条虫？大禹治水是神话传说，还是真有其人其事？这些曾经是世人们一直争议的话题。

一、大禹其人

"禹"，《说文·内部》："禹，虫也。从内，象形。""禹"的字面本义为虫。世人称颂的"禹"是我国历代纪元表上[②]夏朝第一位天子"禹"。禹，姓姒，史称大禹、帝禹，为夏后氏夏朝开国首领、君王。禹因治理洪水、建国定都、划分九州等卓越的贡献，人民尊称为"大禹"。在我国到处都有关于大禹的遗迹和传闻，大禹的足迹遍及山西、山东、陕西、河南、四川、贵州、湖北、湖南、安徽、江苏、浙江等祖国大地。山西河津县城有禹门口；山西夏县中条山麓有禹王城址；山东禹城境内有禹王亭；陕西韩城县有禹门；河南开封市郊有禹王台；河南禹县城内有禹王锁蛟井；四川南江县建有禹王宫；湖北武汉龟山东端有禹稷行宫和禹功矶；湖南长沙岳麓山巅有禹王碑；安徽怀远县境内有禹墟和禹王宫……这些遍布祖国的大禹遗迹，记刻着大禹的丰功伟绩。

在历代人民赞颂大禹的同时，仍有部分人认为大禹是传说中的人物，大禹故事是中国古代的神话传说故事。纵览文献和史学印证，关于大禹的出生皆留有笔墨记载。最早见于战国时代的《竹书纪年》："帝禹夏后氏，母曰修已，修已背剖而生于石纽。"魏晋皇甫谧在《帝王世家》中注解："孟子曰，禹生石纽，西夷人也。传曰：禹出西羌，是也。"宋代徐天佑注解《吴越春秋》："在茂州石泉县，其地有禹庙，郡人相传，禹以六月六日生。"

从先秦古籍的记载到西汉司马迁《史记》的第二篇《夏本纪》中，说明大禹创立了夏王朝。《论语·宪问》云："禹稷躬稼而有天下。"同时，随着近几十年来商代考古的突破、夏商周断代工程的"完工"以及在年代上相当于历史所载夏代的二里头、王城岗等大型遗址的陆续发现，使得多数中国学者是相信夏朝的存在的。现代科学家们发现了大禹治水的证据，展开了大禹治水的论证。四川省社科院研究院谭继和直接指出，根据文献和考古佐证，大禹是真实存在的人物[③]。南京师范大学吴庆龙教授及其研究团队在地底沉积物中发现了洪水的迹象，接着在 Science 上发表文章"黄土高

②中国社会科学院语言研究所词典编辑室：《现代汉语词典》(第 6 版)，商务印书馆，2015 年。
③ 谭继和：《大禹是华夏文明的启蒙星》，《四川日报》文体新闻·专刊 07，2018 年。

原石笋与4000年前大洪水事件”，认为公元前1920年青藏高原东部的一次强烈地震造成了堰塞湖的形成，随后堰塞湖的溃决引发了黄河中下游流域出现特大洪水，大禹的成功治水进而开启了夏王朝的建立。之后在《科学周刊》上发表了描述公元前1900年的大洪水地质证据。《科学周刊》副主编安德鲁·苏登表示：“这扩大了我们的认知，不仅是对文明起源，也是说明了祖先社会出现过的环境。”北京大学李伯谦教授于2018年8月5日《光明日报》第6版发表《在考古发现中寻找大禹》④，文中从口耳相传到文献史学、考古发掘、人类学与社会学系统三个方面验证大禹确有史实素地。大禹是中国历史上真实存在的人物，其事迹也是真实发生过的事情。

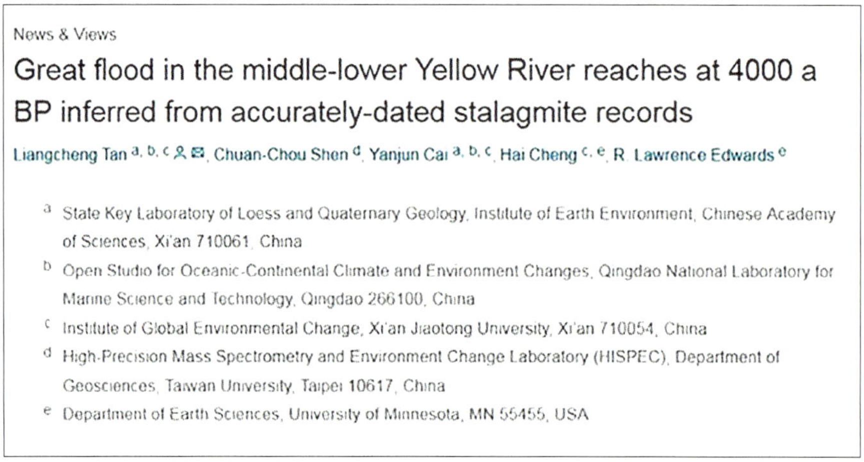

News & Views

Great flood in the middle-lower Yellow River reaches at 4000 a BP inferred from accurately-dated stalagmite records

Liangcheng Tan [a, b, c], Chuan-Chou Shen [d], Yanjun Cai [a, b, c], Hai Cheng [c, e], R. Lawrence Edwards [e]

[a] State Key Laboratory of Loess and Quaternary Geology, Institute of Earth Environment, Chinese Academy of Sciences, Xi'an 710061, China

[b] Open Studio for Oceanic-Continental Climate and Environment Changes, Qingdao National Laboratory for Marine Science and Technology, Qingdao 266100, China

[c] Institute of Global Environmental Change, Xi'an Jiaotong University, Xi'an 710054, China

[d] High-Precision Mass Spectrometry and Environment Change Laboratory (HISPEC), Department of Geosciences, Taiwan University, Taipei 10617, China

[e] Department of Earth Sciences, University of Minnesota, MN 55455, USA

图1 Science Bulletin微信公众号⑤

二、禹姓来源

根据文献和史籍及多方考证，禹姓是华夏古老姓氏之一，起源于夏朝。禹姓主要有两个来源。

一、来源于姒姓，出自夏后氏。《史记·夏本纪》中记载，天下诸侯皆去商均而朝禹。禹於是逐即天子位，南面朝天下，国号曰夏后，姓姒姓。夏后氏首领、夏朝的开国君王禹，姓姒，史称“大禹”。

《韩非子·五蠹》中的大禹：“禹之王天下也，身执耒锸，以为民先，股无胈，

④ 李伯谦：《在考古发现中寻找大禹》，《光明日报》2018年8月5日第6版。
⑤《Science Bulletin》，《中国科学》杂志微信公众号，2018年。

胫不生毛，虽臣虏之劳，不苦于此矣。"寥寥数语的描述将大禹手持治水工具，身先士卒治水的情景展现在眼前。《诗经》中："奄有下过，俾民稼穑。有稷有黍，有稻有秬。奄有下土，缵禹之绪。"《史记·五帝本纪》云："令稷予众庶稻，可种卑湿。命后稷予众庶难得之食。食少，调有余相给，以均诸侯。"《管子·轻重戊》云："夏人之王，外凿二十虻，漭七十湛；疏三江，凿五湖，道四泾之水，以商九州之高，以治九薮。"在大禹带领下，不仅治理了罕见的洪水，而且在治理洪水的过程中，种植庄稼，解决民生，还完成了"国家"这一社会形态的建立。他提升了"民惟邦本"等治国理念，建立了一系列"民惟邦本"为主体的为民政策，为人民作出了伟大贡献，因此被世人尊称为"大禹"，即伟大的禹。禹氏族人因此尊奉夏禹为禹姓始祖，后人以禹为姓氏。郑樵注云："姓姒，夏禹之后也。"《风俗通》云："夏禹之后，支庶以谥为姓。"《古今姓氏书辩证》中："禹姓，即夏禹之后，世代罕闻。"《姓氏急就篇上》云："禹氏，夏禹之后。世代相传。"

大禹的后裔为了纪念他，以祖上的谥号为姓氏，延伸了禹姓一族的源远流长，大禹与禹姓有着最直接的始祖关系。

二、来源于妘姓，妘姓郚子国之后。春秋时期的郚国为楚国的附庸国，妘姓，子爵，史称禹子，被邾人灭国。为了不忘记故国，郚国人去掉了右偏旁姓禹，子孙以国为姓氏，世代姓禹。见证于《姓氏考略》注引《广韵》云："郚子之后，以国为姓，后去'邑'为禹。"《姓氏词典》注"郚"引《姓考》云："惠连妘姓之裔，封於郚，即春秋郚国，其后为氏。郚建国於启阳，在今山东临沂县北十五里。则禹或郚所改，系出妘姓。"班固《地理志》云："东海开阳县，故禹国。鲁昭十八年禹子籍稻，邾人袭而灭之，子孙仕宋，以国为氏。"

另外，回、满、朝鲜等民族均有此姓，属于民族融合汉化改姓。如禹庆奎，满族，沈阳农学院副研究员、副所长[6]。还有鲜卑族羽姓改为禹姓。鲜卑族到了隋唐时期，以鲜卑族作为主体建立的国家不复存在，鲜卑族被融入到其他民族中，逐渐消亡。

三、禹姓分布

禹姓分布较广，约占全国汉族人口 0.01%。禹氏人口总数在宋版《百家姓》中排

---

⑥赵力：《满族姓氏寻根辞典》，辽宁民族出版社，2012 年，第 161 页。

序为第107位，在2013年全国人口统计中排第305位，据2015年统计数据人口约40万。

表1　湖北省18县禹王庙（宫）一览表

时间	排名	时间	排名	时间	排名
最新	283	2018年	无	2014年	无
2013年	305	2007年	无	2006年	316
1995年	355	1987年	318	1982年	378
明朝	无	元朝	无	宋朝	无
北宋	107				

禹姓的分布在一些文献和史料记载中或多或少有些许留存。如前所述，大禹的足迹遍及山西、山东、陕西、河南、四川、贵州、湖北、湖南、安徽、江苏、浙江等省。禹姓也散布全国各地都有传承，有禹姓在陇西郡发展成望族，史称陇西望；有禹姓在陕西、山西一代播迁，繁衍，成为当地望族。《姓氏急就篇上》云："禹氏，夏禹之后，南唐将禹万诚。"《陇西堂禹氏族谱》中记载，元朝末年，一支禹氏族人从江苏苏州阊门外禹家巷迁至兴化东乡（戴窑北侧两公里一带），后逐渐壮大形成禹庄村落。到了明永乐年间（1403~1424年），禹氏家族突遭横难，全庄禹姓几乎灭绝。幸存一禹姓六岁男孩逃过劫难，被其亲戚抚养成人，留下一脉传承。明朝中期，禹庄禹氏家族开始兴旺，其后裔中的禹龙（字子化）擅长诗文，与当朝文人墨客多有交往，留下许多传世之作。到了清朝末年，禹氏家族第九世中产生了一位著名人物画大师禹之鼎，许多名人小象都出自于他的手笔，从而使该家族令人瞩目。《河南荥阳禹氏族谱》记载，该支禹氏始迁祖闻政公于明宣德四年（1429年），由浙江余姚江桥村迁徙到河南汜水虎牢关，已传至22世。湖南邵东《团山禹氏族谱》记载，该支禹氏始迁祖太白公自西晋咸宁元年（275年）由江西泰和肇基湘中邵邑，经过一千多年的繁衍发展，子孙遍布湖湘川黔等地。辛亥革命先驱禹志谟是团山禹氏56代孙。

禹姓一族在韩国也有后裔。韩国《丹阳禹氏族谱》记载，该族始祖禹玄始迁于高丽初年，从中国东渡到丹阳定居。高丽（고려）是中国元朝时期的行政省之一。现在韩国丹阳禹姓发展成为了望族。

由于政治、经济、战争等多种因素，经历了人口迁移、流通和融合，经过多次洗牌，禹姓族人除了大多留居中原各地外，其余分向四方迁徙。现今禹姓族人在全国各地均有或多或少的后裔。

事实证明，从流传到史籍文献记载，从遗迹到考古发掘佐证，均能证明大禹是中国历史上真实存在的人物，他的丰功伟绩是事实存在的史迹，同时大禹也是禹姓一族中重要一脉的始祖。

参考文献：

［1］程涛平、李茜：《大禹故事》，武汉出版社，2012年；

［2］《晴川阁》编辑委员会：《晴川阁》，武汉大学出版社，1996年；

［3］张世国：《百家姓姓氏溯源》，中国社会科学出版社，2001年；

［4］梦华：《图解国学知识》，中国华侨出版社，2016年；

［5］吕思勉：《吕思勉文集 读史札记 上》，译林出版社，2016年；

［6］张人元：《炎黄始祖一体血脉百家姓》，吉林文史出版社，2006年；

［7］杨秀源：《锦屏姓氏史话》，中国戏剧出版社，2013年；

［8］何光岳：《夏源流史》，江西教育出版社，1992年；

［9］张明林：《中华姓氏通史》，远方出版社，2006年；

［10］牛建军、赵斌：《中华传统姓氏文化常识》，中州古籍出版社，2014年；

［11］张章：《说文解字》，中国华侨出版社，2012年；

［12］韩步璋：《甲骨文常用字解释》，青岛出版社，2011年；

［13］赵凡禹、孙豆豆：《中华姓氏大典》，新世界出版社，2011年；

［14］朱洪斌：《中华五百姓氏源流》，武汉大学出版社，1999年；

［15］刘国斌、涂家英：《月映江流》，武汉出版社，2016年。

武汉三通禹碑探考

王建权[①]

摘要：碑刻是古代文化的重要载体，因其特殊的材质，所承载的信息更容易被保存，因而能历千百年而至今，是历史文献重要的第一手资料，也是考证历史、研究文化的重要依据。相传大禹曾在武汉治理洪水，武汉也保留了众多大禹的纪念物。本文以史料为线索，探寻武汉碑林石刻中三通令人称奇的禹王碑，挖掘禹碑背后所蕴藏的更多鲜为人知的历史，弘扬大禹精神，推动江城武汉做足做大以大禹为原点的水文化旅游资源文章。

关键词：武汉　禹碑　探源　大禹精神

Exploration and Research on Three Great Yu 's Steles in Wuhan

Wang Jianquan

Absrtact: Stele inscription is an important part of ancient culture. Because of its special material, the information it carries is easier to be preserved. So it can last for thousands of years. It is an important first-hand material of historical documents and an important basis for textual research of history and culture. According to legend, the Great Yu had controled floods in Wuhan, and many memorials were preserved in Wuhan. Taking historical data as clues, this paper explores the marvelous king of Yu Stele of the Stele Forest in Wuhan and excavates more little-known history behind these Steles, carring forward the spirit of Dayu. We can promote Wuhan by making full use of Great Yu culture as the origin of the hydro-cultural tourism resources.

①王建权：黄鹤楼公园文化研究中心。
Wang Jianquan: works at Huanghelou Park Culture Research Center.

Key words: Wuhan, Yu's stele, Source Exploration, Great Yu Spirit

大禹是我们中华民族的始祖之一，是中华民族古老传说中著名的治水英雄。大禹治水传说是我国代表性的洪水神话传说，武汉曾是大禹治水传说的发生地。相传4200多年前，大禹历尽艰辛，率众疏江导汉，终于驯服洪水，使长江、汉水在古汉阳交汇，朝宗于海，大功告成。造就今天的自然形胜，武汉也因两江交汇而得名"江城"，几千年来，深厚的人文积淀承载于独特的自然造物成就了武汉两江四岸的独特魅力，而大禹正是造就"江汉朝宗"盛事的英雄。为纪念大禹的丰功伟绩，人们把大禹疏江导汉时曾驻足大别山（龟山）东麓深入江中数百步的矶石命名为禹功矶。因矶石形状似龟头，大别山又形似乌龟，故更名为龟山。

自南宋绍兴间，司农少卿张体江便在此建禹庙，以纪大禹治水之功。后同祀后稷，更庙名为禹稷行宫。因受崔颢"晴川历历汉阳树"诗句的影响，至明代，禹功矶头修建了一座阁楼，取名晴川楼。

2010年8月，为弘扬大禹文化，纪念大禹在武汉的治水的历史和大禹敢为人先的精神，"武汉大禹文化博物馆"正式成立，为全国首家专题研究大禹文化的博物馆。"禹稷行宫"主体建筑也被评为第七批全国文物保护单位。而"禹稷行宫"西侧的"禹碑"亭更成为记载大禹治水功绩的历史见证。

据记载，全国各地二十多处拓刻禹碑，它们分布在湖南、四川、浙江、河南、山东等地，但最令人称奇和不解的是武汉这一座城市就有三通"禹碑"，仅晴川阁"禹碑亭"就有两通"禹碑"，此现象在全国是绝无仅有的。这不得不让人产生强烈的好奇心，那么这三通"禹碑"究竟给我们传递出怎样的历史文化信息？

一、以史籍为脉络，追踪禹碑溯源，呈现禹碑文化

禹碑是我国最古老的石刻，在湖南衡山云密峰或岣嵝峰上。最早的记载，出现在东汉学者赵晔写的《吴越春秋》书中："禹登衡山，得金简玉字之书，刻石山之高处。"晋代罗含的《湘中记》、北魏地理学家郦道元的《水经注》都有衡山云密峰禹碑的记载。南朝宋的道士徐灵期关于南岳最早的专著《衡山记》中称"云密峰有禹治水碑，皆蝌蚪文字，碑下有石坛，流水索之，最为胜绝"。表明他可能是最早见过"禹碑"的人。

唐代著名文学家韩愈曾写诗："岣嵝山尖神禹碑，字青石赤形摹奇。"刘禹锡有诗云："祝融峰上有'神禹铭'古石，琅玕姿秘，文蝌虎形。"肯定此碑是确实存在的。有些人因见不到此碑，或否认此碑的存在；或给此碑披上神奇的面纱，说此碑是"神物，常人难见"。

从大量史籍记载，"禹碑"应该出自于南岳衡山岣嵝峰，此碑得以复现却与南宋学者何致有关。南宋张世南《游宦纪闻》记载，南宋宁宗嘉定五年（1212年），巴蜀学者何致游览衡山。经由樵夫引导，在衡山主峰——云密峰（又称岣嵝峰），发现了一座高宽逾丈的大石碑，刻有阴文77个字的碑文。字体，既非甲骨文，亦非古篆，笔力雄浑，奇古异常，实乃世所仅有。经仔细考辨，何致认定为"禹碑"而不疑，临摹下碑文献给当时长沙官员曹彦约（1157~1228，曾任湖南转运判官，后授兵部尚书，力辞未就），因曹彦约对此事怀疑。何致于是自掏腰包在岳麓山摩崖作碑。

后因衡山禹碑失传，岳麓山禹碑倒显赫一时。但此碑也曾一度"失踪"，一直到明嘉靖九年（1530年），岳麓禹碑被时任长沙太守的潘镒所发现，于是从荒郊野岭把石碑找出，加以保护。后来全国各地，特别是建有禹庙的地方，多来此处拓片或临摹制碑。可以说，如今全国各地所见的禹碑，皆源自于此。

而禹碑的77个字，既非甲骨，又不似篆文，形似蝌蚪文，字形十分离奇古怪，无法辨认，一度被说成神秘"天书"。

直到明世宗嘉靖十三年（1534年），明代状元杨慎（字用修、号升庵，武宗正德六年殿试第一名）十分热衷禹王碑的译释，他吸取前人的辨识成果，集纳众长，将禹王碑上77个字符释为古文："承帝曰咨，翼辅佐卿。洲诸与登，鸟兽之门。参身洪流，而明发尔兴。久旅忘家，宿岳麓庭。智营形折，心罔弗辰。往求平定，华岳泰衡，宗疏事裒，劳余伸禋。郁塞昏徒，南渎衍亨。衣制食备，万国其宁，窜舞永奔。"

自从明代状元杨慎解读禹碑释文后，对于"禹碑"的探讨和考证，在史学界从来没有间断过，并且也都写出了各自的释文。清乾隆年间，曾任云南布政使的金石学家王昶，在其《金石萃编》中，以杨升庵的释文为是，而余者，"或附会穿凿，或涂改窜点，致失本意"。无独有偶，1982年，世界人文科学院院士童文杰在他编写的《禹碑释考》中也译出禹碑全文，内容与杨慎大同小异，有26字的不同，童老的释法被中国管理学科研究所认可，并收入中国经济出版社2001版出版的《走向未来启思录》

一书。

虽各家解释各不相同，但都认为碑文大意是：禹受舜命，艰苦卓绝地治理洪水，使百姓丰衣足食，安居乐业。至此以后，禹碑闻名天下，被摹刻于全国各地的名山之中，大江之畔。

二、挖掘禹碑文化内涵，彰显武汉地域特色

1984年10月23日的武汉晚报刊登一则新闻"在武汉新发现的禹碑"，引起人们关注。"在1984年重建晴川阁、维修禹稷行宫（又称禹王庙）工程中，武汉的文物工作者们又发现了一尊清乾隆庚寅年（1770年）镌刻的禹碑"。这发现无疑给武汉大禹文化又增添新的华彩宜章。至此，武汉禹碑家族又迎来一位新成员，在武汉龟蛇两山原有的两通禹碑数量有了新突破，三通"禹碑"的数字，使武汉成为祭祀禹碑最多的城市，同时又使汉阳晴川阁"禹碑亭"中呈现出双"禹碑"奇观，彰显武汉大禹文化的独特魅力。

（一）晴川阁双"禹碑"始末

在晴川阁"禹稷行宫"西侧有处一亭子，名"禹碑"亭，它与其它碑亭不同，内有相背而立禹碑两块。西向东者据碑文所示，刻于"乾隆庚寅"，此碑确实为乾隆原物；而面向西者所示刻于"康熙丙午"。为什么一座亭内有两块"禹碑"？它又蕴藏着怎样的一段历史？

清康熙丙午年（1666年），清朝著名文人毛会建历尽千辛万苦去衡山临摹禹碑，并刻于汉阳大别山（今龟山）处。同时又在西安学宫另摹刻一"禹碑"，并作跋记载了此事的全部过程。后来汉阳禹碑失传，乾隆庚寅年（1770年）荆南观察使者李拔又刻制了一通禹碑。但后来禹稷行宫、晴川阁也失修坍塌，禹碑也破损碎裂成了数块。1984年，武汉市政府重修禹稷宫、晴川阁，并将破损乾隆禹碑拼合修复（缺失最后三字），又按照西安康熙禹碑摹本重刻一碑，这样，晴川阁内就有了乾隆、康熙两块禹碑。清人毛会建和李拔分别在两通禹碑上题跋。

1. 毛会建禹碑题跋

毛会建（1611~?年），字子霞，别名客仙，江苏武进人。明末名士，生于明万历三十九年（1611年）。清顺治初年避战乱流寓岭海，后来"由黔入鄂"，侨居江夏。

清康熙时，曾任仪曹郎、礼部郎中、乐昌令。毛会建嗜奇癖古，游迹天下。他工诗善文，尤精擘窠书，喜书大字，其书法苍劲，类颜鲁公。学术界称誉他为"书法逼晋魏，六书篆皆精绝"的金石书法家，所以他亲自勾填的禹碑"意象宛在纸"，为时人所尊重。

史称晚明清初有三位怪才，一为徐霞客，著《徐霞客游记》。二为宋应星，字长庚，是位科学家，著《天工开物》。第三位就是毛会建，是位探险家。关于摹刻禹碑于晴川阁的经历，从毛会建《摹刻禹碑于大别山》长诗、为摹刻的禹碑题跋及有关记载中可以窥见。同时代的清初文人夏嘉瑞亦详细记载了此事。其在《毛子霞摹刻禹碑于大别山》诗引言说："禹碑七十七字，在岣嵝者不可复睹，在岳麓者亦不易得。子霞（即毛会建）历巉岩，探虎穴，手自摹勒，乃得原本，载归武昌，至是，复刻石于大别山之巅。大别（即龟山），固禹导水时所憩之地也，时顺治庚子（1660 年）三月□日。"

图 1 晴川阁禹碑亭毛会建拓刻康熙禹碑

现在晴川阁的康熙禹碑上仍保留有毛会建在西安制碑时的跋文，但难于全识。也没有见到有书介绍此跋的全文，根据碑刻及网上查找到的西安禹碑拓片照片，两者相互参照辨识大致为（断句辨字仅供参考）：

禹碑为大禹所纪治水之事，原在衡岳岣嵝山峰，古未有见者。韩昌黎"字青石赤，拳蝌倒薤"之句，□□道士口语耳。自何贤良为樵者所导，攀崖越涧得一（今拓本、碑刻皆似为"二"字？）见，辄碎，屠摹之，刻于岳麓山，其文始传苐（"递"？）。字大石广，又皆驳离，难以拓取，好古者悬梯而上，勉为钩填，而彼此异同，意象寖夫。建当亲诣碑所，手自摹之，后参考世本，从其同者，刻于大别山，流传见广。今观西安学宫碑碣多种，而秦汉以上缺（碑作"垂央"）焉，因再刻此碑，天下后世咸得。大禹遗文为金石之冠，其释文有三家：一杨慎，全设注于中；一沈镒，注于右；一杨廷相，注于左。大同小异，竝（同"并"）存以俟，传惟君子重加赏识云。康熙丙午秋日昆陵毛会建谨识。"

该跋文对衡山"禹碑"作了简述，并获知五个信息。

（1）晴川阁"禹碑"最初确实为毛会建康熙年间"引进"，但不是临摹于衡山，而是长沙的岳麓山。毛会建曾"诣碑所，手自摹之"，然后才"刻于大别山"。

（2）岳麓山的"禹碑"是由何贤良临摹自衡山，又说参考其它摹本"从其同者"，可见山石上的原碑文已不十分清晰，不便拓制，而只能在碑下临摹了，因此如今各地的"禹碑"略有不同也就好理解了。

（3）"禹碑"上释文有三家，大同小异，其中以杨慎注释全文为主，列在原碑文（蝌蚪文下部）中间，而右侧为沈镒对某字的不同注释，左侧为杨廷相对某字不同的注释。可以说此碑同时有三个人的注释，三人皆为明代人。可惜的是这些小字有些已认不清了。

（4）"禹碑"最初的刻制地点应为晴川阁内。因宋代龟山上已有大禹寺庙，理当建碑于此。并且将碑文布局改为5竖行，每行14字，另有1竖行，7个字，共为77个字。这显然比岳麓山禹碑的长宽基本等长要好看一些。岳麓山禹碑刻制在山石上，8排9字，另加1排5字，共77字。

（5）"禹碑"刻碑时间，跋文中述为"康熙丙午（1666年）秋日"，这应该是在西安立碑的时间，晴川阁的"禹碑"理论上应稍早一些。在今晴川阁内另有一通"山高水长"碑，武汉当代通徐明庭先生更于1988年1月在《春秋》上撰文，引述清道光年间汉川人张清标的笔记，认为"海阔天空"四字为毛会建所书。此碑题款为"康熙甲辰行醉日"。康熙甲辰（1664年），比西安学宫"禹碑"早2年。这是合乎情理的。而原晴川阁内失踪的康熙"禹碑"，与"山高水长"碑同为公元1664年时，应同为毛会建所题刻。今汉阳梅子山上有两处摩崖题刻"海阔天空"也为毛会建所书。

其实毛会建还干了件比较牛的事情，是自费在晴川阁周围植树。今汉阳禹碑亭东面一棵巨大的古椿树相传是他栽种的。毛会建在《晴川补树》诗自跋中说："自崔左

图2 毛会建"山高水长"碑文

司（崔颢）《黄鹤楼》诗而晴川以树闻，历千百年以至今，何濯濯也。予乞诸万木园，得榆、柳、柏数种补之，清川绿树，一时掩映，倘亦好事者之所为欤？"

诗文表明了他种树的愿望，自崔颢写下《黄鹤楼》诗后，晴川树色便闻名天下，但千百年后，龟山上已光秃秃了，所以他补种树木，力求千百年后绿树成荫，枝干交错，再现"晴川历历汉阳树"的风貌。读完他的诗，的确很感人，当时像毛会建这样能自掏腰包为名胜景区种树的文人还真的不多。毛会建晚年定居晴川。年七十余卒。卒后葬于晴川阁西侧香瑞巷通往龟山山坡上。

2. 李拔禹碑题跋

"禹碑"亭中与康熙碑相背并立的为乾隆"禹碑"。此碑是在1984年重建晴川阁、维修禹稷行宫工程中发现的，碑为黑色，石灰石石料，通高160厘米，宽61厘米，厚11厘米，已碎成九块。拼接后，只是篆文落款部分已残缺，其他大体完整。该碑碑文排列布局与康熙"禹碑"相同，因落款残缺为74个字。最初不解，经与康熙"禹碑"对比后发现，原来缺少最后三个字。为保文物原状，故未予添刻。乾隆"禹碑"蝌蚪文下也有注释小字，只是与康熙"禹碑"注文不同。

至于此碑为何时何人所刻？碑上有篆字题款，碑前似为"乾隆庚寅仲冬上澣"，若辨识无误，此碑则刻于1770年农历11月上旬。碑后落款一直辨认不清，查询"李拔"名字有其生平介绍。

李拔，字清翘，号峨峰。四川犍为县玉津镇人。生于清康熙五十二年（1713年）二月十九日，卒于乾隆四十年（1775年）八月二日，终年63岁。他幼时读书，好学上进，善于思考。清乾隆十六年（1751年）中进士。历任长阳、钟祥、宜昌、江夏知县，福宁、福州、长沙知府，乾隆三十五年（1770年），任湖北荆宜施道台。

上述资料为研究晴川阁乾隆禹碑提供了大量确凿的史料

图3 乾隆《禹碑》拓片

信息，从"乾隆三十五年(1770年)，李拔任湖北荆宜施道台……"记载得知，一是刻碑时间及官职基本相符。二是为碑刻落款为李拔找到了可靠依据。"李拔(1729~?年)，号峨峰，四川犍为人。清乾隆十六年(1751年)进士……"四川犍为县，在古代即属剑南。然后又惊喜地发现，"峨峰"即为碑文中的难以辨认的"峩峯"古篆体字也。因此落款应为"荆南××李拔峩峯临"。

与此"禹碑"同时发现的还有一块同年镌刻的《禹碑真伪辨》石碑。碑是黑色的，斜断成两截，但字迹清晰，从落款为荆南观察使者犍为李字样，可以确认此碑与乾隆"禹碑"同为李拔一人镌刻。此碑经对照《禹碑真伪辨》拓片进行辨识，全文如下：

禹碑真赝纷如聚讼余（拓衡）篆（见）之，碑虽漫（滤而）笔书奇古，非秦汉以下人能为，乃好奇者欲神奇（说），（或）讬之樵人引径，或自言（夜）梦传（释）荒唐不经，（以）致疑似。□（半）古人真迹（反）若赝作为可恨耳，（或云）禹碑（尚书）未载，去今已三千余（年），石虽（久存）昌黎，搜索无有（紫阳）往来未见可知其伪。余谓：尚书百篇其授（自伏生），得于孔壁者，仅五十九（篇），此碑（安知）非秦火轶去？石（刻流传）未必不朽。然三千余年中岂无重刻之人？如云作自秦汉亦几二千年，（又）何（能岿然独存耶）？今碑在（衡阳）境内岣嵝峰，去衡山尚百余里，乃索碑，摹者皆予衡山求之，无怪昌黎（紫阳）之搜索往来而不见也。又□谓：衡阳禹碑摹自岳麓，予当校对字画大小不同、繁简互异，岳碑规（模）□□ 无后漆书迹，意其为伪作无（疑）。惟衡阳碑精神团结，古意盎然，希世（之）宝。明者当自（喻）之，岂俟予言之赘哉！□（历）年既多剥落数字，恐遂（湮）没，购得旧本摹刻石鼓，以永其传。夫古篆虽与今文不同，而字可象形文、可（会）意，（如孔壁）蝌蚪文字原（自）□质平易有何佶屈难解之语。杨沈等家注（释），未免穿凿，而字形又相（刺）谬，予为折衷其间，（更易二十余字），稍觉文后字顺，爽朗可诵，固不必饰为谲怪强辞（牵合），使古人真迹反自我而诲之，也注次其词（聊），备后君子之采择，云而其文曰：承帝命咨，魁辅膜弼，水渚与（登），蓄泻之门，高低允疏，即凤发尔兴，允旅忘家，宿□麓庭，智营形析，心罔弗贞，往求平定，华恒泰衡，嵩尊（事）哀，劳积伸痓，荐馨昏夜。斋肃昌言，爰别鼎盟，魖□□魁，窜舞□奔，□□□□□

乾隆三十五年岁次庚寅孟夏冬月吉旦

　　　　　　荆南观察使者犍为李

从《禹碑真伪辨》碑文中可得知以下信息。

图 4　晴川阁李拔拓刻乾隆御碑

图 5　晴川阁《禹碑真伪辨》石刻

　　（1）"碑虽漫（漶而）笔书奇古，非秦汉以下人能为"的记述，说明李拔是见过原碑的。

　　（2）反驳禹碑为伪碑的观点。"余谓：尚书百篇其授（自伏生），得于孔壁者，仅五十九（篇），此碑（安知）非秦火轶去？石（刻流传）未必不朽。然三千余年中岂无重刻之人？如云作自秦汉亦几二千年，（又）何（能岿然独存耶）？今碑在（衡阳）境内岣嵝峰，去衡山上百余里，乃索碑。摹者皆予衡山求之，无怪昌黎（紫阳）之搜索往来而不见也。"

　　（3）描述禹碑面貌。"惟衡阳碑精神团结，古意盎然，希世（之）宝。明者当自（喻）之，岂俟予言之赘哉！"

　　（4）李拔刻碑原由。"恐遂（湮）没，购得旧本摹刻石鼓，以永其传。"

　　（5）李拔对禹碑上释文解读。"杨沈等家注（释），未免穿凿，……更易二十余字，稍觉文后字顺，爽朗可诵"。认同明代杨慎、沈镒对禹碑的释文观点，但略有不同，"更易二十余字"，但所释内容大同小异。

　　（6）最后是李拔解读禹碑的释文（略）。

值得一提的是，在禹稷行宫下方，还有一通"荆楚雄风"碑，上题"乾隆三十五年岁在庚寅×月"，下款"荆南观察使者剑南李拔异题"，从题字时间和题字人姓名看，乾隆禹碑与此"荆楚雄风"碑同为1700年李拔所题。

（二）蛇山"禹碑"

在今黄鹤楼公园南区古碑廊，有一通清代唐训方写的《黄鹄山斗姥阁禹碑记》石刻，该碑文在《黄鹄山志》中有记录。碑文详实讲记载衡山禹碑历史始末，唐刘禹锡、韩愈的诗歌和明杨慎、沈镒禹碑释文题跋对后世影响，反驳衡山禹碑为伪碑观点，以及时任湖广总督官文督部去云密峰拓刻禹碑与武昌蛇山黄鹤楼斗姥阁的史实。

唐训方（1809~1876年），字义渠，清朝政治家、军事家，湘军重要将领，曾任湖北督粮道、湖北按察使、湖北布政使、安徽巡抚、湖北巡抚、直隶布政使。因在湖北为官，有幸经历了禹碑拓刻黄鹤楼斗姥阁事宜。于是写文记事以示后人。

在清胡凤丹《黄鹄山志》中还有另外一段记载："禹碑，在黄鹤楼斗姥阁后墙壁，

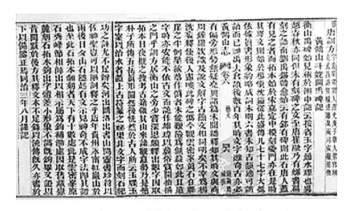

图6　清唐训方《黄鹄山斗姥阁禹碑记》全文

同治三年官秀峰督部出云密峰旧搨，属工钩勒。杨慎释文附后，湘中唐训方有《记》见"艺文"。《退补斋杂录》载：

> 按《舆地纪要》云：神禹碑在衡山岣嵝峰，又传在密云峰。宋嘉定中，蜀士因樵者引至其所，以纸打碑，凡七十二字，刻之夔门中，一摹刻于长沙岳麓书院，皆蝌蚪文字。余考杨慎、沈镒释文，凡七十七字，多五字。在岣嵝者，不可复见。在岳麓者，亦不易得。顺治庚子，昆陵毛会建子霞赴湘，手自摹勒，携归武昌，刻与大别山禹庙前。同治三年，官秀峰督部又刻于黄鹄山上。叠遭兵燹，至今犹存。

清同治三年（1864年）湖广总督官文（字秀峰）找遍古今全国几处摹刻的禹碑旧拓本，取旧藏岳麓书院刻石拓本，从贵州永宁取红花岗岩石材，工匠勾勒刻成，碑上还附有杨慎释文，刻成后安置于武昌蛇山斗姥阁的后墙壁，并在碑上题字自称辽阳官文。这块禹碑除文字形象与历史资料记述的原碑相似，还与韩愈禹碑赋诗《岣嵝山》的描写相符。不仅如此，唐训方的这段文字在清朝就已刻碑，现存放在黄鹤楼古碑廊中，向世人讲述蛇山禹碑的故事。

清光绪十年（1884年），修建于清同治七年（1868年）的清代最后一座黄鹤楼因大火焚毁。清光绪三十四年（1908年），武汉民众为了纪念张之洞在湖北统治18年的政绩，在黄鹤楼原址附近修建了一座奥略楼。

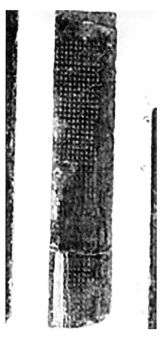

图7　今黄鹤楼古碑廊
唐训方《黄鹤山斗姥阁禹碑记》

据王葆心的《汉浒金石小记》记载，禹碑亭，在奥略楼与涌月台之间，兴建长江大桥时拆除。禹碑与其他石刻一起堆放到蛇山抱冰堂东南原十桂堂址院内（一起置放的还有"福禄寿"碑）。碑体高203厘米、宽130厘米、厚17厘米；碑材为红花岗岩，碑体正面的文字目前只能看到局部，反面的表层好像被有意凿掉，有很规则的切面。仅从上部字体布局推知，此碑应为8排9字，另加1排5字，共77字，与岳麓山禹碑布局相同。

图8　奥略楼前禹碑亭

从许多留存至今的老照片中可以看到，奥略楼前台阶最下处，有一座禹碑亭。1955年修建武汉长江大桥被拆毁。当年与禹功坊相连的禹碑亭，现已成为铁路。蛇山禹碑是目前武汉保留最大的一通禹碑。

龟山、蛇山的三通禹碑虽同为"大禹治水"碑，但却有着不同的经历和历史记载。三通禹碑最早的是晴川阁康熙禹碑，最晚的黄鹤楼同治碑，拓碑时间前后整整相隔 200 年，清人毛会建、李拔、唐训方等名人为禹碑留下的题跋、碑刻释文及禹碑记等都以石刻的方式，让历史永远记住了那一时刻，给后世留了极其珍贵的第一手历史文献资料，极大地丰富了武汉地区大禹文化内容，对大禹文化的研究和传播有着重要的意义。

三、以大禹文化为活水源头，做足做大武汉水文化旅游资源

武汉三通禹碑的出现，其实并非偶然，它与武汉大禹治水传说有着密切关系。相传古时大禹治水经过武汉，历时三载，终于要把汉水引入长江之时，遇到水怪再次兴风作浪，但一直坚守于此，感动了天地，天帝派龟蛇两位大将前往协助。据《拾遗记》载："禹尽力沟洫，导川夷岳，黄龙曳尾于前，玄龟负青泥于后。"古代蛇是龙的化身，这里讲述的是龙用尾巴开辟水路，大龟驮着青泥供大禹修建堤坝，后来到了江汉交汇处，水怪时有侵犯，龟蛇二将索性扑于江北江南，幻化成山，隔江相望，镇压了水怪。为纪念大禹治水，于是龟蛇二山就同时成为了武汉民众祭祀大禹治水的纪念地，也滋生了武汉人大禹文化的情怀。

武汉人之所以崇敬大禹，不仅与他在武汉治理洪水有关，更因为大禹自强不息、艰苦奋斗、以人为本、公而忘私、因势利导、九州异同的精神。这种藐视一切困难，开拓创新，克服艰难险阻的做法，正是武汉所倡导的"敢为人先，追求卓越"的真实写照，正所谓"山不在高，有仙则名，水不在深，有龙则灵"。地方精神是一个城市的精神旗帜，在武汉的历史文脉中，无论是楚庄王成就霸业，武昌起义打响第一枪，还是武汉一直在做的复兴大武汉，这一切都是武汉"敢为人先，追求卓越"的重要体现，大禹治水精神内涵与武汉的城市精神有着一致性，大禹治水传说正是武汉"敢为人先，追求卓越"的传说范本。

武汉是一座滨江亲水的城市，"江汉朝宗"一直是武汉的重要名片。在武汉市2017 年政府工作报告中，武汉市政府提出将规划武汉市长江主轴。长江主轴规划，将重点围绕主城区段，与交通轴线、城市阳台、防洪设施等建设相结合，打造城市交通轴、发展轴、文化轴、生态景观轴，努力建设世界级城市中轴文明景观带。

武汉市由长江和汉江分为三镇，穿城而过的长江正是武汉市天然的城市中轴线，而"江汉朝宗"正是武汉中轴线上的文化内涵所在，这也是为什么在十二五规划中将

"江汉朝宗"景区设为核心区的原因，从历史文化内涵看，大禹治水传说正好印证了武汉长江文明的丰富内涵，也为"江汉朝宗"所正名。而武汉的码头文化和汉商文化正是在外在的地理环境所承载的，这一点也与大禹治水相契合。从神话演绎上升来看，大禹引汉入江才有了汉口，这也才形成了武汉的性格和武汉城市文化的延续，从实际开发的角度来看长江主轴的核心区和关键的第一步正是以长江大桥为核心的两江交汇处，随着武汉城市阳台战略的提出，龟山景区将成为汉阳城市客厅的"第一个大阳台"，正是大禹治水传说发生所在地，这也正呼应了龟山城市阳台的建设，为武汉旅游开发打下了坚实的历史文化基础。

目前武汉市已经规划出1141的武汉大都市旅游圈的总体规划，武汉市在建设全域旅游的过程中必须要将整个城市的社会，经济文化资源都统一协调到旅游的发展规划当中，根据城市各地域不同的特色进行相应的规划，传说是武汉长江品牌的重要体现，也是武汉重要的文化依托，依托长江经济带、长江黄金水道以及武汉长江主轴规划的建设，大禹传说资源可以更为多样化的运用到武汉旅游开发之中，树立全域旅游的观念，综合大禹治水传说资源的精神层面，物质层面整体规划，整体开发，实现景点与景点之间的有机结合，满足游客的多元需求。

中国是具有悠久历史文化的文明古国，上下五千年孕育了许多优秀的民间传说，历史传说在社会历史的变迁中不断积累，成为广大民众的精神寄托和历史家园，大禹只属于我国上古神话传说，可以算得上是中华民族精神的重要源头，随着上千年的熔点，大禹治水已深深刻在每一位中华子孙的文化家园里，世界各国神话里都有毁天灭地洪水的袭击，这与当时的自然环境以及人们的社会生产力是相关的，大禹治水不同古希腊神话中的逃避，而是神化出一位敢于与自然抗争、不畏艰难、勇于牺牲的英雄，武汉大禹传说与神话叙述的讲述了武汉"江汉朝宗"景致的由来。禹功矶峭立于龟身，很容易引起游客的思想冲击，想起当与大禹当年治水的豪情，从而勾起游客的民族自豪感，武汉作为一座滨水城市，具有浓郁的洪水文化情结，说起武汉就不得不说起长江，可以说长江造就了武汉，而武汉也在不断的改变着长江，龙王庙、长江防汛纪念碑都叙述着武汉的往事，与武汉的精神是相联系的，大禹治水所表现的自强不息，正是摆脱现在社会喧嚣的精神家园所在。

城市文化旅游开发的核心就在于文化内涵的挖掘，文化内涵可以说是沟通游客和城市的精神纽带，随着文化产品的兴起，对文化历史的深度挖掘也越来越受到重视，新的科技手段也为原来不能呈现的非物质文化遗产提供了新的展示平台，城市文化旅游的新起点重点在于文化资源的发掘，作为后起之秀的文化旅游，也容易与其他的旅游形式形成联动效应，大禹治水传说作为武汉优秀历史文化资源之一，具有鲜明的地方特色，而且整个大禹传说与武汉地理环境和人文历史都具有非常高的契合度，因此只有深度挖掘武汉大禹文化传说丰富的历史文化内涵，才能打造高品位的文化旅游精品。

参考文献：

［1］李域铮：《西安碑林书法艺术》，陕西人民美术出版社，1989年；

［2］殷时学、陶涛：《羑里城志》，河南人民出版社，2007年；

［3］［清］王昶：《金石萃编》，北京市中国书店，1985年；

［4］［清］胡凤丹：《黄鹄山志》，武汉出版社，2016年；

［5］［民国］王葆心：《汉浒金石小记》，武汉大学出版社，2008年；

［6］［东晋］王嘉：《拾遗记》，中华书局，1986年。

大禹九州逸史

The Anecdotes of the Great Yu in Ancient China

浙江禹迹赋

张钧德[1]

Ode to the Great Yu's Traces in Zhejiang

Zhang Junde

戊戌己亥间，余与同人编绘《浙江禹迹图》，始总结出浙江禹迹分五大区块：德清——余杭区块以防风庙和良渚文明为中心；宁绍区块以绍兴大禹陵为中心；台州沿海地区区块以海洋文化为特色；金衢盆地区块以浦江古文化为中心；丽水——温州的瓯越文化区块。编余，逐日撷句，遂集斯赋：

三江既疏，震泽底定。[2]禹乃陆行乘车，水行乘舟，泥行乘橇，山行乘樏，行山刊木。[3]进驻苕溪流域，移跸钱唐[4]江畔。

苕溪为防风古国，[5]钱唐有浦阳康侯。[6]初其全盛之时，玉器有良渚之琮，丝物见钱漾之帛。[7]百里长堤后称西险大塘，[8]万年遗址今号上山文化。[9]禹航[10]到此，争战顿起。这一壁，千里来袭，南下基地留下广富林；[11]那一边，万众抵抗，北拒对峙子遗良渚城。[12]

①张钧德：浙江省大禹文化研究会会员。
Zhang Junde: member of the Great Yu Culture Research Association, Zhejiang.
②《禹贡》："淮海惟扬州：彭蠡既猪，阳鸟攸居；三江既入，震泽底定。"三江，泛指长三角地区河流众多。震泽，太湖古名。
③"行山刊木"，《史记·夏本纪》，《禹贡》作"随山刊木"。刊通砍。
④钱唐，钱塘的古称。
⑤防风古国，传统的说法是在古武康县（今为德清县武康镇）封、禹二山之间，今山下有防风祠。但武康镇与良渚镇比邻，所以防风古国实际就是良渚文化。
⑥传说康侯是大禹同时代浦江一带的首领，他追随大禹治水，最终因劳累而死。百姓们为缅怀康侯，在岩顶建庙筑墓，塑像立碑，并把此山命名为康侯山（今名官岩）。
⑦玉琮是良渚文化的代表器物。钱山漾遗址经考古发掘得到家养桑蚕丝织成的古绢残片、丝绳等，从而证实在4700年前太湖流域已有养蚕、取丝、织纤。
⑧西险大塘系东苕溪的右岸大堤，从余杭镇中南村的石门桥开始，经余杭、瓶窑、安溪、獐山至德清大闸，全长45公里。明代陈善《南湖考》："大禹筑塘，名为西海险塘（即西险大塘）。"
⑨浦江县上山遗址文化距今11400~8400年。目前浙江全境已发现二十余处上山文化遗址。
⑩《余杭县志》："相传神禹治水会诸侯于会稽，至此余杭登陆。因名禹杭。"
⑪广富林遗址在上海松江区，其文化主体是来自中原地区的外来文化。
⑫良渚古城是良渚古国的都城，2007年考古发现，年限大致断定在距今4300~4500年之间。

于时旷野烟生，城上旌舞，矢石交飞，呐喊彻云，引得雁凫惊乱，鹿豕慌窜。这一边，文有余，武不足，有玉帛，无干戈；[13]那一壁，伐共工，征三苗，[14]惯争斗，铜为兵。[15]

于是汪芒氏倒灶，大禹王定鼎，[16]山河易主，乾坤重组。防风弃城到宁绍，子民流离到瓯源。[17]禹乃追逃不舍，致村曰禹降，[18]山改会稽。[19]建邦立威，斩杀防风，[20]太湖之㞸；[21]爵德封功，许有康侯、董子国君。[22]东遁者对峙中演绎虞舜踪迹，[23]南逃人重聚后造就好川文化。[24]会计天下，实开贡税之始；[25]毕功了溪，乃是道殂之蘟。[26]

图1　"大禹"文创雕像

⑬良渚遗址发掘至今，尚未发现文字和青铜器。
⑭《荀子·议兵篇》："禹有功，抑下鸿，辟除民害逐共工。"《战国策·秦策》："禹伐共工。"
⑮《越绝书》卷十一："禹穴之时，以铜为兵。"据严文明《论中国的铜石并用时代》（载《史前研究》1984年第1期）：中国的"铜石并用时代"，目前已知的遗址主要分布在黄河流域的仰韶、龙山文化区域。
⑯倒灶，指覆灭，此词一直限于吴越地区使用。定鼎，建国的意思，始于大禹。
⑰宁绍，指宁绍地区。瓯源，在今丽水，瓯江下游为温州。
⑱禹降村，在今绍兴齐贤镇，村附近有数处大禹同时代新石器文化遗址。
⑲会稽山，原名苗山或茅山，《越绝书》卷八："禹始也，忧民救水，到大越，上茅山，大会计，爵有德，封有功，更名茅山曰会稽。"
⑳斩杀防风，《国语·鲁语下》："丘问之：昔禹致群神于会稽之山，防风氏后至，禹杀而戮之，"《竹书纪年》："八年春，会诸侯于会稽，杀防风氏。"今绍兴尚有地名曰型塘（因刑字凶，避讳改型）。
㉑太湖之㞸，据《太湖民间故事》，大禹在太湖治水时，遭到一种叫作"㞸"的怪兽的抵制，大禹决心制服它，附近的百姓也都来帮忙，他们抬了一只像山头一样大的铁锅，把"㞸"扣住，然后用沙石泥土堆上去，堆成一座山，这座山，就是太湖中的平台山岛，大禹捆它的带子就变成平台山西面的西沙river。
㉒清·顾祖禹《读史方舆纪要》卷九十二《宁波府·奉化县·鄞城》称："夏有董子国……"《民国奉化县补义志》载："董子国，县东四十里白淮涂山麓，有虞时，为余姚之墟，夏禹时已有董子国之名。"董子国于公元前472年前后被越王勾践吞并。
㉓越地舜禹遗迹众多，尤其在曹娥江（亦称舜江）两岸形成对峙。一种意见认为这一喧的"舜迹"是中原舜文化对良渚古国的残余势力的覆盖。
㉔网文《良渚王国神秘消失良渚人去哪了？遂昌好川人知道！》《好川文化源自良渚文明？》等。
㉕《史记·夏本纪》："自虞、夏时，贡赋备矣。或言禹会诸侯江南计功而崩，因葬焉，命曰会稽。会稽者，会计也。"
㉖了溪，古剡溪支流，在今嵊州城北。《史记·夏本纪》："东巡狩，至于会稽而崩。"又《剡录》卷二《山水志》："……以告成功，故剡溪谓之了溪。"后世总结为"毕功了溪"，结合二书，"毕功了溪"更可以理解为生命终结于会稽之了溪。

夏启接位，立陵南山，春秋祭祀。㉗越国复兴，建庙城间，㉘故事流传。

向东是海，禹迹未止，瀛台亶瀛，㉙张帆传布，岛夷卉服，㉚跨国中继。㉛

处之地，㉜畲村多有社，山家尽设坛；㉝温之俗，㉞节喝白露茶，元宵板凳龙。㉟

龙舞既起兮，于时予为之作歌，歌曰：㊱

吾浙乃江山开化之邦，人文遂昌之地。政治素来德清，社会一向云和。民风兮淳安，世俗兮嘉善。丽水绕青田，嘉禾喜长兴。文成兮武义，仁和兮义乌。先贤建德，后辈新昌。东阳南浔西湖北仑，全境玉环安吉。

智者乐清，有临海、镇海、宁海、瓯海、定海、滨海、平湖、慈溪可泛；仁者寿昌，有舟山、萧山、象山、常山、岱山、江山、温岭、黄岩可登。龙游兰之溪，仙居桐之乡。

龙舞既起兮。越州明州到瀛洲；海门海曙迎海宁。龙湾龙泉任龙游；永康永嘉且永兴。

㉗《吴越春秋》卷七："启使使以岁时春秋而祭禹于越，立宗庙于南山之上。"
㉘《越绝书》卷八："故禹宗庙，在小城南门外大城内。"
㉙瀛，舟山古称瀛州。台指台州。亶州，唐·张守节在《史记·秦始皇本纪》正义引《括地志》："亶洲在东海中，秦始皇使徐福将童男女入海求仙人，止住此洲，共数万家，至今洲上人有至会稽市易者。吴人《外国图》云：'亶洲去琅琊万里。'"《三国志·吴志·吴主传》："遣将军卫温、诸葛直将甲士万人浮海求夷洲及亶洲。亶洲在海中，长老传言秦始皇帝遣方士徐福将童男女数千人入海，求蓬莱神山及仙药，止此洲不还。"瀛州，传说中的海上仙山。与蓬莱、方丈并称东海三神山。古日本国也自称瀛州。
㉚《禹贡》："岛夷卉服。"岛夷，岛上的原住民，卉服，披以植物为衣。
㉛舟山马岙新石器时代遗址，有"海岛第一村"之誉。日本学界曾二次组团到马岙寻根探源。"朝日新闻社"驻北京支局局长堀江义人参观后题词"中日文化传播中继站"。
㉜丽水古称处州。
㉝丽水畲族村有"平水王殿"，但高不及腰，实为石龛。又非畲族村，村村以自然山丘为社坛，并以小雪后挑选一个"好日"祭祀社主大禹。
㉞指温州。
㉟温州白露民俗：吃番薯，喝白露茶，祭祀大禹。叶大兵《温州民俗大观》："温州板凳龙，以乐清为精致，而苍南板凳龙最奇。先舞开门龙，以开天门。然后有几处扫地龙，首身二节，略作盘旋，时时俯冲点地，摇首摆尾。以荡扫人间邪秽。最后关门龙，以关天门，元宵结束，人间开市，生财纳福。或可想见大禹治水，应龙开龙门，画江河，分九州岛，安天下社稷。"
㊱歌中之词语，皆浙江县级以上具有禹迹的古今地名（唯瀛洲一处不是，但"瀛洲"有浙江传去的粧犴龙舞）

119

江城山川崇大禹

——兼谈在龟山建大禹庙暨水文化博物馆

罗时汉[①]

Wuhan Admires the Great Yu

——Constructing the Great Yu Temple and Water Culture Museum on the Turtles Mountain

Luo Shihan

武汉素称江城，位于亚洲最大的河流长江与支流汉水的交汇处，充满了行云流水的灵动之气，恰有龟蛇二山夹岸而峙，构成了无与伦比的山川形胜。

在这片"茫茫九派流中国"的中枢之地，人类自古与水相依为命，产生了最早的水崇拜，也形成了最久的水文化；而人与自然相生相克的治水史，在这里上演得最为剧烈、最为壮阔、最为持恒。人们在艰辛的生存中展现出自强不息的民族精神，这种精神贯穿于大禹治水的全过程，是中华民族自立自强的灵魂体现，也是江城武汉得天独厚的地域文化内涵。

一、大禹治水的中心地带在江汉，功成之处在龟山

禹，姓姒，号文命，又称夏禹、大禹、戎禹，夏后氏部落领袖，他继承父亲鲧的事业治水，历十三年，三过家门而不入。"西则岷蜀襄沔之众流聚焉。南则衡湘洞庭之巨浸汇焉。"

①罗时汉：作家，中国作家协会会员，历任《武钢文艺》编辑、《长江日报》主任编辑。
Luo Shihan: writer, member of Chinese Writers Association, editor of Literature and Art of WISCO and editor-in-chief of Changjiang Daily.

相传大禹治水的主要地点在大别山，即现在的汉阳龟山。大别山所处地位的显要，起到扼江镇水的作用，历来被人称道。《大别山志》辑录的艺文，从汉蔡邕、齐谢朓（月旁）起历朝历代史不绝书。元聂炳赋曰："惟大别之名山，独岿然于南荒。亦其气通淮汉，势压荆扬。总江汉之统会，分衡岳之辉光——抚乾坤之瞬息，观古今之挽（人旁）仰。盖有迹神禹之迹于千百载之下矣，岂无心神禹之心于千百载之下也哉！"

大禹功成于大别山，这一定论可以从众多文献记载中找到佐证。成书于周秦之际的《尚书·禹贡》最早记载了大禹"导潘冢，至于荆山；内方，至于大别"，"过三巫，至于大别，南入于江"。清《日讲书经解义》等书记载："禹先从潘冢以浚其源，至于荆山内方以旨其流，使由大别以入江而汉之源流治矣。"

二、江城众多历史遗迹刻印着对大禹的纪念

龟山以东江边晴川阁附近有着众多以纪念大禹为主题的历史遗迹，如禹柏、禹功矶、朝宗亭、禹碑亭、禹稷行宫等，这种现象在国内是少见的。

禹柏。清《大别山志》载，"古柏在晴川阁侧，相传大禹所植，根达于县北四十余里柏泉井。"宋代诗人苏轼曾对此树叹道："谁种殿前柏，僧言大禹栽。不知几千载，柯干长苍苔。"元代诗人虞集也写过"凭陵霜雪鼓风霜，此树相传禹手栽"。元代文学家吴师道在一幅《禹柏图》上题诗："柏贡荆州任土风，汉阳遗树尚葱茏。休夸此是曾亲植，四海青青尽禹功。"明代有人为禹柏建亭，名相张居正还为此亭作诗。禹柏最终毁于明末战火，它是我们所知的纪念大禹的最早的遗迹。

禹功矶。在晴川阁下有一突兀江中的危石，因相传大禹治水，疏江导汉，使江汉在此交汇，故名此矶为禹功矶。朝宗亭。《尚书·禹贡》中有大禹治水"江汉朝宗于海"的说法，在禹功矶周围，历史上以"朝宗"为名兴建过各种纪念性建筑，如明代汉阳东门就有朝宗楼，清道光年重修时壮丽无比。现立于晴川阁的朝宗亭为上世纪八十年代新建，是历史上纪念大禹景观的延伸。禹碑亭。禹稷行宫侧原有二块禹碑。一块是由清乾隆时荆南观察使李振义摹刻。一块是清初文人毛会建自衡山岣嵝峰摹刻。碑文奇特难识，经多人译释，大意为禹受舜命，艰苦卓绝，成功地制服了洪水，使天下"衣制食备，万国其宁"。清雍正《湖广通志》载，"子霞历屿（岩），探虎穴，手自摹勒，乃得原本，载归武昌，至是复刻于大别山巅。大别，固禹导水所憩之地也。"此后史

书均说禹碑在晴川阁禹庙前。故 1986 年重建晴川阁时，将上述二碑复建。

禹稷行宫，其前身为大禹庙。据明嘉靖《汉阳府志》记载："大禹庙在大别山禹功矶上，亦称禹王祠。"南宋绍兴年间司农少卿张体江督修大别山禹王庙，独祭大禹。明天启年间（1621~1627 年）改大禹庙为禹稷行宫，在祭祀大禹的基础上，又加祀后稷、八元及八恺等先贤。现禹稷行宫，是在清同治二年重建的基础上修复的。

除了汉阳，汉口也有大禹庙，就是龙王庙。据老市民回忆，过去的龙王庙里一直供奉的是禹王爷。另外，武昌蛇山黄鹤楼旁也有过禹王殿。

三、以大禹为品牌，以治水精神为灵魂，建立中国惟一的水文化博物馆

人类逐水而居，既得水之利又为水所患。水利是人类生存发展的命脉，大禹治水既是中华民族自强不息的象征，又是武汉人民防汛抗洪精神的真实写照。江城武汉沿江一带既有大禹庙、江神庙、龙王庙、杨泗庙，又有防汛纪念碑和 98 抗洪浮雕，等等。古今呼应，构成了鲜明的地域文化特色。以禹稷行宫为基础的晴川阁实际上也是"洪水龙蛇循轨道，青春鹦鹉起楼台"（张之洞联句）的纪念碑，它的文化内涵相对黄鹤楼来说更接近于国计民生，是与水息息相关的武汉地区幸存的"水神庙"。全国的大禹遗迹不多，汉阳禹稷行宫存在至今既偶然又必然，值得我们珍惜，并加以发掘利用。因此，我们很有必要就这一文化资源，打好大禹牌，以弘扬治水精神为汉水沿江景观的灵魂。

首先，这是中华民族尊禹传统的延伸。《史记·夏本纪》载：禹"伤先人父鲧功之不成受诛，乃劳身焦思，居外十三年，过家门而不入"从宇宙洪荒中走来的大禹，是史籍中记载最早、古迹里遗存最多、传说中流传最广的人物，他为中华民族的开创立了首功，奠定了千秋伟业。"大禹治水"与"女娲补天""后羿射日"同属于中华草创的神话，但惟有他是真实的，也是有着实地见证的。作为中华民族开天辟地的圣人，他的影响极其深远。夏祭大禹，在禹陵旁建庙。公元前 210 年，秦始皇"上会稽，祭大禹，望于南海，而立石刻颂秦德"，由此开了皇帝祭禹的先河。江城武汉历代祭禹经久不衰。《汉阳志》载，"元世祖驻跸鄂州，因立禹祠于矶上，敕有司岁时致祭。"明初文人赵弼曾在禹功矶题诗曰："元祖当年驻六龙，景怀前圣仰高风。纶音勒石传千古。

霄壤无穷赞禹功。"现在，禹稷行宫大殿轩廊两端置放的"镇水铁牛"和"祭祀铁钟"，就是从武汉民间收集的祭祀文物。

其次，是"98 抗洪精神"的弘扬和光大。正如没有哪一个国家有着像中国这样漫长的"万里长城"，从晋代开始营造的长江堤防之长度在全世界也是绝无仅有，"水上长城"是万里长城的两倍，它说明对洪水的防治比对外寇的抵御更为频仍繁重。因此，从中华民族发轫就开始的治水事业，是民生之本，也是立国之本。1954 年和 1998 年的两次抗洪斗争，惊心动魄，展示了中华民族不可战胜的精神。武汉是全国每年防讯的中心，抗洪治水也是江城三镇的立市之本。

武汉市文史馆研究馆员程涛平先生曾经提出，大禹曾治水于武汉这是无可争议的，禹文化要做大做强可以从景观上进行总体考虑，如龟山上的"计谋殿"闲置多年，可以改成"大禹殿"，陈列大禹治水壁画及相应文物；并在南岸嘴建大禹塑像；这样就与禹稷行宫形成一个整体，使之成为全国最大的大禹纪念地和祭祀地。

另外，还可以利用"计谋殿"建立中国惟一的水文化博物馆，展示人类利用水、战胜水、保护水的历史，发掘全国的水文化文物资源，还可以利用省市博物馆与水有关的库存文物，让它们重见天日。同时，相应地恢复与再现历史文物，比如在南岸嘴建"江汉朝宗"牌楼；恢复汉阳东门码头或重建朝宗门；保留鹦鹉洲上的木商会馆等等。这样，以晴川阁为主体、以水文化为主题的龟山临江一带风水宝地很快就活起来，将整体地提升武汉的旅游文化档次。

本文最后提出一个有请大家商榷的问题：拆除南岸嘴混凝土堤防。南岸嘴这块瑰宝的整体开发，除了拆掉一些房子以外，能不能把那段混凝土堤防也拆掉？其理由有三：这段堤防严重地阻碍了景观效果；江岸已有一道堤防，足以防洪，现存这段混凝土堤防显得多余；汉水流量减少特别是"南水北调"以后更少。这个问题当然有待水利专家论证再作决定，即使不能拆除，也应该将它美化一下，如做成城墙式，并将堤口建成城门，视觉效果要好一些。

大禹九州轶事：大禹文化地位沉浮的"文化认同"轶事

王克勤①

摘要：大禹作为我国重要的上古历史人物，其事迹被历朝历代正史记载，同时各地广泛流传着大禹传说；除了事迹与传说，我国各地还分布着数量可观的禹陵、禹穴，在一定程度上为大禹文化提供了真实依据。但由于多方面的原因，大禹文化存在许多迷雾，从古至今一直有许多质疑大禹文化及其地位的呼声。本文从大禹文化入手，分析历史对大禹文化地位的确立及大禹"治水"事迹及其文化意义，并探讨大禹文化地位沉浮背后的"文化认同"轶事。

关键词：大禹文化　文化地位　文化认同　民族英雄　九州轶事

The Great Yu's Anecdotes in Ancient China: the "Cultural Identity" during the Ups and Downs of Yu's Position

Wang Keqin

Abstract: the Great Yu is an important ancient historical figure in China whose deeds were recorded by official history. In addition to stories and legends, there are a considerable number of his mausoleums and caves, providing real basis for studying the Great Yu culture. But due to various reasons, there are many mysteries about it, leading to questions about the Great Yu culture and his position. This article begins with the Great Yu culture, and analyzes

---

①王克勤：晴川阁武汉大禹文化博物馆副馆长，副研究馆员。
Wang Keqin：Qingchuan Pavilion, Wuhan Great Yu Culture Museum, associate director, associate researcher.

how history confirms his position and then probes into how "suspecting ancient" trend influences the study of the Great Yu culture since the 20th century. Finally it explores the anecdotes of "cultural identity" during the ups and downs of Yu's position.

Key words: the Great Yu culture, status identity, national hero, anecdotes of ancient China

大禹是原始社会末期出现的一位伟大人物。其事迹广为流传，主要包括家族起源、大禹治水、铸造九鼎、划定九州等。其中，大禹治水是大禹文化最基本也是最核心的内容，尽管在历代对大禹事迹的记载和口头流传中，不断将大禹神话，赋予其许多政治性活动，如派人度量土地、举贤任能、讨伐奸佞、论赏罚等，使得大禹这个人物形象脱离了本来面目，在富有神话色彩的同时符合儒家观念中的帝王典范形象，但在民间，大禹主要是治水英雄，是中华民族第一个名族英雄。在治水过程中，大禹走访各地，掌握了天下的地形、物产和风俗，并划定九州，按照制度和习俗进行管理，按照物产进行纳贡，九州成为了中华民族的固定生活领域。

一、历史上对大禹文化地位的确立

（一）史书对大禹文化的记载

大禹之功，在于治水。治水是大禹文化的基本内容，也是核心内容。《尚书·尧典》有"帝尧之时，汤汤洪水方割，荡荡怀上襄陵，浩浩滔天。"的记载，从而出现了鲧禹父子一堙一疏治水的事迹；《尚书·洪范》有"我闻在昔，鲧堙洪水，汩陈其五行，帝乃震怒……鲧则殛死。"的记载，鲧采用堙堵的方式治水失败，被处死，其子禹接任治水；《尚书·益稷》有："洪水涛天，浩浩怀山襄陵，下民昏垫。予乘四载，随山刊木，暨益奏庶鲜食。予决九川距四海，浚畎浍距川……"的记载；《左传·昭公元年》有"美哉禹功，明德远矣，微禹，吾其鱼乎？"的记载，认为应当赞颂大禹治水之功，他的美德福泽救援，如果没有大禹，我们就像水中鱼一样被水淹了。《尚书·禹贡》对大禹治水进行了详细的记载，包括大禹治水的行程、经历的山川地貌、所制定的九州特产和按距离制定的五种服役地带。同时，诸子百家著作里，也对大禹文化进行了记载，例如《墨子》、《孟子》、《庄子》都对大禹治水的路径进行了详细记载。

其中，《论语·泰伯》记载：大禹平定大水后，"尽力于沟洫"，整顿河道，开垦荒地并"降丘宅土"，从贫瘠丘陵搬到肥沃平原，发展农业；让伯益凿井灌溉；让后稷教人种植；让奚仲造车运输；让仪狄酿酒改善生活。先民唱到：洪水茫茫，禹敷下土方。赞颂大禹：禹有功，抑下鸿，辟除民害。汉代中期以后，《尚书·禹贡》被封为儒家经典，影响力不断提高，大禹文化地位显赫，成为儒家标榜的贤君明主。司马迁在编撰《史记·夏本纪》时，充分参考了《尚书·禹贡》，尤其是在大禹治水部分以此为依据。在汉代中期，在儒家和官方的推动下，大禹文化形成了以治水为核心内容，以《尚书·禹贡》为核心经典的遍及全国的完整文化体系。

（二）民间流传的大禹传说

大禹治水，在两湖地区也有许多神话传说，如："巫山神女帮大禹治水"，坐落在长江三峡西陵峡中段的黄陵庙，是长江三峡地区保存较好的唯一一座纪念大禹开江治水的禹王殿为主体建筑的古代建筑群；湖南岳麓山的岣嵝碑，晋罗含《湘中记》："岣嵝山有玉蝶，禹按其文以治水，上有禹碑。"南朝宋徐灵期《南岳记》："云密峰有禹治水碑，皆蝌蚪文字。""夏禹导山通读，刻石明山之巅。"二者所记地点不一，一说是岣嵝峰，一说是云米峰。此后唐代韩愈《岣嵝山》诗说："岣嵝山尖神禹碑，字青石赤形模奇，蝌蚪拳身薤倒披，鸾飘凤泊拏虎螭，事严迹秘鬼莫窥，道人独上偶见之，我来咨嗟涕涟洏。千搜万索何所有？森森绿树猿猱悲"。

武汉地区有很多大禹治水的传说，如龟、蛇、黄鹤帮大禹治水。（《尚书·禹贡》）有载："江汉朝宗于海。"意即江汉汇流，朝宗归海，犹如各路诸侯去觐见天子一般。其间，还蕴含着向往着美好、期盼兴盛之义。晴川阁内有禹稷行宫、朝宗亭、禹功矶、禹碑、禹柏等建筑碑刻，还有宋代大文豪苏东坡游龟山太平兴国寺时写的《禹柏》诗："谁种殿前柏？僧言大禹载。不知几千年，柯干长苍苔。"都是纪念大禹治水而流传下来的。

（三）历代帝王的祭禹活动

夏祭大禹，并在禹陵旁正式建起禹庙。公元前210年，秦始皇"上会稽，祭大禹，望于南海，为立石刻颂秦德"，从此开创了皇帝亲祭的记录。据绍兴档案馆所藏《祀禹录》记载，历代祭禹经久不衰，直至1935年10月16日最后一次祭禹，足见大禹影响之深，大禹精神之不朽。

二、大禹"治水"事迹及其文化意义介绍

大禹治水，全国很多地方都有纪念地及碑刻。遗址和古迹遍布全国，安徽的禹王宫、禹墟、朝日崖、鲧王庙遗址、荆涂山峡等32处；河南的东关禹王庙、蛟王石、启母阙、前孟村禹王台、禹王锁蛟井等39处；湖北的禹稷行宫、晴川阁、朝宗亭、大禹神话园等9处；还有湖南、江苏、江西、山东、山西、陕西、四川、浙江等多地，都是为纪念大禹治水而流传下来的遗址遗迹。

坐落在长江三峡西陵峡中段的黄陵庙，是长江三峡地区保存较好的唯一一座纪念大禹开江治水的禹王殿为主体建筑的古代建筑群；湖南岳麓山的岣嵝碑，晋罗含《湘中记》："岣嵝山有玉蝶，禹按其文以治水，上有禹碑。"南朝宋徐灵期《南岳记》："云密峰有禹治水碑，皆蝌蚪文字。""夏禹导山通渎，刻石明山之巅。"二者所记地点不一，一说是岣嵝峰，一说是云米峰。此后唐代韩愈《岣嵝山》诗说："岣嵝山尖神禹碑，字青石赤形模奇。蝌蚪拳身薤倒披。鸾飘凤泊拏虎螭。事严迹秘鬼莫窥，道人独上偶见之，我来咨嗟涕涟洏。千搜万索何所有？森森绿树猿猱悲"大禹治水，公而忘私，身先士卒，与民同苦，不畏艰险，治水十三年，婚后四天就告别妻子治水，三过家门而不入，为人们所称颂。大禹还在治水之后发展农耕。《论语·泰伯》说大禹将大水平定以后，"尽力于沟洫"，就是整顿河道，亲自带领众人开垦荒地，种庄稼。大禹叫伯益凿井，叫人种植稻谷；让后稷教人种五谷杂粮；叫奚仲造车，节约人力，发展运输；叫仪狄酿酒，改善生活。禹还教人"降丘宅土"，从丘陵瘠地搬到平原沃壤居住，开始从事农业生产。先民高唱：洪水茫茫，禹敷下土方，称颂"禹有功。抑下鸿，辟除民害"。大禹晚年在江南度过的，《史记·夏本纪》记载，禹巡狩，最后在会稽山去世。相传大禹治水为疏江导汉，平治了黄河、长江、汉水、淮河等河流。大禹治水，一个传颂千古的感人故事。大禹治水，三过家门而不入，妇孺皆知，有口皆碑。

三、大禹文化地位沉浮背后的"文化认同"轶事

大禹是四千多年前中国原始社会末期的最后一个部落首领，也是中华民族第一个实实在在的民族英雄。大禹，姓姒，号文命，生于公元前2277年，卒于公元前2213年，享年64岁，安葬于浙江绍兴会稽山下。夏祭大禹，并在禹陵旁正式建起禹庙。公元

前 210 年，秦始皇"上会稽，祭大禹，望于南海，为立石刻颂秦德"，从此开创了皇帝亲祭的记录。大禹之所以被被历朝历代正史所记载，其功在于治水，并且通过其治水之事迹，体现出了大禹坚持不懈的文化精神，大禹敢于与水患作斗争的文化精神，大禹勇于担当重担、平治洪水的勇猛精进精神，"劳身焦思"、"三过家门而不入"的忘我奉献精神，以水为师、因势利导的科学治水态度，治水安民、协和万邦的民本济世的情怀，这正是我国上下几千年以来，最为优质的文化精神之精髓，更是后人模仿、学习之典范。传承大禹文化，弘扬大禹精神具有积极的现实意义和深远的历史意义。

四、结语

大禹作为我国重要的上古历史人物，其事迹被历朝历代正史广泛记载，同时各地广泛流传着大禹传说；除了事迹与传说，我国各地还分布着数量可观的禹陵、禹穴，在一定程度上为大禹文化提供了真实依据。本文从大禹文化入手，分析历史对大禹文化的确立和大禹文化的意义，并探讨大禹文化地位沉浮背后的"文化认同"轶事。

参考文献：

［1］宋恩来：《大禹研究》，山东大学硕士论文，2018 年；

［2］王文慧：《山、陕、豫大禹神话传说的文化意蕴与当代展演》，山西大学硕士论文，2017 年；

［3］丁晓洋：《新媒体视域下大禹文化的内涵及其景观表达》，《青年记者》2016 年第 18 期，第 34~35 页；

［4］叶小琴：《大禹传说及其地位的文化认同论》，《佳木斯大学社会科学学报》2015 年第 2 期，第 168~170、182 页。

禹功勒石传千古

刘国斌　曹世红[①]

摘要：晴川阁不仅是遐迩闻名的著名景区，而且还是一座武汉大禹文化博物馆，其文物特色有不可移动的古建筑群，馆内庋藏着数以千计的诗词楹联、匾额、碑记、书画等墨宝，尤以赞美大禹之功德书法居多，这些作品传递着书家们对先贤大禹无限的敬仰，述说着民族英雄大禹治水的功绩。历史要延续，功德要宣扬，观书法名家挥舞有力的臂膀，弄文舞墨，留下一件件精品之作，寻找大禹创造之辉煌与民族之根。

关键词：大禹功德　诗词歌赋　刻碑立传

The Great Yu's Power on Rock Spreads through the Ages

Liu Guobin　Cao Shihong

Abstract: Qingchuan Pavilion is not only a well-known scenic spot, but also the Great Yu Culture Museum. Its cultural relics features include immovable ancient buildings. There are thousands of couplets, plaques, inscriptions, calligraphy and paintings in the museum, especially the calligraphy praising the merits of the Great Yu. These works convey the book's infinite respect for the sages, and the achievements of the national heroes.History should continue. Merits should be promoted. Let the calligraphy masters wave powerful arms, making their writing vivid, leaving a piece of fine work for us to appreciate.

Key words: the Great Yu's achievement, poetry, carve monument and write a biography

---

①刘国斌：晴川阁武汉大禹文化博物馆馆长、研究馆员。
Liu Guobin: Qingchuan Pavilion, Wuhan Great Yu Culture Museum, director, researcher.
曹世红：晴川阁武汉大禹文化博物馆保管陈列部副主任。
Cao Shihong: Qingchuan Pavilion, Wuhan Great Yu Culture Museum, deputy head of Storage and Exhibition Department.

不知道有多少人知晓古晴川阁的历史？但可以从一个侧面了解，即是晴川阁深厚的人文历史底蕴博得愈来愈多的人前往拜谒。

晴川阁又名晴川楼，是明代嘉靖二十六年至二十八年（1547~1549 年）汉阳知府范之箴为勒记大禹治水之功德而兴建，其名源自唐代诗人崔颢的"晴川历历汉阳树，芳草萋萋鹦鹉洲"诗句。晴川阁文化区域现建有武汉大禹文化博物馆。该楼阁背依龟山面临长江汉水，其独特的地理环境、灵动的天工设计，以及诸多文人墨客的赞咏，使它享誉海内外，在 6800 公里长江地貌上仅此一见。晴川阁冠盖四方，这里与大禹治水武汉传说文化渊源，有着密切关系。

以晴川阁为旗帜的古建文化景观，之所以选建在长江与汉水交汇点、大别山（龟山）东麓、长江边的禹功矶上，其自然地貌与四千多年大禹治水活动有关，《尚书·禹贡》："江汉朝宗于海"。相传大禹治水时，疏江导汉，驯服洪水，使长江和汉水在此交汇，朝宗于海，大功告成。《汉阳志》载："禹功矶在大别山（龟山）东。"禹功矶与黄鹤楼所立之黄鹄矶夹江相峙，呈"龟蛇锁大江"之天然屏障。清代著名史学家刘献廷于康熙三十年（公元 1691）游鄂后，在《广阳杂记》中曰："自铁门关西上为龟山，首有楼巍然曰晴川，与黄鹤对峙，楼临江向东，轩豁开爽，远胜黄鹤。"又曰："大江横其下，左右无遮蔽，与市廛稍远，纵目所之，山水之情与精神融洽，不如黄鹤之散漫无章，可谓后来居上矣。"

大禹治水时，"三过家门而不入"被传为历史佳话。《庄子·天下篇》："昔者，禹之湮洪水、决江河而通四夷九州也，名山三百。"《尚书》所述的，是禹娶涂山氏之女为妻，新婚仅三四天，便出发治水，儿子夏启呱呱坠地，他没有见过一面。孟子

图 1　晴川阁治江诗词碑廊

130

说，"禹八年于外，三过其门而不入。"《史记》中所载，"居外十三年，过家门不敢入"……后代世人感念他的功绩，修建了"禹稷行宫"。

宋代诗人苏轼于元丰年间（1078~1085年）奉诏回朝，路经汉阳，见到许多柏树，即兴赋就流传千古的《禹柏》诗："谁种殿前柏？僧言大禹栽。不知几千载，柯干长苍苔。"在禹稷行宫门前右侧，国家一级美术师李雁先生以中堂形式，分三行书写了该五言诗词，其书法启用中锋行笔，流畅洒脱，字形结构美轮美奂，疏朗大气，一气呵成，娴熟的运笔，方显书家深厚的功底，契合地表达了古柏诗文的意境。

图2　李雁行书苏轼诗《禹柏》中堂

迈入行宫，殿前中央上方悬挂着沙孟海先生所书"万世蒙泽"，其意为万世后代皆蒙受

图3　沙孟海行草书"万世蒙泽"匾额

大禹之恩泽。书法特色碑帖融合之圭臬，粗狂豪放、遒劲有力，气势不凡。大殿廊柱有刘海粟先生题写对联"三过其门虚度辛壬癸甲，八年于外平成河汉江滩"。此书作品多有颜真卿的面目，略具石门雄壮恣肆，结构饱满、捭阖之大气，极富张力，时而沉稳凝重，线条渗透篆隶笔法，气势所在，以情感人的运笔风格铸就。殿内正中悬挂着费新我先生左书匾额"德配天地"，该书出自《庄子·田子方》，意指品行道德与天地匹配，道德高尚盛大。书法特点强劲有力，大气凝重，讲究行笔走势变化统一，收放自如。

主体建筑晴川阁飞甍齐宇，层轩曲循，原样再现楚人依山就势筑台，台上建楼阁

图4 毛会建"山高水长"
碑文

的雄奇壮美。光绪年间此阁增修竣工时，时任湖广总督张之洞为之撰联："洪水龙蛇循轨道，青春鹦鹉起楼台"。1986年张之成为晴川阁书写了这幅对联，并悬挂于阁内一楼支柱上，其字体风格端稳厚重，结字紧凑，变化庄重，寓意江河在大禹治水后，按照各自轨道行进发展，再现了鹦鹉洲的自然美景。中堂上方挂有明末清初名士毛会建手迹"山高水长"匾额。相传毛会建喝酒后看见晴川一派好景色，朦胧中即兴拿起竹叶挥就苍劲有力的四字，所书四字来看，其书法以颜体楷书为底，融合行书笔意，中锋行笔，锋末飞白添气势，粗狂不羁之风格。面对长江，二楼中央悬挂有中国佛协原主席、著名书法家赵朴初先生题写的"晴川阁"巨匾，其字遒美雄秀，端庄挺立，用笔稳健质实，中锋为务，外拓舒展，章法流畅，收放自如，典型的匾额书写构势，极富书卷气，在阳光下熠熠生辉。

在晴川阁后花园朝宗亭廊柱上，广西著名书家朱敬华题写："山势西分巫峡雨，江流东压海门潮"。此联赞咏晴川阁奇观及汹涌江流，其字浓墨轻重交替，结字大气美观，有晚清何绍基等人的笔墨传统延续，按其寓意施墨，窥见书家扎实的功底。为纪念大禹治水，明代汉阳古城东门被命名为"朝宗门"（亦称朝宗楼）；后建成的"朝宗亭"三字则为著名书画家赖少其先生题写，他喜好金农"漆书"，同时兼取清代邓石如、伊秉绥二家隶书之风范，从行笔来看还参悟了《爨宝子碑》《爨龙颜碑》崎岖多姿的精髓，形成了自己独特的风格。在二山门牌楼下右侧，所建楚波亭是一处重点建筑，由中央美术学院油画系副院长、教授朱乃正先生书写题跋，用笔坚实充沛，起笔到结束中锋行笔一以贯之；笔意流畅，一鼓作气而成，字形变化以及字距，控制适中，节奏感强；字体整体上看，"草－草－行"，从面积上看"大－小－大"，从形状上来看"倒三角形－正三角形－菱形"，此匾额即对比与统一的结合。

禹稷行宫西北侧建有一座"禹碑亭"，匾牌三字是由原《书法报》社社长、湖北省书法家协会副主席吴丈蜀题写，其书法戏称为"孩儿体"，以拙寓巧，是拙非拙，似朴非朴，富有天趣而又蕴涵风神之美，笔墨随心而灵动，具有不一般的韵味。亭中有两块禹碑，分别是乾隆时期荆南观察使李振义摹刻，明末清初文人，江苏武进的毛会建（字子霞）自衡山岣嵝峰勾填摹刻。相传大禹治水"功成刻石衡山"，这块后人称为禹碑的石刻，原刻在湖南衡山岣嵝峰（祝融峰）。唐代文豪韩愈还为此碑赋诗。至宋嘉定年间，才找到该碑，并"手摹其字以传"，摹刻于长沙岳麓书院，其碑文奇特难识，貌似"蝌蚪文"又似"鸟虫篆"。雍正《湖广通志》："禹碑七十七字，在岣嵝者不可复睹，在岳麓者亦不易得。子霞历巇岩，探虎穴，手自摹勒，乃得原本，载归武昌，至是复刻于大别山巅。大别，固禹导水所憩之地也，时顺治庚子三月日。"。

图 5　禹碑碑文

进入一山门，在楣檐下林散之先生题写三楚胜境，赫然映入眼帘，其字空灵悠远，运笔提点准确到位，若断还连、随势而发，显示出大师的高精深。晴川阁收藏的名家墨宝，如吴丈蜀、赖少其、曹立菴、黄亮、陆俨少、龚望、张新槎、张舜徽、陈义经、周韶华、陈振濂、黄惇等不胜枚举。游客在此能感受到晴川阁古朴典雅之骏逸与诗词楹联浑然一体，犹显古色古香，回味无穷。

参考文献：

［1］《晴川掌故》编纂委员会：《晴川掌故》，武汉出版社，2005 年；

［2］【英】迈克·克朗，杨淑华、宋慧敏译：《文化地理学》，南京大学出版社，2005 年；

［3］刘国斌、涂家英：《月映江流》，武汉出版社，2016 年；

［4］《晴川阁》编辑委员会：《晴川阁》，武汉大学出版社，1996 年；

［5］《墨舞晴川》编委会：《墨舞晴川》，湖北美术出版社，2012 年。

"禹生石纽"圣童像解析

李云川[①]

摘要："禹生石纽"大禹圣像由四川美术学院毕业的艺术家李云川（羌族）、王波、刘刚历时一年合力制作完成。该作品是以明代镂空铜配饰"大禹孩童像"的实物作为原型，并参考吸取了古象雄国（古羌旧国）释比唱经、藏族本教文化和崖画构图形式特点后产生的。大禹圣像纹饰设计十分考究，给人以虔诚、肃穆、神圣但又不失亲和与现代审美艺术特质，昭示着"御龙治水、九州祥和"的深层含意和"禹生石纽"这一史证主题。"禹生石纽"是西羌大禹文化弘扬宣传、中国优秀传统文化对外传播交流的重要原创艺术作品。

关键词：禹生石纽　大禹孩童像　大禹精神

The Analysis of the Childlike Sculpture of the "Yu Sheng Shi Niu"

Li Yunchuan

Abstract: The artists named Li Yunchuan, Wang Bo, and Liu Gang, who graduated from the Sichuan Fine Arts institution, completed the sculpture of the "Yu Sheng Shi Niu". The work is based on the real thing of the Ming Dynasty hollow copper accessories "Child's Image of Great Yu", and it is also based on the characteristics of the ancient singularity of the ancient elephant (the old country), the Tibetan culture and the composition of the cliff painting. The design of the statue of Great Yu is very elegant, giving people a sincere, solemn and sacred feelings, in addition, owning strong affinity and modern aesthetic art

---

①李云川：四川汇德轩文化艺术有限公司董事长。
Li Yunchuan: chairman of Sichuan Huidexuan Culture and Art Co., Ltd.

characteristics, indicating the deep meaning of Harmony in motherland and historical evidence of the theme "Yu Sheng Shi Niu". It is an important original art work about Great Yu of Xi Qiang culture to promote publicity and the dissemination and exchange of Chinese excellent traditional cultures.

Key words: Yu Sheng Shi Niu, the childlike sculpture of Great Yu, Great Yu Spirit

"禹生石纽"[②]大禹圣像，高 21 厘米、厚 10 厘米、宽 18 厘米、重 2 千克、材质为合金铜。由四川美术学院毕业的艺术家李云川（羌族）、王波、刘刚历时一年合力制作完成。

该作品以汇德轩多年前在老北川县曲山镇收藏的明代镂空铜配饰"大禹孩童像"的实物（羌人饰配用品）作为原型，并参考吸取了古象雄国（古羌旧国）释比唱经、藏族本教文化和崖画构图形式特点后产生的，采用镂空立体雕塑的技术（该技术是雕塑工艺的最高形式，最早源于新石器晚期的陶器）。

图 1 　《禹生石纽》，高 21 厘米、厚 10 厘米、宽 18 厘米，合金铜。

"禹生石纽"大禹圣像纹饰设计考究，风格为传统造像格式。点、线、面布局前后左右错位相连、层层相扣、整体构成、虚实有度、动静相融、纹饰造型丰富多彩，尽显圣像传神贵气姿态。雕像选铜合金材质、表面作紫褐色包浆，金光内敛、古朴肃静，默默传送着远古的声音。雕像外形为椭圆形，孩童大禹位于龙、璜、如意祥云、卷纹花草之中，孩童大禹天庭饱满、双目如炬，肌肉健壮，头裹布巾，身着布衣，腰束布带，两手撑腰，顶天立地，英姿威武，双脚叉立踏于水浪之上。这种别致的造型与特有的灵兽灵物图案组合在一起，突出圣童大禹身份尊贵与地位非凡。左右两条飞龙护卫环抱孩童，牙、角、鬃、髭俱全，鳞片、爪尾勾勒分明，用写实手法强调雕像装饰图案的韵味，让大众易识别，亲民接

② 禹生石纽：《史记·夏本纪》记载"夏禹，名曰文命。"张守节正义引汉扬雄《蜀王本纪》："禹本汶山郡广柔县人也，生于石纽。"《三国志·蜀志·秦宓传》："禹生石纽，今之汶山郡是也"。

地气。双龙对口含璜，上刻有"禹生石纽"四字，暗指大禹生为天帝之身。五彩祥云、卷草花纹、五谷杂粮、山羊、金鱼、蝙蝠簇拥着孩童大禹，连绵不绝。总之，所用纹饰寓意金玉满堂、五谷丰登、福寿延绵、大禹治水、恩泽天下轮回永生和美好祝福。整个圣像给人以虔诚、肃穆、神圣但又不失亲和与现代审美艺术特质。圣童大禹与天、水相关，白云、石纽山与禹兴西羌相契，龙与远古神话"大禹治水"相合，昭示着"御龙治水、九州祥和"的深层含意和"禹生石纽"这一史证主题。

该圣童像有独具特色的创作背景和历史依据。据史籍记载，北川县禹里镇是中华民族的人文始祖、中国无阶级社会唐虞王朝的领导人、建立夏朝的第一位君主、治水英雄大禹的降生之地。③唐代以前，县境内就建有众多的大禹寺庙，每年农历六月初六举行大禹诞辰祭祀活动④的民间习俗延续至今。2017年7月，四川省委宣传部发文打造"四川省重要历史文化名人"工程，将大禹列为十大名人之首，这不仅是西羌儿女之幸，更是中华民族之福。当今我们学习研究大禹文化，弘扬大禹精神是利国利民的千秋伟业，是功德无量之举，追思缅怀大禹圣德天下为公、定九州、铸九鼎、恩泽华夏的丰功伟绩，更能激发中华民族的凝聚力和爱国热情，对党的十九大提出文化强国战略目标，增强民族文化自信，努力奋进实现中华民族腾飞之梦具有重要的现实意义。

综上所述，设计制作完成的"禹生石纽"圣像，将进一步佐证"禹兴西羌生纹川郡广柔县石纽村"的史实记载，创意实事求是，设计合情合理，不仅有西羌羌区本土大禹文化"唯一"属性，也有大禹传统文化继承与艺术创新性，是西羌羌人真正需要的人文始祖大禹帝的艺术佳作，是西羌大禹文化弘扬宣传、中国优秀传统文化对外传播交流的重要原创艺术作品。作为本土文创企业"北川汇德轩羌文化研究中心"奉献"禹生石纽"大禹圣像，表达我们对大禹无限热爱和对家乡的无限深情。

---

③《吴越春秋·越王无余外传》："禹父鲧者，帝颛顼之后。鲧娶于有莘氏之女，名曰女嬉。年壮未孳，嬉于砥山，得薏苡而吞之，意若为人所感，因而妊孕，剖胁而产高密。家于西羌，地曰石纽。石纽在蜀西川也"。
④禹诞辰祭祀活动：大禹诞辰纪念会暨四川夏禹文化研讨会简述。

참考文献：

［1］据《蜀志》："蜀之石泉，禹生之地。"《禹庙记》说："石泉之山日石纽，大禹生焉。"禹生石纽（即今天北川县禹里镇石纽村），表现大禹帝孩童形象定位更符合当地人文实情。

［2］史料记录了大禹治水前，一直和母亲（莘氏女修己）生活在北川县禹里镇，"吞珠怀禹""洗儿池""禹母床""血石流光""摩崖甘泉""禹人山""刳儿平"等许多大禹童年故事传颂至今。

［3］北川县禹里镇唐代古迹址"誓水柱"石碑也史证了大禹长大成人后，带领禹里镇乡亲1500人到黄河治理洪水的历史事件。

［4］西方天主教有上帝耶稣"圣子"孩童形象、印度佛教有释迦牟尼佛主"圣婴"孩童形象，华夏人文始祖大禹帝也必须有"圣童"的形象呈现。

［5］全国各地大禹雕像众多，但都是手握治水工具"耒"的形态展示，在大禹面部表情刻画、姿态造型、衣着服饰等艺术表达方面少有创意变化，这会造成大众审美疲劳。大禹雕像创作是一件崇高严谨的大事，创作人员应心怀敬畏之心、感恩之情，必须对当地人文实景去亲身体验感悟，认真研究，做到有理论支撑和实物佐证，作品才会有艺术性、创新性和生命力。

［6］1992年，国家主席杨尚昆为北川县题词"大禹故里"，从国家层面为圣地之光禹里镇大禹降生地给予了身份认定。

［7］大禹姒氏宗亲每年六月六日都会到北川县禹里镇寻根祭祖，从未间断，足以证明北川禹里镇在大禹后人心中的崇高地位。

禹王碑前世今生

王毓雯①

摘要：晴川阁禹稷行宫侧畔有一座禹碑亭，亭中立有两块背面紧密相连的石碑，碑文大体一致，被称为禹王碑。该碑究竟从何而来，有人说来自衡山的岣嵝峰，也有人说云密峰，史料记载众说纷纭，直到 2007 年有人在衡山福田铺乡云峰村发现一块神秘的巨石，经过专家反复论证终于揭开这一千古谜团，找到了禹王碑的故乡。禹王碑上的碑文共 77 个字，代表着何意？对碑文的解释，自古也是争执不休，文字解释各有千秋，究竟该是如何解读，究竟该是听从何人的所言，千古奇碑留下前世今生重重迷雾。

关键词：禹王碑　来历　遗址　文字

Previous and Present Life of the Emperor Yu's Tablet

Wang Yuwen

Abstract: Beside the imperial palace of the Great Yu in Qingchuan Pavilion, there is another pavilion, which is said to be a memorial to the emperor. The two pieces of the tablets have similar inscriptions. And this pavilion is called the King Yu's tablet. Where did the tablet come from? Some said it is from the Goulou peak of Hengshan, while others said it's from the clouds peak. Historical records didn't give us an answer as well. Until 2007, when someone found a mysterious stone in Yunfeng village, Fu Tianpu County of Hengshan, experts finally solved this historic mystery and found the true origin of King Yu's tablet. The tablet is engraved with 77 ancient Chinese characters.

---

①王毓雯：晴川阁武汉大禹文化博物馆办公室馆员。
Wang Yuwen: Qingchuan Pavilion, Wuhan Great Yu Culture Museum, Administration Department.

What does it mean? People have different ideas.

Key words: the King Yu's tablet, origin historical remains, literature

在晴川阁禹稷行宫侧畔有一座禹碑亭，在禹碑亭正中，竖立着背面紧密相连的两块石碑。碑文大体相同，一块是由清乾隆时期荆南观察使李振义摹刻；另一块是清初文人江苏武进士毛会建自衡山岣嵝峰勾填后摹刻的。[②]此碑碑面高2米，宽0.8米。碑面有正文77个苍古奇异的神秘文字，分六行竖式排列。[③]据清雍正《湖广通志》载："禹碑七十七字，在岣嵝者不可复睹，在岳麓者亦不易得。子霞历嵝岩，探虎穴，手自摹勒，乃得原本，载归武昌，至是复刻石于大别山巅。大别，固禹导水所憩之地也，时顺治庚子三月日。"而此后史书均说在晴川阁禹庙（禹稷行宫）前。后毛会建又将勾填的禹王碑碑文原本拿到西安碑林重刻一块。禹稷行宫侧的禹碑毁于战火，1986年重建晴川阁时，又从西安碑林将禹王碑碑文勾摹，并按其拓本再刻一禹王碑和李振义的禹王碑一并立于新建的禹王碑亭内，供游人观赏。

禹王碑又称岣嵝碑，据《湖南通史·古代卷》[④]记载：大禹在治水过程中，南抵苍梧，即宁远九嶷山下。曾登南岳衡山，于此处杀白马祭天，仰天长啸，梦绣衣童子，授金简玉文，禹按其文治水，于是刻石以铭志，表示治水的决心。此石即为后人所说的衡山禹碑。

最早禹王碑的文字记载，见于东汉赵晔《吴越春秋》中记载的传说："禹登衡山，梦苍水使者，投金简玉牒字之书，得治水之要，刻石山之高处。"但是关于禹王碑究竟来自何方在历史上一直有几方面的说法：

一是在衡山的岣嵝峰。三国张揖《广雅》记载："衡州南岳有岣嵝峰，上有神禹碑。"西晋罗含在《湘中记》中称："岣嵝山有玉牒，禹按其文以治水，上有禹碑。"南北朝梁时刘显《粹玑集》曰："萧齐高祖子铄，封桂阳王。时有山有成翳游衡岳，得禹碑，摹献之王。"唐代徐彦《五宗禅林观空录》说南岳著名高僧希迁的徒弟水县曾在岣嵝峰的石洞壁上见到过碑文。明杨用修《禹碑歌序》有云："神禹碑在岣嵝峰。"王世

---

②武汉地方志编撰委员会：《武汉市志·文物志》，武汉大学出版社，1990年，第147页。
③《晴川阁》编辑委员会：《晴川阁》，武汉大学出版社，1996年，第37页。
④伍新福：《湖南通史·古代卷》，湖南出版社，1994年，第50页。

贞《禹碑说》记载："禹碑在岣嵝峰。"清张九钺《禹碑释文考》也称："《岳麓志》曰禹碑在岣嵝峰。"

二是云密峰。南朝宋徐灵期《南岳记》中称："云密峰有禹治水碑，皆蝌蚪文字"，"夏禹导山通渎，刻石名山之巅。"唐李冲昭《南岳小录》也称："云密峰，昔夏禹治水登此峰，立碑记其山，高下丈尺，皆蝌蚪文字。"

当然还有一种是岣嵝峰、云密峰两说并存。南宋陈田夫《南岳总胜集》记载：禹碑"昔有道人见之岣嵝"；"云密峰西有大禹岩，峰斗有禹碑"。王象之《舆地纪胜》曰："禹碑在岣嵝峰，又传在衡山县云密峰，昔有樵人风见之，自后无有见者"等等。

2007年，湖南省文物局文物处处长江文辉带领文物专家，在衡山福田铺乡云峰村发现一块巨石，根据文献与现场及当地居民口口相传的资料，再从巨石所处位置、形状、大小及周边的环境来看，推测衡山县福田铺乡云峰村七组的神秘巨石就是禹王碑母本，可惜经过岁月沧桑以及人为的损害，巨石上的文字已经无法辨认，但可以肯定的是云峰村这里就是禹王碑遗址。2010年，专家组认定这里为禹碑原碑遗址，并提出将禹王碑原碑遗址列入省级文物保护单位。2011年，湖南省人民政府公布禹王碑遗址（含禹王桥）为省级文物保护单位。

由此禹王碑出处之谜已经解开，那么现在还有一个谜团就是禹王碑这77个字究竟代表着何意？对碑文的解释，自古也是争执不休，明清两代，吟咏禹王碑的诗词很多，有朱翊銮的《禹迹亭》、崔应科的《禹碑》、石公荫的《登禹王碑憩望》、沈一揆的《禹碑》等等，大都表达了对大禹治水功绩的敬仰和对碑文难以辨识的感叹，如沈一揆的诗云：

"平成绩奏几千年，石壁遗文尚宛然。岂是后人偏好事，应知古圣示心传。龙蛟影动云烟乱，珠露光凝日月悬。愧我读书无万卷，空来拟议未能诠。"

明代杨慎、沈镒、杨时乔、郎瑛、杜壹等人均作过破读，但释文各异，莫衷一是，但都认为与记载大禹治水有关。杨慎为明正德年间状元，明世宗时任筵讲官，博览群书，当时推为天下第一。现将杨慎的释文介绍于下，以见一斑："承帝日咨（磋）：翼辅佐卿，洲（水）渚（处）与登。鸟兽之门，参身洪（鱼）流（池），而明发尔兴。久（以）旅（此）忘家，宿岳麓庭，智营形折，心罔弗辰，往求平定，华岳泰衡。宗疏事裒，劳余伸棰，郁（赢）塞昏徙。南渎（暴）衍（昌）亨（言），衣制食备，万国其宁，窜（鼠）舞永（蒸）奔"（括号内的字是括号前字的另一种辨认）。

千古奇碑，至今说法不一。禹王碑中独特的蝌蚪文字，使得历代学者专家破译说法不一，至今未能找到令人信服的说法，留下千古之谜。禹王碑碑文既不同于甲骨钟鼎文，也不同于籀文蝌蚪文，很难辨认。杨慎释文也只是一说，难作定论，而我国历代碑石中尚无夏禹时代的实物例证。近年一些学者认为"禹王碑"并非禹碑，如曹锦炎认为岣嵝碑是战国时代越国太子朱勾代表他的父亲越王不寿上南岳祭山的颂词。⑤而刘志一则认为岣嵝碑为公元前611年（楚庄王三年）所立，内容是歌颂楚庄王灭庸国的历史过程与功勋。

刘氏译文为：庄帝担忧戴、赵（秦）、郑、魏、州等国来犯，先发兵攻庐国，宣布北伐声势及最终目标。攻下庐国后，庄帝焚柴祭天地，看有谁敢阻挠其仁义之师前进。厅内堆满珍宝，祭司朗诵经。突然天上光芒四射，美酒盈溢，一派吉相。继续进军到庸国边境，因沼泽草莽，不便行军，遂折向高原。穿过险峻区，联合秦岭下的崇国（秦人）和忠厚的褒国（巴人）夹击，迅速深入庸国，彻底摧毁反叛势力，使楚国避免陷入百濮包围的一场灭顶之灾。当时行军声势浩荡，一路烧山不止。反叛平息后，庸人窜入深山老林。⑥

笔者认为应该以杨慎的解释为依据，从历史上对这块碑名字的界定以及文献中对碑文的描写大都以纪念大禹治水功在千秋为主，所不同的大多为文字上的表述。

如今禹王碑屹立在晴川阁禹稷行宫旁，它向人们述说着当年大禹为了老百姓不受水患，三过家门而不入；为了老百姓不再流离失所，他爬山涉水疏江导汉不辞辛劳；为了老百姓能过上安定富足的生活，他风餐露宿，划定九州，使得大江南北的百姓不再受水患之苦。一座禹王碑，它不但记载了百姓对大禹功绩的歌颂，更是提醒人们，天下为公。大禹大公无私，舍小家顾大家，为民造福，不怕辛劳，坚韧不拔，他的精神就是中华民族传统文化和民族精神的化身，体现了中华民族自强不息、艰苦奋斗的求生存、求发展的坚强意志和历代杰出人物公而忘私、为民造福的奉献精神，勇于探索、务实求真的科学精神，是中华民族奋进的大旗、精神力量的源泉，我们要弘扬大禹精神、传承中国传统文化，将大禹治水的精神世世代代传扬下去。

⑤曹锦炎：《岣嵝碑研究》，《文物研究》五辑，黄山书社，1989年，第273页。
⑥刘志一：《岣嵝碑考释》，《东方新报》2005年4月18日，D2版。

赫赫禹功 文命敷于四海

锺利戡①

摘要：治理洪水，平定水土；缔造夏王朝，治国理政；制定夏历，授民以时。

关键词：治水 治国 制夏历

The Merits and Achievements of the Great Yu

Zhong Likan

Abstract: To control floods, to stabilize water and soil, to create the Xia Dynasty, to govern the country, to make the Xia calendar and to give the people time.

Key words: water treatment, rule the country, make the Xia calendar

《书·大禹谟》云："若稽古大禹，曰文命敷于四海，祗承于帝"。言其文德教命广布中华神州大地。大禹是华夏民族古代之圣人，②是中华民族伏羲、神农、黄帝之后的又一人文初祖。几千年来，人人异口同声地称颂他治水英雄业绩，称他为"巍巍神禹"。③他在公元前二十一世纪谛造了我国历史上第一个奴隶制国家——夏王朝。奠定了我国统一的多民族国家基础。禹部族在帝尧时进入中原，与各民族融合成为华夏民族，形成中华民族的主要民族。其功绩无与伦比。百年前，在中华大地上的城市或乡镇，都可见到大禹庙或禹王宫，受到百姓们顶礼膜拜。在四川更不用说，明末清初，四川受到兵燹、饥荒、瘟疫、虎患的肆虐，人口殆尽。清朝康熙年间，朝廷奖励

①锺利戡：原任四川省绵阳市政协文史委员会专职驻会副主任；退休后为四川省政协文史研究员。
Zhong Likan: former deputy director of Culture and History Committee of CPPCC, Mianyang, Sichuan,, and researcher of culture and history appointed by CPPCC, Sichuan, after retirement.
②[汉]班固：《汉书·表》，中华书局，1959年，第880页。
③[清]鲍东里：《史鉴节要》，敦彝堂木刻版。

湖广人填四川。湖南湖北的人携家带口来到蜀地，多数是插占为业，康熙后期，以至雍乾嘉道时候，楚地人在四川发财了，同一地域的后人集资，在城乡建了许多同乡会馆，如湖广馆、宝庆馆、永州馆、黄州馆、武昌馆……等等，馆内都供奉大禹。特别是四川绵阳市所辖的北川羌族自治县，辛亥革命前县名石泉县，是唐朝贞观八年（634年），将北周时期的北川县迁至禹里所建县城，县名以湔江右岸石纽山上的"石纽"字样，湔江左岸崖畔的"甘泉"字样，各取一字为县名，名曰"石泉县"，此名一直沿用至民国三年（1914年），因与陕西石泉县同名，当时的北洋政府，批准将四川的石泉县，改用北周时期的北川县名。石泉县建县时因为是大禹出生地，遂在石纽山麓建了一座禹王庙，历代皆有修缮，朝廷颁有祭典，明清两代颁的祭典规定，夏历的六月初六大禹诞辰，[④]用太牢之礼祭祀，并且科举规定石泉县的秀才名额增加一倍，贡赋也时有蠲免。明清两代石泉县的知县不是七品，而是五品衔，是对大禹的崇敬。从古之三坟五典，八索九丘，到而今的国史、方志，以及稗官野史，对大禹的称颂书简，可说是浩若烟海，汗牛充栋，皆异口同声地称颂大禹的丰功伟绩。大禹对中华民族的贡献确实太大了。笔者今仅就其治水、治国和制定历法三个方面概述如下：

一、治理洪水

古之唐虞盛世的帝尧时代，中华大地洪水横流，水患成灾，生产、生活难以为济，百姓只能是仰天哀号。当时龙门未开，吕梁未凿，河出孟门之上，江、淮不通，分不出高阜与平原。故《尚书》云："汤汤洪水滔天，浩浩怀山襄陵，下民其忧。"帝尧乃要求执掌方域之官——四岳，举荐能人治理洪水，群臣和四岳都举荐鲧。帝尧疑虑地说："鲧为人负命毁族，不可。"四岳却说："等之未有贤於鲧者，愿帝试之。"於是帝尧听用四岳之言，封鲧为崇伯，使之治理洪水。[⑤]鲧受命后，乃大兴徒役，忙碌了九年，洪水依然为患。时帝尧年事已高，不单治理洪水，治国亦急须选拔人才。帝尧复咨之四岳，谁能接替我治理国家，四岳都说："鄙俚无德，已等不堪。"[⑥]帝尧命四岳放开视野，不要囿於朝廷贵戚，在边远僻陋的地方，有隐逸之士。四岳乃举孝德声闻，生长在民间的舜。通过帝尧的考察，乃命舜摄行政事，舜摄政期间，代天

④乾隆御批、傅恒等编：《御批通鉴辑览》，清光绪壬寅年三省堂校正石印版，第5页。
⑤《十三经注疏》，中华书局，1980年，第122页。
⑥《十三经注疏》，中华书局，1980年，第122页。

巡狩。发现鲧治水无方，以"九仞之墙"[7]堵水，劳民伤财，洪水依然滔天横流，九年无尺寸之功，舜乃殛鲧於羽山，[8]乃举荐鲧之子禹治理洪水。帝尧遂命禹为司空，继承其父鲧治理洪水的事业。并命益、稷襄佐其事。禹既受命，日夜焦思，其父鲧因治理洪水无功而被殛，自当不辱使命，竭力於治理洪水，平定水土，使百姓能安居乐业。禹遂躬自筹划，理清山河，制定规划。令益组织百姓种植粮食，令稷组织食物供应，使役者皆有食，令诸侯组织人力，兴徒役。按规划有序施工。开工后，禹躬自指挥。左準绳，右规矩，陆行车，水行舟，泥行橇，山行檋。随山刊木，定高山大川。治水十三年，过家门而不入，与涂山氏女结婚时，在家只相守辛、壬、癸、甲四个日子。儿子启降生时，正过其门，耳闻呱呱哭声，更未进门看一眼，更不用说照顾产妇。禹治水日夜操劳，沐风栉雨，不违四时之时宜，开九州，通九河，陂九泽，度九山。神州大地的江河，按照水系注入大海，湖泽也不决溢，洪水被驯服。《孟子·滕文公》云："禹疏九河，瀹济漯而注诸海；决汝汉，排淮、泗而注之江，然后中国可得而食也。"《史·夏本纪》亦云："於是九州攸同，四奥既居，九山刊旅，九川涤原，九泽既陂，四海会同。"

二、治理国家

《史·五帝本纪》云："伯禹为司空，可美帝功。"禹为司空，职掌治水。忠于职守，在外十三年，过家门而不入。为人"敏给克勤，其德不违，其人可亲，其言可信。声为律，身为度，称以出"[9]四海之内颂声洋洋。于是禹乃作《九韶》之乐，声教布于四海。帝尧昭告天下治水成功。封禹于夏，锡以玄圭。帝尧崩，禅位于舜。帝舜即位，即命禹总百揆，为百官之首，日理万机，帝舜年老，命禹摄行政事，禹让皋陶。帝舜曰："惟汝谐，人心惟危，道心惟微，惟精惟一，允执厥中。"[10]禹乃受命于神宗，摄行政事。禹摄政十七年帝舜崩，三年丧毕，禹辟舜之子商均于阳城，天下诸侯皆去商均而朝禹。禹遂即天子位，国号夏。以所封之夏国为国号，都安邑（山西夏县）。

禹治水时，神龟负书出于洛水，世谓之《洛书》。龟背之数为。戴九履一，左三右七，二四为肩，六八为足。禹因第之，而成九类。即《尚书·洪范》云："初一曰五行，

[7]乾隆御批、傅恒等编：《御批通鉴辑览》，清光绪壬寅年三省堂校正石印版，第4页。
[8]《十三经注疏》，中华书局，1980年，第128页。
[9][汉]司马迁：《史记·夏本纪》，中华书局，1959年，第51页。
[10]《十三经注疏》，中华书局，1980年，第136页。

次二曰敬用五事，次三曰农用八政，次四曰协用五纪，次五曰建用皇极，次六曰乂用三德，次七曰明用稽疑，次八曰念用庶征，次九曰飨用五福，威用六极。"《汉书·五行志》云："凡此六十五字，皆《洛书》本文，所谓天乃锡大法九章常事所次者也。"这段话乃《尚书·周书》记载武王访箕子，箕子告之武王大禹治国之大法。所谓五行，即水、火、木、金、土。古人将地球上的物质分为五大类。所谓五事，即貌、言、视、听、思、貌要恭谨，言是则从，视要清明，听则聪，思则睿。所谓八政，即食、货、祀、司空、司徒、司寇、宾、师。勤于农事则衣食足，宝货用则流通畅。敬祀鬼神则教化兴。司空作以居民，司徒作而礼义兴，司寇作而奸盗息，礼宾客无不敬。军旅必良，士卒必练，以卫国保民。所谓五纪，即岁、月、日、星辰、历数。所谓皇极，即大中之道，言人君爱民如子，王道荡荡，无偏无党，无偏无陂，遵王之义。无反无侧，王道正直。会其有极，归其有极。所谓三德，即正直、刚克、柔克。世道平安，用正直治之。世道不和善，则以刚强治之。世道和顺，则温柔治之。所谓稽疑，即设卜筮之人，遇疑则令之卜筮。所谓庶征，雨、旸、燠、寒、风，五者来备，各以其序，庶草蕃芜。所谓五福，六极。寿、富、康宁、攸好、德谓之五福。凶短折、疾、忧、贫、恶、弱谓之六极。

大禹治国理政，以《洛书》所示，制定《洪范》九畴，为治国之大法。大禹自受命治水，即公而忘私，全心全意为百姓谋生存，帝舜命之总百揆，摄政时即卑宫室，菲饮食，辅佐帝舜协和万邦。竭力发展经济。洪水平定，有了地利，还须天时，即颁历法以利农耕。帝舜崩，即位后，治理国家有条不紊。（一）立贡法，使九州百姓合理负担；（二）建学校养老，在国中建学曰国学，大学为东序，小学为西序，在乡建乡学曰校。养国老于东序，养庶老于西序。（三）置钟，鼓、磬、铎、鞀五器于庭，以听治。使百姓能见到国君，听到民间疾苦。（四）调整行政区划，将帝舜时十二州，调整为九州，州置牧治之。将九牧贡金铸九鼎，象征国之重器，使民知神奸。（五）定官员三岁考功制。几年之后国强民富。"公家有三十年之积，私家有九载之储"。政令所达的地方，百姓亲睦。

大禹平易近人，和蔼可亲，礼贤下士，协和万邦，缔造了华夏民族和第一个大一统的夏王朝，社会来了一个大飞跃。居于王都，却注意与百姓接触，五年一巡狩，过十室之邑，必往访，以了解贤能有德之士。甚至见到罪犯，也下车探视。有一次禹见了罪犯，还哽咽泣下。左右认为很奇怪，禹说："尧舜为君，百姓以尧舜之心为心，而我为君，百姓各自以其心为心，是以痛之。"⑪把犯罪视为自己治国之过失。禹每次巡狩，都大会诸侯，天下诸侯都来朝会，史载"执玉帛者万国"⑫的盛况。禹无论是为司空，总百揆、摄政为相，或是为帝王，其态度都是和蔼可亲，平易近人。凡是给他提出的有益建议，禹都彬彬有礼地表示感谢，史称禹"闻善言则拜"。⑬接待来访者，从不怠慢，史誉之为"一沐三握髮，一饭三吐哺。"⑭周公辅周成王时，也效大禹作风，受到后世称赞。

三、制定历法

我国上古即重历法，在黄帝之前即有上元太初历。在炎帝时即有八节（四立、二分、二至）以始农事。黄帝时令羲和占日，常仪占月，臾区占星气，伶伦造律吕，大挠作甲子，隶首作算数。容成综此六术而制盖天，考气象，建五行，察发敛，起消息，正闰余，以成调历。少昊以凤鸟司历，颛顼命南正重司天，其后三苗为乱，司历之官废驰，闰余紊乱，历纪乖错。帝尧之时，复司历之官，明时正度，阴阳调和。帝尧禅舜，申戒于文祖之庙曰："天之历数在尔躬。"⑮帝舜禅禹，亦按帝尧之戒戒禹。大禹即位，首颁历法，授民以时。定正朔，以建寅月为岁首。后商殷以建丑月为首，周以建子月为岁首，秦以建亥月为岁首。直至汉武帝元封七年（前104年），发现历纪废驰与天象不合，须改正朔。乃召治历邓平以及民间治历者方士唐都，巴郡落下闳等二十二人治历。唐都分天部，落下闳运算转历，与夏历相符。汉武帝遂改元封七年为太初元年。定正朔，建寅月为岁首，行夏之时。其历法一直沿用至今，故今亦称夏历。其法最适农用，故又称农历。

夏历的制定理论根据是以《易》的卦气学说。《史记·历书》云："蓋黄帝考定星历，建立五行，起消息，正闰余，于是天地神祇物类之官，是谓五官。"《汉书·律历志》亦云："自伏羲画八卦，由数起，至黄帝、尧、舜而大备。"以后各史的有关历法的记载，皆以《易》卦气学说的理论为依据。所谓气，即指周天流行的自然之气，

⑪ [汉]司马迁：《史记·夏本纪》，中华书局，1959年，第49页。
⑫ 乾隆御批、傅恒等编：《御批通鉴辑览》，清光绪壬寅年三省堂校正石印版，第6页。
⑬ [汉]司马迁：《史记·夏本纪》，中华书局，1959年，第77页。
⑭ [汉]司马迁：《史记·夏本纪》，中华书局，1959年，第77页。
⑮《尚书·尧典》，《十三经注疏》，中华书局，1980年，第122页。

为万物化生之根本。《周易》之六十四卦与一年十二个月的气候相配合。以坎、离、震、兑为春夏秋冬四季，其各爻则分主二十四节气，其余六十卦，每卦分主六七分，以合周天之数；又以复、临、泰、大壮、夬、乾、否、观、剥、坤十二辟卦主十二月，其各爻分主七十二候。于是一年四季，二至二分，寒来暑往的变化，均以应合卦爻为节度。

古代编制历法，用土圭测量日影，《周髀算经》云："周髀长八尺，夏至日晷一尺六寸……冬至日晷丈三尺五寸。"这就是以勾股原理测算天体。"周髀"就是股方，是立在地上的竿子，"晷"就是日影，从夏至到次年夏至，或从冬至到次年冬至就是一年的时间长度。测一天的长度则用日晷，以今天太阳上中天的正午，到次日太阳上中天的正午，为一天，也是以太阳影子测定的。编历者观测天体运动，计算出地球围绕太阳一周是365.2422日，月亮围绕地球一周是29.53059日。月亮不会发光，月光是日光照射形成的，月亮对着太阳时，地球上就看见了月亮，其背着太阳时，地球上就看不见月亮，就形成了月亮的晦、朔、弦、望。即张衡《灵宪》云："月光出于日之所照，魄生于日之所蔽，当日面积当盈，就日则光尽也。"地球绕太阳一周，人们在地球上看，则看成太阳一年在天空中移动一圈，移动的路线则称为黄道，其实是地球围绕太阳运行的轨道在天体的投影。

夏历制历的基础是阴阳历。以地球绕太阳一周为365.2422日，与月亮绕地球一周为29.53059日作为制历的周期。夏历一年十二个朔望月则为354.3672日，比地球绕太阳一周的时间少十天又二十一时左右。显然不合天体运转。古代编制夏历时，为了夏历与日月运行一致，创造了三年闰一次，五年闰两次，十九年闰七次的"十九年七闰法"，即是在十九年中设七个闰月，有闰月的年头为十三个月。十九年的总日数为6939.691日。按地球绕太阳十九圈的总日数为6939.6018日，两相比较，仅为0.0892之差。夏历的精度与日月运行的天象紧密相符。

编制夏历的工作，实际就是计算太阳和月亮的运转状况。准确计算出二十四节气的时刻，晦、朔、弦、望的时刻。大小月和闰月的安排。计算出这些，将周天黄道上的恒星分成二十八个星座。即东方青龙：角、亢、氐、房、心、尾、箕；北方玄武：斗、牛、女、虚、危、室、壁；西方白虎：奎、娄、胃、昴、毕、觜、参；南方朱雀：井、鬼、柳、星、张、翼、轸。以纪太阳运行的度次，确定出二十四节气的时刻，是用日晷，把黄道分成二十四等份，太阳通过黄经的零度为春分点。但按天文学规定，首先计算出黄道上的黄经 285° 小寒起，每隔 15° 太阳通过这些点的时刻，经过一百几十项计算，得出准确数据，就得出二十四节气的准确时刻。再一个就是确定一年的正朔，即正月初一的日期，月亮和太阳黄经相同的时刻，就是朔。接连两个朔之间的日期，就是一个月的天数，若为三十天，则为大月，二十九天就是小月。闰月放在那里，在前 254 年以前，把闰月置于年末，汉武帝太初元年以后，规定为不含中气的一个月置为闰月。历代按天体运转变化修定历法，都是按夏历的计算办法而编制。

参考文献：

［1］《十三经注疏》，中华书局，1980 年。

［2］[汉] 司马迁：《史记》，中华书局，1959 年。

［3］[汉] 赵爽注，[北周] 甄鸾重述，[唐] 李淳风注译：《周髀算经》，上海古籍出版社，1990 年。

［4］[汉] 班固：《汉书》，中华书局，1959 年。

"大禹治水"武汉传说的非遗保护探索

龙柏林　冯璐娟[①]

　　摘要："武汉大禹治水传说"的核心是大禹文化和大禹精神，讲好"武汉大禹治水传说"就是传承大禹文化，宏扬大禹精神，是宣讲地域文化的重要方面。如何才能让传说不失传，一代代流传下去呢？为此，通过武汉大禹文化博物馆申报，于2016年将"武汉大禹治水传说"列入湖北省非物质文化遗产代表性项目名录，对宝贵的文化资源进行规范性保护。本文通过阐述武汉大禹文化博物馆在"武汉大禹治水传说"方面的优势及对其进行非遗保护的意义等对武汉大禹治水传说的非遗保护工作进行了初步探索。

　　关键词：大禹治水传说　非遗　保护

Exploration on the Protection of Intangible Cultural Heritage of the Great Yu's Flood Control Legend in Wuhan

Long Bolin Feng Lujuan

Abstract: The core of "the Great Yu's Flood Control Legend in Wuhan" is the Great Yu's culture and spirit. It is an important aspect of preaching regional culture to stress "Wuhan Great Yu's Legend of harnessing Water" and to inherit Great Yu's culture and promote his spirit. How can we remember the legend and passed down from generation to generation? Therefore, in 2016, through the declaration of Wuhan Great Yu Culture Museum, Wuhan the

----
①龙柏林：晴川阁武汉大禹文化博物馆古建维护部主任。
Long Bolin: Qingchuan Pavilion, Wuhan Great Yu Culture Museum, head of Ancient Architecture Maintenance Department.
冯璐娟：晴川阁武汉大禹文化博物馆办公室馆员。
Feng Lujuan: Qingchuan Pavilion, Wuhan Great Yu Culture Museum, Administration Department.

Great Yu's Water Legend was on the list of representative items of intangible cultural heritage in Hubei Province, so as to provide normative protection for valuable cultural resources. By expounding the advantages of the museum in studying "the Legend of Wuhan the Great Yu's Water Regulation" and the significance of its protection, this paper makes a preliminary exploration on the protection of the Great Yu Water Legend in Wuhan.

Key words: the Great Yu's flood control legend, intangible cultural heritage, protection

武汉水资源丰富，但水患也频繁，因此江湖治理，水利建设也一直是武汉市政府的重要工作之一。大禹治水的故事可谓家喻户晓，大禹文化作为武汉地方文化之一，也一直广为宣传。但如何让大禹文化的传承更科学、更规范、更有保障呢？继2013年"禹稷行宫"被国务院批准为"第七批全国重点文物保护单位"后，"武汉大禹治水传说"于2016年被列入湖北省非物质文化遗产代表性项目名录，这使得大禹文化在武汉的地方文化中居于更加重要的地位。

一、大禹文化博物馆得天独厚的自然环境衍生出众多民间文学

大禹文化博物馆位于汉阳晴川地区，这里东濒长江，北依汉水，与龟山相连，与莲花湖、月湖相邻。长江、汉水在这里交汇，这里是武汉地理意义上的"中心"。其独特的山川地貌和奇特的自然景观在历史的长河中衍生出众多民间文学。

（一）大禹治水相关传说

众所周知，荆楚大地河流众多、水网密布，自古以来常为水患所扰。大禹文化博物馆所处长江、汉水交汇处更是年年治水，年年淹，水患不断。相传，上古时期，大禹治水，疏江导汉，成功治理了洪水，使长江、汉水在此交汇，流向大海。这里是大禹治水成功之处，大禹带领人民克服重重困难，成功治理了洪水，更是衍生了无数神话传说。如：禹功矶的传说、龟蛇锁大江的传说、禹柏的传说、嚣屃碑的传说等等。

（二）龟山相关传说

龟山位于汉阳东北部，山头东临长江，枕于禹功矶之上，隔江与武昌相对，西抵月湖，与古琴台相邻，南达莲花湖，北依汉水，与汉口隔河相望。龟山呈东西走向，

海拔高度为 90.2 米，是武汉市中心最高的山脉。龟山景观奇特、古迹甚多、人文资源丰富，相关的传说特别多。比如仅龟山名称的传说，就有大别山、大坟山、送别山和望龟山等，此外还有蝴蝶杯的传说，屈原的传说、桃花夫人传说等。

（三）三国相关传说

汉阳龟山一带自古以来就是兵家必争之地，上自春秋战国时期，下至武昌辛亥革命，其间尤以三国时期战争最为激烈。当时吴魏相争，孙权杀死刘表，力破龟山北面的卻山城，后又破刘表之子刘琦在依龟山修筑的鲁山城。为扼守这一战略要地，孙吴军队修筑了铁门关，此关左倚龟山，右控禹功矶，易守难攻，可谓"一夫当关，万夫莫开"。因而，三国时期的传说特别多，比如关公洗马的传说、锁穴的传说、铁门关的传说、卻月城的传说、鲁山城的传说等等。

（四）南岸嘴相关传说

南岸嘴位于汉阳区东北角，乃汉水流入长江处因回流泥沙堆积成沙嘴，且处于汉水南岸，故而得名。北与汉口龙王庙、集家嘴隔河相望，东可见武昌黄鹤楼，视野开阔。南岸嘴景区 1998 年前是一片稠密的居民区，多为老式平房，狭窄拥挤，巷道纵横交错，故南岸嘴的传说多是关于当地地名、巷子名的传说。如"南岸接驾嘴""报驾巷""探驾巷""高公堤"等。

二、大禹文化博物馆拥有丰富的非遗资源

大禹文化博物馆是由晴川阁、禹稷行宫等三大主体建筑及禹碑亭、颎屃碑、荆楚雄风碑等附属建筑组成的古建筑群。馆内及周边景点大多与大禹治水传说相关，是武汉地区大禹文化遗存及传说最为集中的地方。

（一）禹功矶的传说

禹功矶是位于龟山东麓长江边，晴川阁主楼之下的巨大矶石。相传，大禹治水时，疏江导汉，驯服了洪水，使长江、汉水在此交汇，朝宗于海，是其治水成功之处，为纪念大禹的功绩，后人将此矶命名为禹功矶。唐代，相传仙人吕洞宾曾在此矶上吹笛，故人们一度将此矶称为"吕功矶"。元代，元世祖忽必烈在蛇山隔江眺望，问对岸突入江中的石矶何名？群臣答曰：传唐代仙人吕洞宾曾吹笛其上，故名吕公矶。元世祖

又问，唐以前何名？群臣无以应对。一老者路过，曰：唐以前原名禹功矶，因大禹治水成功于此，只是同音不同字。元世祖听后十分高兴，命立祠庙于矶上。

（二）禹柏的传说

龟山上有柏树，传说是大禹亲手栽种的。北宋著名文学家苏东坡《禹柏》诗："谁种殿前柏，僧言大禹栽。不知几千载，柯干长苍苔。"此诗现刻于武汉大禹文化博物馆内禹稷行宫殿前的石碑上。还相传，大禹在龟山所植柏树之根系一直延伸到了县北四十余里的地方，因柏树根在古井内显现，此地因此得名柏泉。柏泉即现在武汉市东西湖的柏泉古镇。

（三）赑屃碑的传说

1983年重建晴川阁时曾在现场出土了一块赑屃碑。此碑系明代遗物，高3米，汉白玉质地，出土时已断为两截，后经修复成现状。赑屃外形酷似龟，但不是龟。它无龟蹼而有龙爪，无龟嘴而有獠牙，无龟壳花纹而有独特的背部纹理。传说，它是"龙生九子"之一，力气大、好负重，经常背负三山五岳到处兴风作浪。大禹治水时，被大禹制服，为大禹精神所感动，转而帮助大禹治水，立下汗马功劳。大禹治水成功后，为了表彰其功绩，命它背负无字碑漫游九州大地，意思是其功劳写不尽，道不完。

（四）禹碑的传说

禹稷行宫旁边的禹碑亭内有两块禹碑，其中一块为清乾隆时期荆南观察使李拔所摹刻。另一块为清初名士、文人毛会建从湖南衡山岣嵝峰摹刻而来。相传，大禹治水"功成刻石衡山"，这块被后人称作禹碑的石刻原碑在岣嵝峰，但多人踏访衡山却未见此碑，南宋嘉定年间此碑才被人们发现并摹刻于长沙岳麓书院。禹碑共有77个字，字字奇特难辨，一说是鸟虫篆，一说是蝌蚪文，还有的则认为是篆书，但终不得其解。明嘉靖年间，江南才子杨慎释出碑文，大意为记述大禹治水成功之事，此后人们便以此为准。文人毛会建感到大别（龟）山与衡山一样相传为大禹治水所抵之地，故历尽千辛万苦将禹碑摹刻至大别（龟）山。毛会建是"六书篆皆精绝"的金石书法家，其勾填摹刻的碑文"意象宛在纸"，形象逼真可想而知。可惜，毛会建摹刻的禹碑毁于战火，现在禹碑亭中与李拔所摹刻禹碑一并展出的是重建晴川阁时从西安碑林勾摹而来的。

除此以外，还有晴川阁、禹稷行宫、朝宗亭等建筑均是为纪念大禹治水而建。如此多的传说典故，如此集中的遗址遗存，为武汉大禹治水博物馆申报"武汉大禹治水传说"非遗代表性项目奠定了坚实的基础。

三、大禹文化博物馆的非遗工作对大禹文化的保护与传承有重要意义

2015 年，大禹文化博物馆申报的"武汉大禹治水传说"被列为武汉市第五批非物质文化遗产代表性项目名录，2016 年又被列为湖北省第五批非物质文化遗产代表性项目名录。通过被列入"非遗"保护项目名录，大禹文化博物馆对传统文化，尤其是对本馆"大禹文化"的保护和传承工作有了进一步提升。

（一）纳入"非遗"保护有利于规范地保护大禹文化

1. 政府将"非遗"事业的发展纳入地方经济社会发展总体规划

根据《中华人民共和国非物质文化遗产法》第一章总则中第六条规定"县级以上人民政府应当将非物质文化遗产保护、保存工作纳入本级国民经济和社会发展规划，并将保护、保存经费列入本级财政预算。"《武汉市非物质文化遗产保护条例》第一章总则中第四条规定"市、区人民政府（包括开发区、风景区、化工区管委会）应当加强对本辖区内非物质文化遗产保护、传承、利用和发展工作的领导，制定非物质文化遗产总体保护规划，将其纳入国民经济和社会发展规划、城乡规划；建立由相关部门参加的非物质文化遗产保护部门联席会议制度，协调解决非物质文化遗产保护工作中的重大问题；实行绩效管理责任制，加强考核和监督检查。"

2. 政府制定相关的政策、法规、条例

2014 年以来，武汉市相继出台了《武汉市非物质文化遗产项目代表性传承人认定与管理暂行办法》《武汉市市级非物质文化遗产代表性项目认定与管理暂行办法》《武汉市非物质文化遗产保护条例》《武汉市非物质文化遗产保护工作专家委员会章程》《市文化局市财政局关于做好武汉市市级非物质文化遗产保护专项资金管理工作的通知》等一系列地方性非遗政策和法规，为全市非遗工作提供切实可行的操作依据和指导。大禹文化博物馆能够成功申报"武汉大禹治水传说"市级非遗项目、申报省级非遗项目、非遗传承人、申请经费，能够为非遗项目的保护和传承做点事情也都得

益于这些地方性政策、法规的保驾护航。

3. 政府每年都会拔付一定款项用于"非遗"工作的开展

在国家法律和地方法规中，都要求将"非遗"保护、保存经费列入本级财政预算。湖北省、武汉市两级地方政府每年都会要求"非遗"单位根据保护级别及工作开展情况申报一定额度的"非物质文化遗产保护专项资金"，包括"代表性传承人补助经费、代表性传承人抢救性记录补助经费、传统工艺振兴项目补助经费、其他类非遗代表性项目补助经费以及文化生态保护实验区补助经费等"，支持和扶持传承人和保护单位用于"非遗"保护事业的持续开展。

（二）纳入"非遗"保护有利于提高武汉大禹文化的知名度

各申报项目如果被列入非物质文化遗产名录，当地政府会在各个媒体进行宣传，就像获得奖项一样，可以大大提高非物质文化遗产甚至所在城市的知名度，从而增加所在地区的文化软实力。"武汉大禹治水传说"当年被列为省级"非遗"名录后，《楚天都市报》《武汉晚报》等省、市级媒体就积极跟进，主动联系大禹文化博物馆进行报道，宣传，极大提高了大禹文化的热度和在市民中的知晓度，随之激发了大禹文化博物馆及周边大禹神话园游客接待量的不断增长。

参考文献：

［１］《晴川掌故》编纂委员会：《晴川掌故》，武汉出版社，2005 年。

154

禹功矶上的神工意匠

陈思羽　胡　欢[①]

摘要：禹功矶位于武汉市汉阳区洗马长街中段的长江边。这里怪石嶙峋，直劈江水，与对岸的黄鹄矶头锁江对峙，形成长江中游的天然门户。因此地是"大禹治水成功之所"，故命名为禹功矶，并在此建禹王祠，后被毁废。现除有古色盎然的禹稷行宫外，还有重新修葺的晴川阁、宏伟壮丽的铁门关，阁周围有禹碑亭、后花园、招月洞、朝宗亭、山高水长碑、楚波亭、诗词碑廊等，使禹功矶更具生气。游人徜徉其间，有赏心悦目、意趣盎然之感。

关键词：禹功矶　天然门户　大禹治水

The Uncanny Workmanship on the YuGong Rock

Chen Siyu　Hu Huan

Abstract: YuGong Rock is located on the Yangtze river in the middle of xima street, Hanyang district, Wuhan city. It is a natural gateway to the middle reaches of the Yangtze River. The place was named YuGong Rock because it was the place where the Great Yu successfully controlled the flood. Now in addition to the ancient palace of Yu and Ji , there is a re-repair of Qingchuan Pavilion, the magnificent Iron Gate, the Pavilion of Yu's Tablet, the back garden, Zhaoyue Cave, Chubo Pavilion and the Poetry Stele Gallery, which made Yugong Rock more vibrant. Visitors wander through it with a sense of delight.

①陈思羽：晴川阁武汉大禹文化博物馆古建维护部馆员。
Chen Siyu: Qingchuan Pavilion, Wuhan Great Yu Culture Museum, Ancient Architecture Maintenance Department.
胡欢：晴川阁武汉大禹文化博物馆办公室馆员。
Hu Huan: Qingchuan Pavilion, Wuhan Great Yu Culture Museum, Administration Department.

Key words: Yugong Rock, natural gateway, the Great Yu controls flood

禹功矶一名吴王矶、吕公矶。在今湖北武汉市汉阳城区东北部龟山东端。《舆地纪胜》卷 79 汉阳军：吴王矶"在大别山侧"。《清一统志·汉阳府》"禹功矶"条引《府志》："俗名吕公矶。元世祖尝驻跸黄鹤山，隔江望见此矶，敕改名'禹功'，立禹祠于上。"怪石嶙峋，直劈江水，与对岸黄鹤矶头锁江相望，形成长江中游的天然门户，有"天连吴蜀，地控荆襄，接洞庭之混茫，吞云梦之空阔"之势。相传"禹导水导山皆经此"，此"为大禹治水成功之所"，故改名禹功矶，并建禹王祠。大禹是我国传说中的治水英雄。他的"三过家门而不入的"勤恳精神，一直在民间传为佳话，也受到历代人民的敬仰。"禹功矶"就是为纪念大禹而命名的。它与长江另三矶：燕子矶、采石矶、城陵矶号称万里长江四大矶，每年都会吸引成千上万的游客来参观游览。

后名胜逐渐增多，如传为大禹亲植的禹柏、南宋建的禹王庙、明建的晴川阁、清初名士毛会建从衡山摹刻的岣嵝碑等，但解放前多已毁废。现重建有古色盎然的禹王庙、雄伟宏丽的铁门关、层楼飞举的晴川阁及"荆楚雄风"碑刻等。

禹王庙，南宋时始建。大禹，是历代公认的水利事业鼻祖。秦始皇于公元前 210 年曾"上会稽，祭大禹，坐于南海，而立石刻颂秦德"，开帝王亲祭之首创，嗣后历代官府和民间祭禹活动历久不衰。明景泰《寰宇通志》载：原禹王庙"在大别山(即龟山)麓，宋绍熙间(1190~1194 年)，司农少卿张体仁以此地江汉朝宗之会，乃建庙以祀大禹，而以益稷配焉"。而清人胡凤丹在《大别山志》中则说：南宋绍兴(1131~1162 年)年间，司农少卿张体仁督修大别山禹王庙。两种说法中，建禹王庙的时间虽相距数十年，但都建于南宋，距今已八百余年了。

明天启年间(1621~1627 年)，改禹王庙为禹稷行宫，在原祭祀大禹的基础上又加祀后稷、八元、八恺等 18 位传说中的先贤。天启五年(1625 年)，湖广布政使右参议张元芳为禹稷行宫写了碑记，禹稷行宫之名自此沿袭至今。

清同治三年(1864 年)，禹稷行宫再次重修，改为具有浓郁地方风格和精湛民间工艺的砖木结构建筑。此"宫"由大殿、前殿、左右廊庑、天井等构成，占地面积380 平方米。后经历百余载风雨和年久失修，至 20 世纪 80 年代初，"宫"内文物遗失殆尽，屋面渗漏，木蛀梁朽，墙体倾斜，岌岌可危。

1983 至 1984 年，武汉市文物管理部门按照"保持现状、恢复原状"原则，对禹稷行宫进行大修。精心修葺后的禹稷行宫朱漆彩绘、雕梁画栋、古色古香。大殿中央立有玻璃钢材质的大禹塑像，背衬《禹迹图》，上悬"德配天地"巨匾，还陈列着纪念大禹治水的各种资料。大殿轩廊两侧分别置镇水铁牛和祭祀铁钟，天井中置一铁鼎；大展廊上方为现代书法家沙孟海先生所书："万世蒙泽"匾，廊柱上镌有书画大师刘海粟书写的楹联：三过家门虚度辛壬癸甲，八年于外平成河汉江淮。修缮一新的禹稷行宫，是武汉地区现存不多的具有代表性的清代木构建筑，占地面积为 380 平方米，由大殿、前殿、左右廊庑、天井等构成院落式建筑。正立面为砖体牌楼式（四柱三楼三门）面墙，其他三面为青砖半砌风墙。大殿为硬山顶式厅堂，正立面前檐用如意半拱装饰并承托出檐，正脊两端升山较大，但屋面无折水。天井两厢如廊式，均为单坡屋面。行宫屋面盖青小瓦，檐头屋脊装饰沟头、滴水、脊吻、坐兽等。

禹稷行宫大殿门两旁窗子下面的槛板上，正中是硕大的圆珠图案，左右各有一龙头张口相向，上面是蝙蝠，下面是双钱，也是横看二龙戏珠，纵观福寿双全。然而这里的"寿"却不是变形字体，而是由硕大的圆珠中的一只鹤（象征长寿）来寓意的。那珠中除鹤外，还雕有一只鹿和梅花及梧桐枝，合起来则为"鹿鹤同春"。大殿下正中的替木上，中间是一轮红日，两边各有一只凤鸟相对而立，摆动着长长的尾翼对着太阳翩翩起舞，这叫"双凤朝阳"。

2013 年 3 月在国务院公布的第七批全国重点文物保护单位名单中，禹稷行宫被增补为新的全国重点文物保护单位。

铁门关，始建于三国时代。据《明一统志》记载："铁门关，左倚大别山，右控禹功矶，吴魏相争，设关于此。"《汉阳县志》云："铁门关在（汉阳）县东北三里，禹王庙侧大别山头。（三国）吴设关于此。"又云："吴魏相持，用兵沔口（汉阳），设关于此。"唐武德四年（621 年），汉阳建砖城，铁门关成为文化、经贸交流的一条重要通道，而这一历史遗迹也成为人们游览的场所。至明、清时期，铁门关一带日渐繁荣。据五葆心《续汉口丛谈》载："明代市场由鹦鹉洲抵汉阳南纪门，渐渐下延至东门抵铁门关。"刘献廷《广阳杂记》中云："大别山三国吴之所守者，禹功矶也，矶之旁为铁门关，古置戍守，商舶鳞集，阛阓外屏。"足见当时铁门关外商贾之兴。

铁门关在明代初期、中期保存比较完好，它的军事作用日渐削弱，但其文化、游览、观赏价值却随着时间的推移愈来愈突出和重要。铁门关遭到毁灭性的破坏是在明代末年，此时的铁门关已基本不存，仅剩一段段土基墙座，使人们依稀回忆起这里曾耸立着一道雄关。就在铁门关的土基上，有人修起了一座祭祀三国英雄人物关云长的关帝庙。清雍正年间的贡生、汉阳人李汉滋为关帝庙题写了"天地正气"作为门额，人们在对关公顶礼膜拜之时，尚可浏览一下铁门关的遗迹。到民国初年，由于战乱，铁门关的遗迹——土基墙座，连同庙宇等都一齐成为了废墟。斗转星移，在铁门关被毁一个多世纪后，于20世纪90年代初，市政府决定由市文物部门负责筹建铁门关的全部工程。1990年12月，铁门关的复建工程拉开了序幕。到1993年元月，一座巍峨雄壮、英姿焕发的铁门关已展现在人们面前。关体墙面全部由红砂石砌成，城墙内部结构为钢筋水泥。关上城楼的翘戗费檐，翼角升腾，具有浓厚的民族风格。

铁门关是整个晴川阁景点群中的一个主体建筑，它与晴川阁、禹稷行宫构成晴川阁景区的三大支柱。从整体设计来看，这三大建筑位于晴川阁建筑群的东西向轴线上，其间所建四角攒尖的禹碑亭，则使轴线起伏有序，错落有致。无疑，铁门关的复建，为晴川阁建筑群更增风采。

晴川阁，又名晴川楼。位于汉阳龟山禹功矶上。晴川阁始建于明代嘉靖年间，由汉阳知府范之箴倡修，其目的是要"至大禹之功德于不忘"，也是为纪念大禹而建。晴川阁之得名，与唐代大诗人崔颢的名句"晴川历历汉阳树，芳草萋萋鹦鹉洲"有很大的关系。他的一首《黄鹤楼》脍炙人口，千古流芳。李白这样的诗坛巨匠读了崔诗都不禁感叹地写道："眼前有景道不得，崔颢诗在上头"，更增加了崔诗的知名度，扩大了其影响。晴川阁与武昌黄鹤楼隔江相望，形成"对江楼阁相参差"。在此登楼眺望，"看天下奇观无过于此者"。晴川阁之建筑"飞甍绮疏，层轩曲楯，宏敞骞峙"。《续辑汉阳县志》载李言恭《晴川阁》一诗，描述它有"削壁临江断，危楼傍水悬，窗飞衡岳雨，门过洞庭烟"的奇特景象。

该阁自创建以来，几经兴废，从明嘉靖至今的400多年中，先后进行过5次大的维修增建，2次重建。现存建筑是1983年依据清末晴川阁的历史照片及遗址范围进行复建的。沿檐回廊，原汁原味地再现了楚人依山就势筑台，台上建楼阁的雄奇风貌。与黄鹤楼隔岸相对，江南江北，楼阁对峙，互为衬托，蔚为壮观。名冠四方的楼阁隔江相望，在万里长江上唯此一处。

气势恢弘的晴川阁是"四方冠盖所必至"的胜地，历史上许多著名文人均造访过晴川阁。像明代"公安派"文学的创始人袁宗道、袁宏道、袁中道三兄弟，明代学者李维桢、王一麟、林章、肖良有等，清代文人屈大均、刘献廷、施润章、孔尚任、李渔、查慎行、顾景星等，都曾登阁，或赋诗著文，或刻石作画，以不同形式讴歌赞美晴川妙景。清乾隆年间文人陈大文撰《重建晴川阁记》云："汉阳大别山巅，有阁曰晴川，雄据上游，与江城之黄鹤楼对峙，为三楚胜境，千古钜观。"

　　晴川阁的历史虽然没有黄鹤楼、岳阳楼等名楼那样悠久，但由于其所居独特的地理环境，独具一格的优美造型，以及诸多文人名士的赞咏，使她赢得了应有的、重要的历史地位。以"楚国晴川第一楼"冠誉晴川阁是不为过的。

若耶女神赋

张钧德[①]

Ode to the Goddess in Ruoye

Zhang Junde

唯己巳岁秋，予践古之会稽，溯若耶之溪，泛平成之湖。或人传言，若耶有神，其为禹妃。困感宋玉、曹植之赋而遂为斯辞。曰：

予游若耶，与二三子凌清溪之波，指候人馆，辨石帆山，击舷而诵《汉广》，应节而歌"游女"，旋有舒风自中谷来，即见潋纹于水上微漾。予与客子流眄极望，唯现凇沫弥天，云之月水之月齐粲映然，堤痕际天，一舟如苇而已。忽闻仙乐隐隐然起，噫，斯何声也？有客告予曰："此若耶神也。"于是予心移情荡，恍惚兮如御风而驾云，飘飘兮如腾空而跃虚，遇一丽姝，于涯之浦——

其初见也，仿佛兮若秋月之起洞庭；其少进也，翩跹兮如春岫之出君山。乍有乍无、若即若离、如烟如梦、不盈不虚、或断或连，美矣哉！盛矣哉！丽人如斯，诸好尽备！岂山川之降灵乎？抑天阙之谪仙耶？玉簪螺髻，罗袂蘅肌，红颜晔晔如春荣；艳姿袅袅若秋风。客谓予何凝思之久也，予曰："端襄时之女也，宛然夫子闻韶，三月而不知肉味！"客曰："敢闻其详！"予告之曰："余既悦其娴淑兮，神辗转而欣喜，心瘭瘵而感伤。指明月而为誓兮，投琼琚欲相好。嗟佳人之难求兮，叹高媒之不得。"于是若耶之神亦感焉，心敛而志静，揽轼以扶辔。于时也，渌水空碧，翠峰空濛，静如练、莹如镜、堆如玉、连如圭，漫散漾迂，浩渺泓澄，卿云缦缦，彩虹绕绕，红树参差而无际，绿苔明灭而斑见，草木葳蕤，卉葩葱茏。于是予乃唱兰舟桂棹而不顾左右，

---

①张钧德：浙江省大禹文化研究会会员。
Zhang Junde: member of the Great Yu Culture Research Association, Zhejiang.

俯仰良久，抚掌而长歌，歌曰："婵娟为余太息兮，哀离袂在倾刻。岁暧暧其将罢兮，时冉冉其将辞。恐美人之迟暮兮，采蕙兰以为赠。目佳人兮气结，约昧旦以为期。宁溘死亦无悔兮，余不忍为此失也。"

于是女神有语焉，自云本若耶夫人，世家于越，流风悠远，乃在涂山之阳，若耶之畔，朝为潮焉，夕为汐兮，朝朝夕夕，潮汐是为。回流兮如情意之牵荡，逝波兮如青春之不驻。而如妾者比若耶君又为之远矣！夫若耶君者，肌肤若冰雪，绰约若处子，御风而行，饮露而食。信夫绝世之独立！帝赐玄圭，告厥成功，九州攸同，四隩既宅，乃享禹贡，佩灵草。采桑于坟，其篚织文，耳闻峄阳孤桐，泗滨浮磬，配受荆扬所贡之羽毛齿革、瑶琨篠簜，苞茅橘柚，更有豫雍漆枲絺纻，球琳琅玕，操双珠，握合璧。貌丰盈兮山色暧逮，体温润兮云形缱绻，既婆娑乎明月，又娟嫽于彩云。披芰荷以为衣兮，缝芙蓉以为佩，夕搴江蓠于洲兮，朝晞发于水之阿。裳缤纷其渥饰兮，晼兰芝于千仞之岗。若乃游鱼徘徊，飞雁盘桓，容与兮款款，延伫兮姗姗，烟将辞而悱恻，雾行散而缠绵，仿佛兮潇湘之妃，宛然汉洛之女。朝行若耶雨，暮宿会稽云。

予与客游目骋怀，纵情逸想，须臾之间，思绵绵而有慕，夜耿耿其无眠。倚舷强寝，寤寐反侧。尔后恍然梦觉，不知东方之既白。

大禹神话园筹建记

程涛平[1]

Memories in Constructing the Garden of the Great Yu

Cheng Taoping

"大江发源于青海高原，会纳百川，浸成巨渎。……若论风光之明媚、形势之雄奇，盖未有过于武汉者。以有黄鹤楼、晴川阁夹江而峙，可收上下四方壮观于眼底也。汉阳龟山，旧名大别，其东麓有禹功矶，相传为大禹治水成功处，后世为禹王祠祀之。……"这是我国著名国学大师张舜徽先生在其名文《晴川阁修复记》中饱蘸激情赞美长江，赞美武汉，同时亦赞美在武汉治水成功的大禹。如今，在紧邻晴川阁的汉阳江滩上，仅用一年时间，建起了气势恢宏的大禹神话园，使汉阳美景又添新的亮点。回顾神话园筹建历程，是饶有兴味的。

一、讲文化市长江滩新要求，谋解围新区分忧水务局

龟山东麓的汉阳江滩，沉睡了何止千百万年，长江年复一年的潮涨潮落，给江滩带来了无穷无尽的淤泥和沙土，市民来到江滩，所能看到的，只是满目的荒草和垃圾，人们对此习以为常，认为这是天经地义，谁也没有想到该如何改变这种状况。但到了公元 2005 年的时候，这种局面却不可能再继续下去了。

1998 年长江发生了全流域性的大洪水，武汉为抗洪第一线，为世界关注，洪水之后，国家安排巨资进行长江和汉江干堤建设，武汉市组织千军万马，日夜奋战，到 2002 年，总投资 43.1 亿元，整险加固约 397 公里两江干堤，似长龙卧波，牢牢锁住洪魔。随后，

①程涛平：武汉市文史馆馆员、文化院院长、历史学博士。
Cheng Taoping：Wuhan Institute of Culture and History. Dean of Culture Institute，doctor of history.

从汉口江滩开始，武汉市全面整治江滩。2004年，本人写过一篇《汉口江滩记》，赞颂汉口江滩建设的成就：

> 汉口江滩，上自汉江口，下接天兴洲头，拱卫繁华市区，素为抗洪要地。历来阻水建筑林立，影响江水过流；设施杂乱无章，甚碍城市观瞻。2000年始，市政府痛下综合整治决心，周密规划，分期实施，昔日杂屋乱坡，旋为美丽景点。说不尽名木挺立，芳草如茵；亲水平台，江涛撩人；水质步道，匠心独具；雕塑小品，趣味横生；张拉膜篷，韵味无限；中央广场，尽显温情；华灯夜照，流光溢彩；音乐喷泉，荡人心魄。最绝是北倚百年租界，与万国建筑，彼此借景，相映生辉。实在是绿色空间，水景岸线，近代史园，城市亮点。

2004年下半年，武汉市有一个重大举措——在长江、汉水与京珠高速公路形成的面积达368平方公里的包括老汉阳全部的扇形地带建设武汉新区，由市长李宪生担任新区领导小组组长，下设新区指挥部，由常务副市长担任新区指挥部指挥长。新区指挥部的雄心壮志是，通过大规模的新区建设，使武汉三镇由目前只是汉口、武昌发达的"二城雄踞"变成真正意义上的"三足鼎立"。汉阳江滩，属武汉新区范围，故宪生市长要求新区指挥部对汉阳江滩建设加强领导。此时汉口江滩整治大军，移师汉阳江滩，首战便是晴川阁至长江大桥之间约400米的滩地。有了建设汉口江滩的经验，市水务局不慌不忙，驾轻就熟，拿出的方案，分段设计，题目依次为"江汉朝宗""引汉济江""芳草萋萋"，其绿化、雕塑小品和各项设施，论精心设计，周密布局，比起汉口江滩，有过之而无不及。恰在此时，市政府任命我兼任新区指挥部副指挥长，任务之一，是新区的文化建设，有幸参加指挥长会议，亲眼看到市水务局的汇报，十分精彩。我心里为水务局叫好，不想却被市长李宪生一口否定。

有着历史学博士学位的李市长，对古汉阳的历史十分熟悉，在历数汉阳的各种典故之后，李市长动情地说，汉阳历史悠久，文化内涵丰富，故汉阳江滩的建设一定要有厚实的文化根基。汉口江滩建设，在打造自然景色上取得了巨大的成功，为市民提供了一个很好的休闲场所，但在文化建设上却显得单薄。这一点，汉阳江滩一定要避免。李市长要求我发挥历史专长，代表新区指挥部，帮助水务局，重新制定汉阳江滩建设方案。涂勇指挥长不容分说，当场宣布，下一次指挥长会议，就讨论程指挥长写的方案。

突如其来的千钧重担，我猝不及防，两位市长的信任，我恭敬不如从命。但从哪里着手呢？我心里一片茫然。

二、晴川阁禹王像前费思量，冯天瑜上古神话纵横谈

深夜，青灯黄卷，我在历史的沼泽中艰难地跋涉，苦苦思索汉阳江滩应有的文化内涵。

白天，漫步江滩，但见浩瀚长江，波涛翻滚，无语东流。偶尔，万里长江第一桥上，火车驶过，发出隆隆的巨响。晴川阁的飞檐，引人注目，给江滩平添了古色古香的韵味。信步迈入，顿发思古之幽情。在禹稷行宫中，大禹皇冠博袍，正襟危坐，一派帝王气象。凝视良久，我心中突然一动——找到突破口了。

我想，晴川阁祭拜的是中华民族的祖先大禹，大禹是远古治理洪水的英雄，汉阳江滩就在晴川阁旁边，将汉阳江滩用雕塑的形式来表现大禹治水的历程，与晴川阁祭拜的大禹相呼应，岂不是顺理成章的吗？

我心头狂喜，晚上，一头扎进书房，目不暇给地浏览各种文献记载的有关大禹治水的史料，思路越来越清晰。我注意到，被历代史学家奉为经典的先秦时期著作《尚书·禹贡》篇，明白无误地记载大禹开辟航道，使汉江从大别山（龟山）脚下与长江汇合，形成"江汉朝宗"的壮观场面，这就是说，早在 4000 年前，大禹来过武汉，汉水入江的航道，是大禹亲手开辟，直到今天，汉阳江边仍有纪念大禹的建筑，有此三点支撑，在汉阳江滩建一个大禹园毫无问题！

不过，再深入研究有关大禹的史料，我又陷入了迷茫。我发现，在以司马迁为代表的史学家笔下，大禹是实实在在的历史人物，但在以《山海经》为代表的志怪类书籍中，大禹却是地地道道的神话人物，建大禹园，到底是取大禹的哪一个侧面为好呢？反复比较的结果，我觉得还是采用神话的一面来表现大禹为好。

平时，我非常欣赏古希腊的人体雕刻艺术，近年有幸到欧洲考察，亲眼见过不少文艺复兴时期的雕刻作品，感受到强烈的艺术震撼。但震撼之余，却又有些不服气，我觉得文艺复兴时期的经典作品，一是多采用神话题材，艺术家创作时受到的约束较少，二是注重直接展示人体美，使人物具有永恒的魅力。中国的艺术家其实不比外国差，只是中国是礼仪之邦，历代绘画和雕刻作品中的人物，都是衣冠楚楚，只靠眼睛和动作传神，绝少直接展示人体的自然美，当然稍逊一筹。如果采用神话题材表现约相当

新石器时代的大禹，中国的艺术家就完全可以借鉴欧洲文艺复兴作品的手法，向全世界展示中国上古治水英雄的风采，达到相当高的艺术水平。

想到这些，我逐渐找到了自信。开始进一步查阅，在中国神话体系中，大禹治水的来龙去脉，选择最符合情理、最容易表现的故事版本。

研究中国神话是我多年的爱好，家中有一些关于神话的藏书，此刻派了大用场。但翻阅数本，均觉芜杂，有的情节，比较荒诞，完全不可取。无意中，翻出武汉大学冯天瑜教授撰写的《上古神话纵横谈》一书，将其中介绍大禹的部分浏览完毕，便觉眼前一亮，心中完全有底了。

冯天瑜教授与我早在上世纪七十年代相识，是我多年的老朋友。1982年夏，我在湖北省社会科学院《江汉论坛》杂志社担任历史编辑时，与他结伴同行，一起到成都参加中国先秦史学术讨论会。会上会下，我俩亲密无间，无话不谈。一天，冯教授告诉我，他要请假半天，在成都拜访一个著名的学者，我问是谁，他说是袁珂。我知道袁珂是中国最富盛名的神话研究权威，很自然猜想他正在撰写有关中国神话的著作，一问，果然是。从袁珂先生处回来，我俩的话题就离不开神话了。冯教授说，中国的神话，一点也不比外国神话逊色，建议我今后也多研究中国神话。第二年，1983年8月13日，我收到了他寄给我的《上古神话纵横谈》，脉络清晰，要而不繁，洋洋洒洒，字字珠玑。书中的序，正是袁珂写的。我通读不止一遍，深为佩服，从此，也就形成了对中国神话的爱好，闲时逛书店，见到神话题材的书，特别是袁珂的作品，赶紧购买。

冯天瑜在《上古神话纵横谈》中，专辟"鲧、禹平治洪水"一节，对鲧、禹父子治水，提纲挈领介绍，最精彩的是文末将中国洪水神话与世界洪水神话进行比较，认为中国治水神话远胜于外国：

世界各国、各民族几乎都有洪水神话，有人统计，世界的洪水神话不下一百多种，比较起来，'鲧、禹治水'确乎是其中的出类拔萃者……世界这类故事强调的是上帝的神威和幸存者的侥幸。而鲧、禹治水的神话，虽然同样有天帝用洪水惩罚下民的情节，但是，鲧、禹父子并不屈从于命运，也没有企图躲入什么'方舟'以避灾难，而是领导民众奋起与洪水斗争，以'锲而不舍，金石可镂'的巨大毅力，战胜了滔天洪水，使人民得以安居乐业，……同自然环境以及人类社会中的恶势力展开不屈不挠的斗争，终于赢得胜利，便是'鲧、禹治水'神话故事的主题所在，也是这个中国洪水神话高出许多外国洪水神话的地方。

这一精辟的论断，使我信心倍增。我下定决心，抓住大禹治水神话这一绝妙主题，建设汉阳江滩！

三、龟山谈大禹建议神话园，市长论雕塑一语定乾坤

思路一开天地宽。拿定主意不久，恰逢宪生市长与各有关委、办、局领导一起考察龟山，通知我随行。看完西边的全景画馆，穿过三国群英神道，大家缓步东行。一路上，市长不停地询问龟山各景点的建设经过，我逐一作答，俩人亲密无间，不知不觉到了计谋殿。计谋殿位于龟山东端，地势险要，武汉三镇，尽收眼底，长江汉水，交汇于此，一览无余。俯瞰脚下，晴川阁历历在目，旁边的江滩，一片荒凉，直至长江大桥。

市长指着江滩裸露的一片沙土，亲切询问："涛平，你看这江滩该怎么建设？"

我毫不迟疑，侃侃而谈："李市长，我看这片江滩，建一个大禹治水神话园，是再合适不过了。""武汉市是全国抗洪中心，大禹是中国最伟大的抗洪英雄，是大禹开辟的汉水入江航道，才形成今天武汉三镇的格局，晴川阁又主要是纪念大禹，这些背景，使我们在这里建大禹神话园显得非常自然，顺理成章。"

我看市长连连点头，心中更有底了，索性进一步鼓动："李市长，武汉市的城市雕塑，在国内地位不高，比起国外，就更差了，对此，我心里是不服气的。我到欧洲，看过不少被外国人奉为至宝的文艺复兴时代的雕塑作品，佩服之余，心有不甘，觉得这些作品，都是人做出来的，外国艺术家能做到的，中国艺术家也一定能做到。这里面的关键是要有好的题材，艺术家创作时少受约束。雕塑作品是需要夸张的，神话题材是最适合雕塑创作的，国外最成功的雕塑作品，几乎都是与神话有关，如果采用大禹治水的故事建神话园，我相信，一定能够产生可以与欧洲文艺复兴时代作品相媲美的伟大作品，武汉市在全国和世界的文化地位将得到明显的提升！"

大概被我的豪言所触动，一直凝视着滩地的市长回过头来，充满激情地说："涛平，我也有和你一样的感受。欧洲我不止一次去过，几个水平很高的雕塑，把整个城市的文化氛围全带动了。我认准了，如果在汉阳江滩上做出能和欧洲文艺复兴时代作品相媲美的神话园，市政府绝不惜重金！"

市长的话语，斩钉截铁、掷地有声。众委、办、局领导闻声围过来，七嘴八舌地

笑着要李市长"一言为定"。然而，一刹那间，我的心，却是沉甸甸的。我有点后悔在市长面前夸下了海口，但想收回也不可能了。

没过几天，2005年3月26日，又到了新区指挥部例会时间。涂勇副市长一见面，关切地问我江滩建设的方案写好了没有。我回答说，哪有那么快，还在翻书，没来得及动笔。涂市长说，你还不慌不忙，宪生市长对你说的大禹神话园非常欣赏，一会儿他也来参加会议，问你方案的时候，你就说已经写了一半。我含糊答应。

会议准时开始，宪生市长到会，涂市长主持会议。让我始料不及的是，涂市长一开口就表扬我，说程指挥长这几天日夜奋战，把大禹神话园的方案都写出来了。我大吃一惊，顾不上回答，宪生市长就高兴地插话了：

"涛平建议在汉阳江滩建大禹神话园，我仔细想了一下，非常有道理。最近我向省委俞书记汇报新区的建设项目，说了很多大项目，俞书记没有吭声，但是，一说到在江滩建神话园，俞书记就插话了，说，这个主意好。东湖的楚城建得不错，汉阳江滩上的大禹神话园一定会比楚城建得更好。今后如有机会，我想到现场看一看，帮你们鼓劲。俞书记这么重视，我们一定要努力。我看，神话园绝对是武汉文化的亮点，建成以后，作为武汉的名片，武汉市的重要贵宾、中央领导、外国友人，都请到神话园来，让他们领略武汉的文化品位。"

一股暖流在心中流淌，我的眼睛湿润了。

当晚，我伏案奋笔疾书。以表格的形式，将鲧和大禹治水神话主要故事逐一排队，安排为14组雕塑，分别提出雕塑内容、文献依据和参考图案，第二天送两位市长审阅，4月9日和11日便得到了两位市长先后的批示，获得了批准。接下来的事情，应该是拿出实施方案，对雕塑进行布点，按江滩面积绘制雕塑布局图，组织雕塑作品招标，指导具体制作等。事情千头万绪，我又犯难了。

四、老将岳燕青出山绘蓝图，省委俞书记现场暖人心

我是学历史的，查阅历史文献、做到论必有据，是我的专长。按实际地形和面积进行具体布局和雕塑构思及监制，撰写实施方案，需要高水平的艺术思维才能，这方面，我却不是最优秀的。情急之下，我拨通了长途电话，向居住在上海的挚友岳燕青求助。

岳燕青是武汉市鼎鼎有名的大型文化景点策划和监制大师，武汉市著名的文化景

点，比较成功的，如武昌黄鹤楼、东湖楚城、寓言园、汉阳晴川阁、铁门关、龟山赤壁大战全景画等，几乎都是出自他的策划，当然其中也有我的部分参与。我俩心心相印，感情颇深。结识十多年来，他历任市委宣传部处长、市文物办主任、市文联党组书记、市人大教科文卫委员会副主任。退休之后，在上海工作的大儿子添小孩，按中国传统的"水往下流"习俗，与老伴同赴上海照料孙子。临行前，与我郑重道别，大有定居上海，一去不复返之意。以后时常来电话，盛赞上海居住安逸，乐不思蜀。我深知，此公虽然退休，但老骥伏枥，宝刀不老，不仅艺术造诣无人可比，最可贵的是品格高尚，淡泊名利，愿意为公益性事业效力无私奉献，不肯为私营老板服务捞取钞票。上海再好，不是他建功立业的地方，绘制神话园蓝图，指挥神话园施工，非此公莫属。

电话中岳燕青听我说明来意，沉吟半晌，闪烁其词，没有答复。第二天再通电话，说老伴问他，"要程涛平还是要孙子？"他没有办法回答。第三天的电话，他说，顾不得那么多了，事业第一。他终于义无反顾，下定了决心，告别上海。我戏称他是从闲云野鹤又变成了三军统帅，和以往一样，我俩又走进了同一条战壕，为了武汉人民，再一次并肩战斗。

俗话说，"姜是老的辣"。岳燕青会者不难，将我提供的所有神话书籍一一通读，再到江滩转了几圈，便成竹在胸，开始构思写作。从4月到7月，包括"五一"期间我俩和市水务局蔡满生、时空设计院李自清同志一起专程赴杭州、绍兴大禹陵及福建、广东沿海一带考察，数易其稿，一部大气磅礴、功力深厚、布局严谨、匠心独具的神话园建设蓝图——《大禹治水神话园实施方案》便告问世。

《实施方案》分5部分——指导思想、基本原则、区域划分及景点安排、参考图录和附件。岳燕青凭其丰富的艺术经验和创造性的思维，将晴川阁至大桥间400米江滩约2.4万平方米的地域分为上、中、下三个区域和一个武汉治水博物馆，上区从长江大桥以下至大禹祭祀台侧，由神话园大门、"应龙画江河""大禹降生"铜雕和鲧治水透雕石刻组成；中区以大禹祭祀台为中心，由"大禹乘车检阅九鼎""搏杀相柳""九尾狐说亲"铜雕、"三过家门不入""大禹治水图"石刻组成；下区由"大禹南方治水"和"镇江柱"石刻；治水博物馆安排在大禹祭祀台下。对每一组雕塑包括基座的体量多大，材质是石刻还是铜雕，石刻的形式是透雕还是印章石还是高浮雕，石料产地，铸铜的金相比例、颜色要求等，无不规定得一清二楚。可以说，《实施方案》的完成，使神话园的建设实现了从务虚到务实的飞跃。在市长办公会上，宪生市长给予了高度评价，毫不食言，履行承诺，向水务局拨款 1500 万元，分期到位。以后，长达一年多时间，各流程均严格按《实施方案》执行，没有一点走样，直到全部建成。

市水务局是从治理大江大河的战斗中搏杀出来的铁军，经验丰富，能征惯战，市政府一声令下，局长傅先武、副局长刘东才调兵遣将，堤建中心迅速行动，按照《实施方案》，有条不紊、全面展开，眨眼功夫，昔日沉寂的江滩，变成了人来车往的工地。

一日，突然接到通知，中央政治局委员、省委书记俞正声，省长罗清泉一行将视察新区建设，点名要到神话园施工现场，涂市长指定由我讲解，我顿时紧张起来。2005 年 11 月 22 日晨，寒气逼人，在市委书记苗圩，市长李宪生，常务副市长、新区指挥长涂勇的陪同下，俞正声、罗清泉一行来到工地，我手拿话筒，对着大禹乘龙马车检阅九鼎等雕塑小样尽力讲解。俞书记幽默诙谐，谈笑风生，在我说大禹与武汉有直接关系，汉水入江航道就是大禹所开时，他突然笑着插话："是吗？"语气中有点不相信。我赶紧列举《尚书·禹贡》等中国文献，加以证实。一旁宪生市长帮我解围，说："这位讲解的同志是历史学博士，他讲的都是经过考证的。"俞书记听了，大笑起来，连声说"我相信！我相信！"一旁的人也全都大笑起来，全场洋溢着一种浓郁的和谐欢乐气氛，我心头暖洋洋的。长江日报记者魏斌眼疾手快，摄下了这一珍贵镜头，在第二天《长江日报》头版头条刊出，十分醒目。

事后，我有点奇怪，问，俞书记、罗省长视察了新区很多大项目，肯定也拍了不少照片，为什么独登视察神话园的照片呢？有人笑着回答，那一天，所有的照片都过于严肃，唯独在神话园的气氛最好，显得格外轻松愉快，加上俞书记对神话园赞不绝口，所以涂市长拍板：就登这张！

五、严格招标追求尽善尽美，铸铜石刻凝结几多艰辛

构思有了，布局有了，资金也有了，能不能做出第一流的神话园，实在让人捏一把汗。我因为当初向市长夸了海口，自然巴不得全部是尽善尽美的作品，市水务局对于工程性的大项目，有成套的经验，说招标的方法好，一旦形成竞争的局面，质量就上去了，成本就下来了，业主也省事。我对艺术创作是否适用于招标有点怀疑，想一想没有其他的好办法，也就同意，请示市领导，亦得到批准。2005 年 7 月 11 日，

市水务局委托万里公司在中国武汉建设网和中国武汉水务网上发布了招标公告，应者出奇地踊跃，时间不长，全国共有15家单位参加了投标，递交雕塑作品小样多达268件，摆放在一个很大的厅内，琳琅满目，争奇斗艳，让人目不暇给，喜不自禁，我一颗悬着的心才有些许的踏实。作品招来了，评标也是个难事，水务局会者不难，本着"公平、公正、公开"的原则，先是于8月28~29日邀请中央美术学院、清华大学美术学院、鲁迅美术学院等单位的9位评委进行第一轮评标，评出11家31组作品入围，10月12~13日又邀请来自西安美术学院、四川美术学院等单位的评委进行了第二轮评标，最后评出7家投标单位的12组作品中标。由于评委基本请自外地，名单保密和评标会保密工作较好，打分规则科学，评标结果比较公正。评标结束，我有两个想不到：一是想不到市领导毫不干预，二是想不到艺术领域的评标比一般建筑工程难得多。

我曾经被邀作专家对某高速公路雕塑作品评标，专家只评一部分，另有部分干脆说明由领导指定，被指定的作品偏偏水平较差，结果评委诧异，雕塑家不服，做出来的东西令人不敢恭维。而这次神话园评标，市领导完全不参与，甚至有些作品被评掉的雕塑家，平时与市领导关系很好，写信给市领导，希望市领导过问，但市领导只嘱咐我们做好工作，依然毫不干预。在这样的信任面前，我们还有什么困难不能克服呢？

艺术领域评标之难，此次深刻领教。一般建筑工程招标，早已程序化，业主发标，定出各项指标，各应标单位做出标书，主持招标单位随机确定专家，专家打分，结果当场出来，没评上的并不觉得丢多大面子，下次招标注意就是了。而艺术作品评标，则完全不同，因艺术品创作，"各人的儿子各人爱"，作者全都认为自己的作品是世界上最好的，但中标的只能一个，评标的压力当然就大得多，最难办的是艺术品好坏仁者见仁，智者见智，没有固定标准，尽管是外地专家所评，矛盾依然很大，艺术家的面子都特别薄，没有评上，脸就挂不住，告状者争辩者出气者说情者让人穷于应付。若不是市领导高度信任，水务局坚持原则，有的作品真不知该如何收场。

2005年10月招标尘埃落定，接下来的硬仗是中标作品的制作。宪生市长极其重视最终成品的质量，再三嘱咐铜材和石材一定要用最好的。涂勇常务副市长，充分尊重艺术规律，强调精雕细作，水务局不折不扣地执行，老将岳燕青，不辞劳苦，走遍全国精选石料，铸件青铜配比，毫不含糊。制作最关键的步骤是泥稿放大，把关尤严，有的作品反复修改，几乎是推倒重来，有的作品制作走样，毫不留情地返工，所有作品经泥稿放大无不锦上添花，赋予神韵。泥稿质量把住了，随后铸铜和刻石的质量，也就得到了保证。除雕塑家外，水务局各路建设大军日以继夜，园林、绿化、灯光、道路、说明牌、配套建筑等全线推进，在 2006 年 5 月 1 日，神话园大部分景点建成，新区指挥部和市水务局、汉阳区政府在神话园举行了隆重的开园仪式，"五·一"黄金周期间，全市有 30 余万人涌入神话园参观，直到 2006 年 9 月，园内所有雕塑作品才全部完成，大禹神话园终于以完整的面貌问世，从酝酿到建成，前后 1 年半时间，其间殚精竭虑，艰难辛苦，一波三折，实在难以尽述。

六、神奇浪漫展现无穷魅力，大禹精神光耀万古千秋

漫步刚建成的神话园，一股强烈的神奇浪漫气氛扑面而来，我禁不住心驰神往，仿佛置身于 4000 年前的神话世界。

神话园的入口在雄伟的长江大桥汉阳桥头堡脚下，只见防汛堤的闸口两边，两个巨大的石刻人面像圆睁两眼，凝视着每一个游人，坚毅的下巴，两耳下垂的大耳环，古拙的面孔，散发出一种神秘的气息。像的原型是与大禹时代基本相当的湖北天门出土距今 4000 年石家河文化玉面人像，在商务印书馆（香港）和上海辞书出版社《中华文明传真》"原始社会"卷中说，"这件神灵头像，可能是人们尊奉的神祇形象"，此像代表的石家河文化，建有规模达 100 多万平方米的石家河城，文献记载其居民很可能是传说中被舜和禹多次讨伐的三苗民族。因此，从两个玉面人像形成的门跨进去，犹如走进了大禹当年的时代。

迈入神话园，道路中央横卧着一块黄色巨石，上面醒目地镌刻着"大禹神话园"5 个红色大字，字体端庄古朴。这不是当代书法家的手笔，而是专门从唐代大书法家颜真卿的书法作品中摘出拼成的。巨石稍后，一对高达 6 米的铜铸巨龙从道路两边拔地而起，四目面对，相向拱立，形成龙门，格外壮观。这是按号称中国"天下第一龙"的玉猪龙放大制作的，出土于内蒙古翁牛特旗，是距今 5500 年以前红山文化的代表，比大禹所处时代还要早 1500 年。此龙门与门口的玉面人像相互呼应，很自然地形成一种特有的远古氛围，将人们不知不觉地带往那遥远的年代。

高大的玉猪龙门犹如巨大的磁石，不由自主地吸引住人的视线，最妙的是在龙门

形成的椭圆形内，罩着远方波涛滚滚的长江，更罩着一个雄奇的雕塑作品——应龙画江河。

这是一个人见人爱、摄人心魄的大型铜雕。只见年轻的大禹，精神抖擞，英姿勃勃，手持治水工具耒，指挥长着双翼的应龙开挖河道，一旁乌龟背着神土"息壤"，亦步亦趋，不离左右。应龙身躯庞大，前爪扑地，后爪腾空，龙尾力大无穷，硬是将一个山丘一分为二，从中劈出新的河道。有趣的是，如此威力巨大的应龙，在大禹面前却服服帖帖，龙眼紧盯大禹，双翼半张半合，似随时听候大禹的命令，不敢有丝毫的怠慢。大禹面容沉稳，裸着的上身，露出浑身力士般的肌肉，从容不迫的持耒动作，望着应龙的威严眼神，显示出一种完美的统帅气质。在神话中，天帝授权大禹治水，同时还赐神土息壤，派神勇无比的应龙辅佐，大禹主要是依靠息壤和应龙的得力帮助，"疏""堵"结合，才得以完成治水伟业，故在神话园中，应龙画江河雕塑被放在十分突出的地位。

与西方神话中以夫妻为主逃避洪水不同，中国洪水神话则是父子接力，一代接一代治理洪水，为此，神话园以1组4幅"鲧治水图"透雕石刻形式浓墨重彩地展示了大禹的父亲鲧治理洪水的悲壮历程。第一幅表现的是，在大禹父亲鲧的时代，神州大地，到处都是滔滔洪水，老百姓四处逃难，有的爬山找洞穴藏身，有的在树梢上做巢，连飞禽走兽也与人争夺高地，人民苦不堪言。第二幅表现的是，面对洪水泛滥，天帝十分着急，因众神一致推荐鲧能治理洪水，天帝马上委鲧以治水重任，鲧率众将，诚惶诚恐地接受命令，决心采取一切措施，止住洪水。第3幅表现的是鲧想尽了一切办法，治水还是没见成效，一筹莫展，正在着急的时候，乌龟和猫头鹰给他出主意，说天帝宫殿中藏有一种叫"息壤"的神土，取之不尽，用之不竭，只要偷过来，筑堤拦水，洪水就能平息，鲧大喜，在乌龟和猫头鹰的配合下将息壤偷到手。第4幅表现的是鲧偷到息壤后，见水就堵，效果仍然不好，天帝发现息壤被偷，大怒，派天神将鲧杀死。鲧壮志未酬身先死，悲愤万分，死不瞑目。这4幅透雕打破传统的石刻手法，两面可观，让鲧的主要活动在洞穴式的环境中进行，人物均具有原始社会的苍桑感，别有一番风味。

鲧治水虽未成功，但他为治水而死，精神是不朽的，同样是值得后人景仰的治水英雄。鲧的经历，为儿子大禹以后的治水作了很好的铺垫。紧接"鲧治水图"系列透雕之后，峰回路转，一座表现"大禹降生"的铜雕兀立在人们面前。只见已死3年、白马化身的鲧，躺在地上，尸身不腐，依然须发飘动，怒目苍天。一个身躯肥胖的天神，手持利刃，刺入鲧腹，说时迟，那时快，鲧腹刚被剖开，突然从中蹦出一条虬龙，龙头为长了角的男孩，嘴中鼓气，手指前方，远观似龙，近观为童，生机勃勃，直冲云天。天神吓了一跳，望着小龙，满脸惊恐，目瞪口呆。这条从鲧肚子里横空出世的龙形男孩，就是以后的治水英雄大禹。

大禹的出场，居然是从父亲的肚中蹦出，实在是精彩极了。这座铜雕巧妙地借助中国治水神话的奇特情节，留给人太多的想象空间。禹和父亲的特殊继承关系，由此显露无遗。

距"大禹降生"铜雕不远，又一座"搏杀相柳"的铜雕突现在人们面前。已是成年的大禹，正与一只9头巨蛇作殊死搏斗。搏斗的场面惊心动魄：9个蛇头均张开大嘴，露出利齿和舌头，气势汹汹，恨不得一口就将大禹吞到肚里，长长的蛇身将大禹健壮的身躯死死缠住，其势千钧一发，眼看大禹危在旦夕。好一个大禹，毫不畏惧，拉开弓步，左手拼命掐住蛇的"七寸"，右手挥动神斧，奋起神威，向蛇头猛砍。由于使出了全身气力，大禹牙关紧咬，双眼圆瞪，青筋凸起，淋漓尽致地显示出压倒一切敌人的英雄气概。整个场面紧张、刺激、扣人心弦。

神话中9头蛇名叫相柳，是水神共工的得力干将，从来就是横行霸道，不仅根本不听大禹的治水号令，在共工的唆使下，反而处处与大禹作对，危害百姓，无恶不作，不除掉相柳，治水根本就不能进行。面对相柳的挑衅，大禹忍无可忍，抱着为民除害的决心，运用神力，与相柳殊死搏斗，最终杀死了相柳，使治水工程得以顺利进行。

越过"大禹治水图"巨幅石刻浮雕，又有一铜雕，与"搏杀相柳"相对，这就是"九尾狐说亲"铜雕。表现的是大禹一心一意治水，忘我工作，年龄30岁了，还是孤身一人。好心的九尾狐充当媒人，将美丽的涂山氏介绍给大禹。大禹一见涂山氏，就被她的美貌吸引，涂山氏更是仰慕大禹，虽然害羞，依然向大禹伸出了自己的手，俩人相见恨晚，手牵着手，说不完的绵绵情话，道不尽的万般柔情，双双跌进爱河。一旁的九尾狐看见自己的努力获得成功，笑得合不拢嘴。

这两个铜雕，遥相对应，9头蛇对9尾狐，一边是杀声震天，你死我活，一边是柔情蜜意，亲密无间，使大禹人生的两个侧面，同时呈现在人们面前。此外，两个铜雕的神话气息极浓，1条巨蛇竟然长有9个头，1只狐狸竟然有9条尾巴，这在现实中是不会有的，但在神话中却可以出现，并且活龙活现，谁都相信，这就是神话的合理想象。

顺路而行，可以看见一座铜石结合的大型雕塑——"三过家门而不入"。表现的是大禹与涂山氏相恋相爱，很快完婚。大禹新婚，心里惦记着治水，没有几天，便向妻子告别，并表示，不到治水成功，决不回家。大禹不畏劳苦，身先士卒，舍生忘死，指挥治水大军南征北战。史载禹治水长达13年，曾经3次路过自家的门口。涂山氏日夜盼望丈夫早日回家，把眼睛都望穿了。大禹第1次路过家门的时候，儿子只有1岁，被妈妈抱在怀里，第2次路过家门的时候，儿子牵着妈妈的手，盼望父亲归来，第3次路过家门的时候，儿子高过妈妈的腰了，和妈妈站在一起，热切地期待爸爸回家。然而，大禹每次都强忍思念之情，硬是没有进门，怀着对妻儿的无尽思念，直奔治水战场。

这个雕塑，没有丝毫的神话色彩，是地道的历史故事，但放在神话园中，又相当和谐。雕塑的设计构思十分巧妙，将大禹3过家门，安排为让一家3口出现3次，每次只让小孩的身高出现变化，就把很难表现的时间的流逝交待了，实在令人拍案叫绝。

几组大型圆雕之后，神话园风格突变，将大禹南方治水的10个故事以一种"印章石"的形式展现在人们面前。大禹南方治水故事分别为"巫山开道""填云梦泽""衡山刻碑""龟蛇锁江""设防彭蠡""震泽移山""杀防风氏""教民鸟田""群仙庆功""万民拥戴"，10块巨石，每块两面都刻有浮雕故事，计20幅浮雕，错落有致的摆放在小道上，任人近距离仔细观摩，犹如置身"巨石阵"之中，使人顿生新奇之感。

紧邻最后一块"印章石"的，是一个高大的石柱，上刻"镇江柱"3个大字。只见石柱正面底部，压着一只名叫"巫支祁"的猴头怪物，铁链捆身，鼻穿铜铃，头罩青石镯，背面上部有浮雕，反映的是张之洞任湖广总督时，见地摊上有青石镯子，听说是某渔夫偷偷地从一个猴头怪物头上取下来的，怪物被锁在龟山山洞的石柱上，他知道怪物就是因兴风作浪被大禹锁住的巫支祁，赶紧嘱咐渔夫将石镯还原，并立镇江柱以绝后患。故事取材于《武汉掌故》，似乎有点荒诞离奇，但体现了大禹治水的印记，并且与武汉有关，起码，武汉人看见这镇江柱，一定别有一番滋味在心头的。

信步至此，不知不觉，神话园所处江滩400米，从上区越过中区到下区，基本走完。神奇？浪漫？精美绝伦？美不胜收？都说得上，但还似乎缺少什么，那就是大气磅礴、气吞山河。这，却正是中区雕塑的精华所在。

神话园中区的雕塑，由长达88米、高5.6米的巨幅石刻"大禹治水图"，高达8米、长12米"大禹检阅九鼎"特大型铜雕和9兽驮9鹰鼎组成。

走近"大禹治水图"巨幅石刻，让人一下子感受到巨大的艺术冲击力。放眼望去，一种国内很少有的乳黄色石料，显得是那样高雅、华贵。上面以长卷式构图、接近圆雕的高浮雕方式精心雕刻大禹治水的10个故事，综述了大禹自幼年到治水成功的整个过程，个个惟妙惟肖，活龙活现，仿佛随时都会从石壁上走下来，与你相会，让人如临其境，如闻其声。

第一个故事"与虎为友"。参天古木下，一个活泼可爱并带几分顽皮的小男孩骑在一只壮硕的老虎上，老虎肌肉隆起，威风十足，但在小孩面前却十分温顺，这小孩就是大禹，他从父亲鲧的肚子里出世后，一直健康地成长。禹从小就喜欢动物，一只小老虎是他儿时最好的玩伴，小虎长大，威武凶猛，以后随禹治水，忠心耿耿，驱兽击妖，恪尽职守。这个故事反映了禹从小富有爱心。整个场面具有童趣和野趣，让人眼睛一亮。

第二个故事"受命治水"。云雾缭绕中，天帝带着众仙女从天而降，授年轻的大禹以治水全权，并派神勇无敌的应龙辅佐，还将禹父鲧因偷致死的神土息壤也赐给了禹。禹诚惶诚恐，接受使命。天帝的相貌显得慈祥，身后的女官妩媚动人，场面庄严肃穆。史籍记载禹逐渐长大，喜爱读书，反复思索父亲鲧治水失败的原因，在经过考察鲧治水现场和请教有经验的治水人员后，禹认为治水应以"疏"为主，父亲的失败是见水就堵，违背了治水的规律。他的这个想法传到天帝耳中，天帝非常高兴，赶紧授他治水全权。从此，禹继承父亲遗志，踏上了茫茫治水征途。浮雕不温不火，恰到好处地表现了天帝的信任和大禹受命的心态，殊为难得。

第三个故事，"驱逐共工"。画面上，众神云集，神态各异。女神端庄，举止得体；男神严肃，有的多臂挥舞，耀武扬威，有的坦胸瞪眼，玩弄小蛇，有的奇瘦无比，手捧神鸟，不一而足，他们聚集在一起，似乎在认真讨论什么；一边，大禹正与一持狼牙棒的蛇身水妖酣战，厮杀得难解难分；大禹脚下，一头上有角的天神被五花大绑，似在听候发落。这里反映的是水神共工，不满天帝对禹的信任，鼓动水族兴风作浪，使洪水更加汹涌澎湃，向禹示威；大禹针锋相对，在会稽山会合天下众神，讨伐共工；

在众神一致讨伐之下，共工就擒，垂头丧气，承认失败，随即被驱逐。这是大禹在受命治水后与共工的正面交锋，在众神的支持下，取得了胜利。浮雕画面风起云涌，扑朔迷离，让人目不暇给。

第四个故事，"河伯献图"。只见在风急浪大的河水中，一只体型巨大的鱼，从波涛中一跃而起，鱼背上驮着一瘦身长人，斗篷飘飘，手捧一块刻有一些图案的大石，十分虔诚地献给大禹。大禹认真端详石上的图案，显得非常高兴。这里反映的是大禹治水，到黄河边观察水势，遇见黄河水神河伯，手托有天然图案的青石，脚踏大鱼从水波中跃出，将石献给大禹。原来这青石上的图案，名为"河图洛书"，对指导治水有很大帮助。大禹得此宝物，对天下水系了如指掌，治水更有把握。场景中水花翻腾，与大鱼、长人和石头，相互烘托，十分和谐。

第五个故事，"伏羲赠圭"。表现的是大禹率领的治水大军，有年轻力壮的小伙子，也有年老力衰、瘦骨嶙峋的老年人，万众一心，奋力开山凿石，搬运石块，使山间之水顺势奔流而下；大禹来到一个幽深的山洞，一龙口噙夜明珠，照亮洞口，禹打着火把进去，见到一个蛇身老者，以树叶为衣，端坐于洞的深处。老者是东方天帝伏羲，非常佩服大禹的治水精神，特意将可度量天地的玉圭赠送给了大禹。玉圭长 1 尺 2 寸，夜间闪闪发光。大禹治水，必须经常度量山体和勘测水道，得此玉圭，如虎添翼。这段浮雕散发出一种浓厚的神秘气氛，令人印象深刻。

第六个故事，"擒锁水怪"。这里又是一场治水保卫战，幽深的树林边，惊涛拍岸，河马在水中张开大嘴，似发出低沉的吼叫，对岸猛虎紧咬水中蹿出的巨蟒，虎爪按住蟒身，抓出深深的印痕。大禹站于岸边巨石，双手持耒，抛石于江，激起巨大的水花，同时紧张地指挥众部将与水怪巫支祁展开一场惊天动地的大战。巫支祁猴头长颈，牙齿雪亮，眼闪金光，力大无穷，据说超过 9 头大象，最厉害的是他腾挪跳跃，身手敏捷，无人可敌。他长期盘踞于桐柏山水系，兴风作浪，无恶不作，是大禹治水的劲敌。大禹知道大战不可避免，采用车轮战法，先是命部将童律持鞭上阵，接着令长有双翼的部将乌木舞流星锤对敌，最后大将庚辰出马，一支枪神出鬼没，凌空而下，方刺倒巫支祁。不想巫支祁身躯灵便，虽被擒获，仍横蹦竖跳，控制不住，大禹决定以铁链将巫支祁锁住，并命搬来巨石，将其压住，从此巫支祁永世不得翻身，禹的治水终于得以顺利进行。浮雕中，各种搏斗场面，天上地下，水中岸边，无不惊心动魄，扣人心弦。

以高浮雕形式表现的这场大战，实在是淋漓尽致。

第七个故事，"力开伊阙"。伊水顺流而下，却被大山挡住了去路，洪水泛滥成灾，只见大禹不慌不忙，持耒上前，以神力将山撬开，同时指挥众人搬运石块。被阻隔的水从山的裂缝中宣泄而下，渐渐地，山被一分为二，远望似阙，十分壮观，人们给这一对阙似的山起名为"伊阙"。由于此地的水流越来越大，鱼儿逆流到此，总是被水冲走，只有极少数有毅力和体力的鱼才能逆流而上，俗称"鲤鱼跳龙门"，故伊阙又叫"龙门"。这是大禹纯粹改造自然的故事，浮雕把大禹率众开山的壮举和汹涌而下的的流水，以及鲤鱼跳龙门的神态，表现得十分逼真，惹人遐想。

第八个故事，"变熊惊妻"。这里展开的是一幅生活气息颇浓的画卷。浮雕中，一位体态动人的少妇惊惶而逃，稍小的衣襟未能遮住丰满的乳房，浑身充盈着一种野性之美，简直秀色可餐。原来，这是大禹治水，遇轩辕山挡住水道，禹嘱咐妻子涂山氏，听见鼓声响起再上山送饭。随后，大禹来到工地，变成一头大黑熊，嘴拱脚蹬，拼命开山。谁知一不小心，一块石头滚下山坡，打在鼓上，涂山氏听见，赶紧上山，一眼看见大黑熊，吓得扔掉饭篮，大叫而跑，禹来不及变回真身，在后面紧紧追赶。这时，出现了意想不到的情况，怀有身孕的涂山氏跑不动了，身体因痛苦、惊恐化成了石像，禹惦记胎儿，情急之下，大叫还我儿子，石像应声裂开，从中跳出一个发育健全的婴儿，便是以后夏代的开国君王启。浮雕将这个浪漫神奇的故事，演绎得出神入化，令人回味悠长。

第九个故事，"接受禅让"。大禹治水大获成功，得到了老百姓的热烈拥护，也得到了舜帝的高度评价。舜帝顺应民心，举行隆重的仪式，将象征王位的玉印授给大禹。大禹再三推辞，无奈舜帝主意已定，执意禅让，禹实在推辞不掉，只得接受。这是大禹多年来率领大军千辛万苦治理洪水的必然结果，浮雕将大禹接受王位的场景加以再现，给大禹治水的英雄行为划上了一个完美的句号，符合逻辑，水到渠成。画面上，舜帝的真心禅让，大禹的勉强接受，俩人的表情和动作，分寸把握恰到好处。

第十个故事，"神马自来"。大禹治水，功德圆满，有一匹名叫"飞菟"的神马，一天能行三万里，受到禹德行的感召，自愿来到禹的宫廷，做了他的坐骑。又有一头会说话的走兽，名叫"跌蹄"，也自愿作禹的坐骑。这说明，禹受到拥戴，得道多助，从此骑上骏马，一日千里。作为巨幅浮雕的结尾，骏马与开始的猛虎，首尾呼应，显得布局严谨，匠心独具。这两匹神骏，体型健美，神气十足，使人赏心悦目，精神为之一振，不由得对雕塑家和石刻艺术家的高超技艺，发出由衷的赞叹。

"大禹治水图"由上述 10 个故事，构成一幅完整的石刻艺术作品，使游人对大禹治水的英雄业绩，有一个系统的了解。长 88 米、宽 5.6 米的巨大面积，耗石材 400 立方，这种体量，在国内是罕见的，在全世界也是不多的。尤为难得的是高浮雕深达 1.5 米，基本达到圆雕程度，这在国内，前所未有。站在"大禹治水图"前，放眼望去，石上所刻人物，无一不神，所刻动物，无一不真，所刻植物，无一不精，水则波澜起伏，山则气吞山河，这样的艺术珍品，谁看了都是极大的享受。作为艺术品，纸上画来终觉浅，石刻生动方极品，相信此巨幅石刻浮雕，作为中国雕塑艺术的代表作，今后一定能在世界雕塑艺术宝库中占有一席之地。

神话园最令人叫绝之处，还在于在"大禹治水图"巨型石刻的正中，面对浩浩长江，冲出"大禹乘龙马车检阅九鼎"巨型铜雕，隔着圆形广场，与对面成弧形排开的九兽驮九鼎石雕形成完美的呼应关系，成为整个神话园的核心区域，是神话园的灵魂所在。

"大禹乘龙马车检阅九鼎"铜雕，高 8 米，长 13.5 米，从气势非凡的巨型浮雕中破壁而出，一往无前。龙腾虎跃的龙马车，载着已接替王位的大禹，一日千里，巡视八方。大禹神色庄重，饱经风霜的脸上，写满了治水的沧桑，一手持耒，一手牵缰绳，站立车中，雄姿英发，意气昂扬。车前 4 匹坐骑，龙头马身，双翅微张，剽悍灵异，或昂首奋蹄，追风逐云，或张牙舞爪，威风八面，显得大气、灵气，具有强烈的艺术震撼力。车下设置的喷泉，喷出浓密的水雾，形成一片白云，顿时，龙马车腾云驾雾，更显气象万千，与"大禹治水图"巨型浮雕珠联璧合，浑然一体。

大禹声势浩荡地乘龙马车出行，不是游山玩水，也不是显示权威，而是在完成一项重要使命——检阅九州，统一天下。史籍记载，大禹在治水的过程中，一直在反复思考，为什么治水如此艰难，每到一地治水，总有些部落不配合，表示反对，甚至直接对抗，根本的原因在于神州大地被各个部落分别占据，各自为政。治水，人民大众得益，但常常触动某些部落首领的利益，故经常遭到一些地方部落的反抗。要根治这一问题，必须打破部落割据局面，天下必须统一，这样，再发生大洪水，就可以统一发布治水号令，必然事半功倍。以后，到了治水成功，舜帝禅位，大禹继承了王位，便抓住时机，按照自己治水所走过地方的地理特点，将天下一分为九，分别命名为冀州、兖州、青州、徐州、扬州、荆州、豫州、梁州、雍州，并且收天下之铜，为每州各铸一鼎，作为该州的象征。

九州的建立和九鼎的铸造，象征着中华民族从分散的部落联盟走向了国家，表明中国社会发生了质的变化，开始从原始社会迈入文明社会的门槛。由此，大禹乘龙马车检阅九州，是为了巩固对九州的管理，当然是件惊天动地的大事。因此，神话园内特意在大禹乘车所面对之处，安排了九个大鼎，形成大禹乘车检阅九鼎，也就是检阅九州的局面。

九鼎的构思，完全与众不同。全国祭祀大禹的纪念建筑很多，以绍兴大禹陵为代表，九鼎均以铜铸成，鼎的外形，大多是商代或周代之鼎。我们考证，真正的铜鼎，夏代以前还没有出现，上海博物馆陈列的河南二里头遗址出土的所谓夏代铜鼎，考古界尚存不少疑问，因此，在神话园内，以青铜铸鼎是不合适的。鼎的外形，亦只能是商、周以前，可惜的是，商、周以前的铜鼎，谁也没有见过。这是一个典型的学术难题，我们一时束手无策，反复翻阅各种史料，很快，在《文物中国史》画册中，我们发现在陕西华县距今5000~7000年仰韶文化遗址出土的陶器中，有一种鹰鼎，又名枭鼎，以鸟身为鼎，嘴尖爪利，目光凶悍，造型古朴，是中国最早的鼎。这一发现，使我们绝处逢生。我们认为，最初的鼎为动物外形，完全符合中国原始社会的特点，先民普遍崇尚动物，以动物外形为鼎，顺理成章，而铜鼎系由陶鼎发展而来，同样符合逻辑。这样，鼎的外形问题，顺利解决。同时，既是陶鼎，就可以石代铜，雕成石鼎，反而更有原始社会意境。

鼎有了，展示亦很难办。一般的做法是专门做一个祭祀台，把九鼎搁在台上，这样做，落俗套不说，起码不适合大禹乘车检阅。以后，考虑到文献记载九州的得名多与动物有关，如豫州与象有关，荆州与鳄鱼有关，干脆，每个鼎都安排一个与该州方位大致有关的动物驮起，接受大禹的检阅，可能气氛更为浓烈。实际做的结果，十分理想，用龟、鳄、猪、羊、虎、熊、象和犀牛9种动物分别驮起鹰鼎，迎着龙马车和"大禹治水图"巨幅浮雕，成弧形散开，接受大禹的检阅，显得分外隆重和庄严。看来老百姓对完全写实的9个动物形象非常喜欢，神话园开园没有几天，一些动物的鼻尖便被摸得发黑发亮，让人为之一笑。

由于九鼎面对的巨幅浮雕过宽，为求对应，在九鼎两边，又各摆放一个名为"谏鼓"的铜雕，为神话园增色不少。谏鼓外形奇特，鼓下4只兽脚，鼓上4个翅膀，神话味道十足，人人称奇。谏鼓的设计，是基于先秦古籍《管子·桓公问》中有"禹立谏鼓于朝"的记载，同时参考《山海经·西次三经》中"帝江"系气囊上有 4 翅下有 6 腿的造型，加以改造而成。原来，大禹登上王位后，认为治理天下如治水，最好的办法是直接听取老百姓的意见和建议，便在朝廷设置谏鼓，听到鼓声，马上出来，冬不避寒，夏不避暑，是大禹亲民作风的充分体现。

现在，让我们尽情欣赏大禹巡视九州的壮丽场景把。4000 年前的某一天，华夏广袤的大地上，车辚辚，马啸啸，刚完成治水大业的大禹，驾着心爱的龙马车，风驰电掣地飞奔。车下水雾腾起，一片白云飘来，将全车托向天空。大禹站立车上，环顾四方，百感交集。脚下的土地，是那么的熟悉，黄河、淮河、长江，无数的名山大川，都曾经是治水的战场，无数的治水往事，一幕幕在眼前闪现。想起父亲鲧辛劳治水却壮志未酬，至今难抑悲愤之情；看见昔日滔滔洪水，如今各归河道，驯服流淌，一丝欣慰，挂在眉梢；想到今后一定还会出现的洪水，又不禁忧从中来。治水不能只凭一人之力，将天下划为九州，分州治水，才是万全之策！想到这里，大禹命令龙马，加速前进。他要催促各州筹建进度，让华夏一统，永绝水患。龙马得令，奋起神威，飞速前行。不一会，9 个大鼎，出现在禹的面前。大禹见鼎，思绪万千，九鼎如愿铸成，象征九州划分成功，从此，华夏一统，心想事成。至此，大禹发出会心的一笑，龙马奔驰得更欢了……

大禹文化传承

Inheritance of the Great Yu Culture

大禹祖训与中华家训家风的传承与发展

王　韵①

　　摘要： 家训家规是以家庭为范围的一种道德教育模式，家训在我国已有三千多年历史，其资料卷帙浩繁，蕴涵的思想十分丰富，是中国文化传播的最古老的形式，家训文化是中华传统文化尤其是道德文化在家庭层面的阐释和体现，是中华文化传承的重要纽带。大禹和尧舜之间的和谐关系是大禹祖训文化产生的重要历史背景。大禹祖训的优良家风和家训文化，不仅影响了大禹家族及其后人，而且对中国的家庭道德教育文化的发展，以及中华民族精神的传承都产生了一定积极的影响。

　　关键词： 大禹祖训　中华家训家风　传承与发展

The Inheritance and Development of the Great Yu's Ancestral Discipline and the Chinese Family Rules and Style

Wang Yun

Abstract: Family discipline is a kind of moral education mode within a family, which has a history of more than 3,000 years in China. Its materials are vast and its ideas are very rich. It is the oldest form of Chinese cultural propagation. Family discipline culture is the interpretation and embodiment of Chinese traditional culture, especially moral culture at the family level, and is important heritage of Chinese cultural . The harmonious relationship between Great Yu and Yao and Shun is an important historical background for the emergence of Great Yu ancestral precepts culture. The fine family style and family training culture of

---

①王韵：四川省社科院历史所副研究员。

Wang Yun: associate researcher of Institute of History, Sichuan Academy of Social Science.

Great Yu not only affected his own family and its descendants, but also had a positive impact on the development of Chinese family moral education culture and the inheritance of Chinese national spirit.

Key words: the Great Yu's ancestral discipline, Chinese family, discipline, inheritance and development

我国家训教育有着悠久历史,家训文化是中华民族优秀传统文化的重要组成部分。中国传统家训的起源时间当在上古尧舜之时,而且归根到底是源于"上古之时人们父子相传、口耳相授的生产生活实践"。②大禹最早提出民本思想,并留下祖训"民惟邦本,本固邦宁"。③大禹的民本思想与中华家训家风的传承和发展有何紧密关系,大禹祖训对中华民族精神的丰富和发展,以及中国家庭教育文化的进步产生了什么样的积极影响,都需要对此进一步探讨。

一、大禹祖训文化产生的历史背景

家训是以家庭的存在为前提的,我国父权制家庭产生于黄帝时期,从五帝到西周,是我国传统家训的萌芽时期,禅让地位与世传家学是其主要表现。"中国传统家训的起源时间当在上古尧舜之时,且归根到底是源于上古之时人们父子相传、口耳相授的生产生活实践。"如果从时间上来断定,则当是伴随着以血缘相系的家庭关系的形成而产生的"。④

大禹和尧舜之间的和谐关系,以及大禹本身的德行功劳是大禹祖训文化产生的重要历史背景。"五帝"为中华民族之祖,三皇五帝往往以自身的言行来给世人做榜样学习。尧、舜都被认为是聪明神圣之人,或者智慧超群,或者盛德有口碑。"万邦之君让于贤",二人皆出于公心,先后禅让"王位"给予贤者。尧舜的禅让是氏族社会尚贤的传统美德,尧、舜、禹都经过较长的考验期,具有广泛的群众基础,显示出了卓越的才干。

在这样的政治文化背景下,据《尚书·尧典》记载,尧在位时挑选耕于历山之下

②徐少锦、陈延斌:《中国家训》,陕西人民出版社,2003 年,第 74 页。
③吴哲楣:《十三经·尚书》,国际文化出版公司,1995 年,第 75 页。
④林庆:《家训的起源和功能——兼论家训对传统政治文化的影响》,《云南民族大学学报》2004 年第 3 期,第 73 页。

的舜做帝位继承人。尧对舜进行考察的第一项内容，就是看他如何处理家庭关系。当时的舜在"父瞽叟顽，母嚚，弟象傲"的家庭环境下，仍然做到了"克谐以孝"，又"降二女于妫，嫔于虞"，⑤观其处理夫妇关系的能力，舜内行弥谨。帝尧经过多年观察和考验，才选定舜做他的继承人。舜登天子位后，去看望父亲，仍然恭恭敬敬，并封象为诸侯。这种由家事而推及政事的情况，在当时是极受重视的。

舜是帝尧选定的帝位继承人，在登临了天子位，摄政以后，一直对禹很器重，并且以身家性命担保，向帝尧推荐禹负责治水大业。禹的父亲鲧以治水闻名，他将有关治水的知识和本领传授给儿子禹，水利知识便成为禹的家学，禹也因此成为著名的部落首领。"由此可见，中国有史以来最早的教育是在氏族家庭内部进行的家庭教育，它是捍卫家族权利的手段，维持富贵、权力的重要途径之一"。⑥鲧治水9年，禹治水13年，禹吸取了共工和鲧治水失败的教训，以疏导河流为主，辅以截堵。禹为了治水，"劳身焦虑思，居外十三年，过家门而敢不入。薄衣食，致孝于鬼神。卑宫室，致费于沟淢。陆行乘车，水行乘船，泥行乘橇，山行乘樏"。⑦经过22年的艰苦卓绝的努力，禹终于平定了洪水。《史记·五帝本纪》云："唯禹之功为大，披九山，通九泽，决九河，定九州，各以其职位贡，不失其宜"，⑧对大禹治水的功劳做了充分肯定和高度评价。舜帝便委任禹为百官之长，主持政务，率领百官佐自己治理国家。后来舜禅位给禹时，总结了自己治国的经验，说了一番经国安民的大道理，要求禹"克勤于国，克俭于家"，⑨将家政与国政作了密切联系，这可以看作是传统儒学所倡扬的所谓"齐家治国"起源了，从中可以看出中国家训早期的深厚社会根源。

二、大禹祖训文化的主要内容及其影响

在三皇五帝的上古时代，"由于缺乏文字作载体，部族领袖人物的嘉言郭行也只能靠口耳相传，无法形于笔墨，见诸文字。从语义上说，训是说教，在上古时代只是君主对臣下的教言，实为政令训诂。后来训示则泛指上级和尊长对下属与晚辈的规诫劝勉之语。最初的家训，虽曰是训，其实是亲切的劝告和慰勉之词，后世才逐渐发展

---

⑤王世舜：《尚书译注》，四川人民出版社，1982年，第10页。
⑥欧阳祯人：《中国古代家训的起源、思想及现代价值》，《理论月刊》2012年第4期，第37页。
⑦[汉]史马迁：《史记》，线装书局，2006年，第5页。
⑧[汉]史马迁：《史记》，线装书局，2006年，第3页。
⑨李民、王健：《国学经典译注丛书·尚书译注》，上海古籍出版社，2012年，第21页。

演变而为严肃的教条律则"。⑩

　　商、周时汇编成册的《尚书》，是我国历史上最早的政事史料汇编，大禹祖训文化的主要内容首先体现在《尚书·五子之歌》之中，《五子之歌》相传为禹的后裔所作。据《尚书·夏书》的记载，《五子之歌》从重要的侧面歌颂了大禹的贤德，是大禹的孙子和夏朝的第二代启的儿子太康因荒于逸豫失去王位之后，他的五个弟弟在洛水之滨所作的五首悲歌，全篇主要内容就是叙述大禹之戒。

　　《五子之歌》第一首就突出歌吟了大禹的祖训："皇祖有训，民可近，不可下。民惟邦本，本固邦宁。予视天下，愚夫愚妇，一能胜予。一人三失，怨其在明，不见是图。予临兆民慎乎若朽索驭六马。为人上者，奈如不敬！"⑪这一条祖训主要讲了当权者对民众的态度问题。也就是说，祖先大禹在世时就有训诫，对于民众只可亲近，不可轻视。民众是国家的根本，只有这个根本牢固了，国家才能安宁。我看天下百姓，即便是愚夫愚妇，也有能超过我的。一个人犯三次过失，百姓怎能不产生埋怨情绪呢？对于老百姓心理不满的情绪，难道一定要等到都明显激化时才采取措施吗？恰恰相反，要在百姓们的埋怨才开始，很细微，还没到明显表现出来的时候就要去解决它。我治理天下亿兆民众，心理危惧的像用腐朽的绳索来驾驭六匹大马。作为一个管理民众的人，怎么能不敬畏谨慎呢？《五子之歌》第二首同样记述了大禹对后世子孙的教诲："训有之：内作色荒，外作禽荒，甘酒嗜音，峻宇雕墙。有一于此，未或不亡。"⑫也就是说，管理国家的统治者如果在内迷恋女色，在外游猎翱翔。只喜欢喝酒和爱听乐音，只喜欢修建高高的建筑大殿，还极尽雕饰宫墙这些奢侈的事。这类的事只要有一桩，就没有国家不灭亡的。

　　除了《五子之歌》，大禹以德为治的思想也是大禹祖训的重要组成部份，而《遂公盨铭》上就有目前所知中国最早的关于大禹及德治的文献记录。遂国在今山东宁阳西北，是舜的后人建立的国家，世代恪守舜的明德。《遂公盨铭》不仅记载了大禹治水的事迹、功绩，而且多处提到大禹号召国民要按德行事。铭文的内容意思大致为："上天命大禹布治下土，随山刊木，疏浚河川，以平定水患。随之各地以水土条件为据交纳贡赋，百姓安居乐业。大禹恩德于民，百姓爱他如同父母。而今上天生我为王，我

⑩ 卢美松：《中国古代家训溯源》，《福建史志》2017年第5期，第6页。
⑪ 吴哲楣：《十三经·尚书》，国际文化出版公司，第75页。
⑫ 吴哲楣：《十三经·尚书》，国际文化出版公司，第75页。

的子臣们都要像大禹那样，有德于民，并使之愈加完善。对父母要孝敬，兄弟间要和睦，祭祀要隆重，夫妻要和谐。这样天必赐以寿，神必降以福禄，国家长治久安。作为遂国的国公，我号召：大家都要按德行事，切不可轻慢！"要求民众既要任重自身的修身养性，要孝顺父母、兄弟友善、婚姻和谐，注重对祖先和神灵的祭祀。君王及官吏要有德于民，顾念天下的老百姓，只有这样，百姓才能"好其德"，君王统治才能长治久安，天下才能安定。

三、大禹祖训对于中华家训家风传承和发展的现实意义

中国古代社会是在血缘氏族基础上建立起来的，而且作为大陆国家，世代以农立国，农民祖祖辈辈生活在同一片土地上，这种经济的原因将家族利益看得至高无上，发展出了家族制度。也就是说，血亲关系是以家庭为本位、家国同构社会的基础。

家是社会的组成细胞，社会的有效运转在于每个家能够有效地发挥作用。大禹最早提出的民本思想是中华民族的优秀传统价值观，也是中华民族优秀家教文化的萌芽。大禹祖训中的家庭教育思想，是先祖修身齐家治国平天下的基本道德规范，大禹的祖训文化已经成为了中国传统文化的重要组成部分，对中国的家庭教育，以及中华民族精神的形成都产生了积极的影响。大禹祖训的优良家风和家训文化，不仅影响了大禹家族及其后人，而且对中国的家庭道德教育文化的发展，以及中华民族精神的传承都产生了一定积极的影响。大禹勤俭持家和忠信孝悌的人格培养，修仁行义的道德要求，教子以严、反对溺爱的德育方法，这些理念对于当代家庭教育具有深远的借鉴意义。

家训文化构成了家文化的主干，而家文化又组成了中国传统文化最为核心和根本的部分，数千年来支撑、体现着中国人的基本价值观。在我国传统社会中发挥重要的政治教化和道德制约的作用，对维护家庭和睦和社会生活稳定，推动我国农耕社会的文明进步也产生了积极影响。家训家规不仅是官员得以治家修德的重要方法，也是以儒家为代表的社会主流阶层实现大众化的重要途径。"我们从中华民族孝道文化的式微，以及当下社会上所存在的各种家庭伦理困境中，能够看到，中国历史上的家训文化对家庭建设起到的重要作用和积极意义。"[13]今天我们传承并且弘扬中华民族的传

---

[13] 胡申生：《中国家训家风中的文化传承》，《决策》2015年第3期，第49页。

统家庭美德，对中华传统家训文化的精华加以合理吸收，并努力使其得到创造性转化以及创新性的发展，就能为在新时代形成的良好的家风家教提供丰富的滋养来源。

"大禹文化"在德教中的实践研究

——以晴川阁武汉大禹文化博物馆为例

刘国斌　胡　欢[①]

摘要： 大禹是中华民族英雄人物的代表和精神象征，"大禹治水"的故事家喻户晓，流传千古，激励代代中国人励精图治、实干兴邦。当下建设新时代中国特色社会主义必须弘扬大禹精神，它是爱国主义与民族精神最直接的体现。而以博物馆为基地围绕"大禹文化"广泛开展社教活动，既是对优秀传统文化的继承与发展，又是对青少年品德教育的实践与升华，所以将"大禹文化"融入青少年德育教育研究是一项重要的内容。

关键词： 大禹文化　德育教育　方法研究

A Practice Study of "the Great Yu" Culture in Adolescent Moral Education
——An Example of Wuhan Great Yu Culture Museum

Liu Guobin Hu Huan

Abstract: Great Yu is a spiritual symbol of Chinese national heroes. The legend of "Great Yu taming the flood" has inspired generations of Chinese people to develop and prosper. In the process of building socialism with Chinese characteristics, we must carry forward with the "Great Yu" spirit, which has best shown the core value of patriotism and national spirit in China. Integrating the value of "Great Yu" with adolescent activities based

①刘国斌：晴川阁武汉大禹文化博物馆馆长、研究馆员。
Liu Guobin: Qingchuan Pavilion, Wuhan Great Yu Culture Museum, director, researcher.
胡欢：晴川阁武汉大禹文化博物馆办公室馆员。
Hu huan: Qingchuan Pavilion, Wuhan Great Yu Culture Museum, Administration Department.

on museums not only contributes to the development of Chinese civilization, but also promotes the practice of adolescent moral education. Therefore, it is an important task to combine the "Great Yu"culture and adolescent moral education.

Key words: Great Yu culture, moral education, method study

一、"大禹治水"的历史传说

"大禹治水"在华夏大地传颂四千多年。据《山海经·海内经》记载："洪水滔天，鲧窃帝之息壤以埋洪水，不侍帝命，帝令祝融杀鲧于羽郊。鲧腹生禹，帝乃命禹率布土以定九州。"

传说在尧舜时期，黄河流域经常发生洪灾。为抑制水患，保护生产和人民生活，尧帝召集部落首领商议推选治理洪水人选。众大臣和部落首领推举鲧。鲧受命后，采用"堵"的方法筑堤治水，九年无功，最后被放逐羽山而死。舜帝继位后，任用鲧的儿子禹来治水。禹总结父亲治水经验，改"围堵筑障"为"疏顺导滞"，把洪水引入疏通的河道、洼地和湖泊，然后合通四海，平息了水患。经过 13 年治水，禹根据山川地貌，将中国分为九州：冀州、青州、徐州、兖州、扬州、梁州、豫州、雍州、荆州。禹从整体上治水，采取疏通结合的方法，使荒土变成沃田，百姓得以从高地迁回平川居住、安居乐业。禹因治水有功，受到民众拥戴，舜禅让王位于禹，成为夏朝首位君王。世人感念他的功绩，为他修庙筑殿，尊奉为"禹神"，整个中华大地被称为"禹域"。这个历史传说告诉我们中国自上古时代伊始，华夏先贤就有不畏艰难、善于创造、敢于拼搏、团结协作、自强不息的聪慧基因，这些卓著的品性能启迪后人该如何演进社会的进步与发展。

二、古晴川阁的大禹文化

晴川阁又名晴川楼，是明代嘉靖年间（1522~1566 年）汉阳知府范之箴为勒记大禹治水功德而兴建，其名源自唐代诗人崔颢的"晴川历历汉阳树，芳草萋萋鹦鹉洲"诗句。晴川阁冠盖四方，与黄鹤楼隔江相望，在 6300 公里长江地貌上仅此一见。由于得天独厚的地理位置、巧夺天工的设计造型以及诸多文人墨士的赞咏，使它赢得了光鲜的历史地位，因此，享誉"三楚胜境""千古钜观""楚国晴川第一楼"的美称。晴川阁馆内始建于南宋绍兴年间的禹稷行宫、明代嘉靖年间的晴川阁均为武汉地区历代老百姓祭祀大禹之地。馆内其他大禹传说遗存，如禹功矶、禹碑亭、禹柏等，都有着悠久的历史文化底蕴。

禹功矶，晴川阁基座下有一块自江中凸起的石矶，传说是大禹治水时疏江导汉，使江汉在此处交汇，朝宗入海，为纪念大禹驯服洪水而命名。现在最早关于禹功矶的记载可追溯至元代林元《大别山禹庙碑记》。据记载，唐以前称禹功矶，唐以来称吕功矶，后者是讹传。元代复名禹功矶，并在矶上复建大禹庙。

禹稷行宫曾为大禹庙，又称禹王庙、禹王祠，始建于南宋绍兴年间，元大德八年（1304年）复建，在祭祀大禹的基础上，又加祀后稷、伯益、八元、八恺等先贤。明天启年间更名为"禹稷行宫"。

2013年，禹稷行宫被国务院公布为全国重点文物保护单位。

禹碑亭中的两块禹碑，一为清顺治庚子年（1660年）由著名文士毛会建自衡山摹刻于此的；二为清乾隆三十五年（1770年）李振义摹刻的。相传大禹治水"功成刻石衡山"，这块石刻，原刻在湖南衡山的岣嵝峰，又称"岣嵝碑"，也就是"禹碑"。唐宋时期就有关于禹碑的传说，唐代文豪韩愈还为此赋诗，但多数人遍访衡山而不见此碑，直到南宋嘉定年间（1208~1224年），这块碑才被发现，并摹刻于四川夔门和岳麓书院。碑上共有七十七字，奇特难识，有人认为是"蝌蚪文"，有人认为是"鸟虫篆"，有人则断其为"篆书"，历代虽有人想辨识，但都不能解释出碑文的意思。明嘉靖年间江南才子杨慎释出碑文并为此写了一首《禹碑歌》，碑文大意是：禹受舜命，艰苦卓绝地治理了洪水，使天下"衣制食备，万国其宁"。从此禹碑闻名天下，被摹刻于全国名山之中，大江之畔。

禹柏，据《大别山志》载："古柏在晴川阁侧，相传为大禹所植，根达于县北四十余里柏泉井（现东西湖柏泉农场内）"，北宋文豪苏东坡游历大别山时，住在太平兴国寺（原在禹稷行宫西北侧，现已不存），见寺内大殿前有棵古柏，听僧人说相传是大禹所栽时，当即赋诗一首："谁种殿前柏？僧言大禹栽。不知几千载，柯干长苍苔。"禹稷行宫前柏树相传也是大禹所栽。元诗人虞集曾有诗曰："凭陵霜雪鼓风雷，此树相传禹手栽。想见楼头黄鹤客，一年一度此山来。"元代还有人画过禹柏图，当时著名文学家吴师道还为此图题诗。至明代有人为古柏建亭以纪念大禹。柏树与柏亭已毁于战火，现已不存。但古柏——当年的汉阳树，作为汉阳晴川阁之旧景则成为后人的一个话题。

1995 年，晴川阁大禹文化博物馆被命名为武汉市"爱国主义教育基地"。"爱国主义教育基地"是引导广大青少年树立正确的理想、信念、人生观、价值观，促进中华民族振兴的一项重要工程。大禹文化蕴含的人文历史和自强不息的民族精神，赋予了晴川阁永久的文化魅力。2016 年晴川阁"大禹治水传说"已获选湖北省非物质文化遗产，下一步拟申报国家非物质文化遗产。

三、"大禹文化"的价值体现

大禹是华夏神州奠基立国的先祖，其伟大的功绩是：治水与立国。治水，奠定了立国之根基；立国，巩固了治水之成果。使散落的部落联盟形成了民族统一的国家。大禹文化体现的精神，已成为历代仁人志士为实现理想不屈不挠，艰苦奋斗的精神支柱和力量源泉。"大禹精神"的内核主要体现在以下几个方面：

艰苦奋斗，坚韧不拔的创业精神。据《史记·夏本纪》记载，大禹在治水过程中"劳身焦思"，"薄衣食，致孝于鬼神；卑宫室，致费于沟淢；陆行乘车，水行乘船，泥行乘撬，山行乘樏；左准绳，右规矩，载四时，以开九州，通九道，陂九泽，度九山"。《韩非子·五蠹》记载："身执耒臿，以为民先。股无胈，胫不生毛，虽臣虏之劳，不苦於此矣"。《史记·五帝本纪》记载："汤汤洪水滔天，浩浩怀山襄陵"，在生产力水平极端低下的原始部落时期，抵御自然灾害，制服洪水。禹临危受命，在困难面前没有退缩，毅然挑起前所未有的治水重担，13 年间走遍大河上下，劈开龙门和伊撅，凿通积石山和青铜峡，身先士卒，艰苦卓绝，使得洪水循轨道。正是大禹这种艰苦奋斗，坚韧不拔的开拓进取精神，使他成为中国历史上最具创造力和影响力的英雄典范。

尊重自然，求真务实的科学精神。《书·益稷》记载："予决九川距四海，濬畎浍距川"；《孟子》记载："禹疏九河，瀹济漯而注诸海，决汝汉，排淮泗而注之江"；《史记·夏本纪》记载："九河既道，雷夏既泽，雍、沮会同，桑土既蚕，於是民得下丘居土"。大禹治水成功是在总结前人的经验教训基础上，实地调查勘测，科学决策的结果。禹父采用"围堵筑障"的方法治水只能收到短期效果，而隐患不绝。禹顺水性，把握规律，因势利导，改"堵"为"疏"，不但制服水患，还引水灌溉农田，得以水利。此外，禹善观天象，察星辰，探寻日月星辰的运行及春夏秋冬的更替规律，制定了我国历史上第一部历法（夏历）颁行天下，让农民顺应农时，适时播种和收获，促进了生产力的发展。大禹治水的历史赋予了大禹文化实事求是、勇于创新的精神特点。

造福于民，大公无私的奉献精神。据《吴越春秋》记载，禹三十未娶，后来"恐时之暮，失其度制……因娶涂山"；《吕氏春秋》记载："禹娶涂山氏女，不以私害公，自辛至甲日，复往治水"；《尚书·皋陶谟》记载：治水在外，禹"娶于涂山。辛壬癸甲。启呱呱而泣。予弗子。惟荒度土功"；《史记·李斯列传》记载：通过"凿龙门，通大夏，疏九河，曲九防"，足迹遍布神州，"手足胼胝，面目黎黑"。历经千辛万苦，奋斗在治水一线；《尚书·禹贡》记载：禹最终使"九州攸同，四隩既宅，九山刊旅，九川涤源，九泽既陂，四海会同。"其中蕴含的大公无私的人民公仆精神激励了一代又一代中华儿女。

在中华文明发展史上，大禹仁德爱民、选贤任能、躬亲劳苦、鄙薄奢侈、好善言、能纳谏的优良品德为后人景仰。大禹治水的传说为后世留下了千古佳话，近年关于"禹"其人的研究可谓越来越热，历史上是否确有其人并无定论。但大禹并不是一个人或一个神的思想，而是中华民族精神的丰富集合。"大禹治水"是华夏部族习俗道德活动的反映。虽然"大禹治水"发生在上古时期，距离生活于当下的我们十分遥远，但儒、墨、道、法等诸子著作在记述、编制大禹历史面貌的同时，将自身学说的基本立场和观点对大禹的形象和功绩进行了价值层面的判断和评估，实现了历史和现实的沟通。后世对大禹及其故事进行还原的时候也注重投入时代的影子，使大禹精神超越了时空的界限。后人在漫长岁月中不断践行着这些传统美德，并得以发展和提炼，在现实的社会生活中获得新生和升华。今天对大禹的感悟，是进一步挖掘以大禹为代表的中华优秀传统文化和民族精神，并加以发扬光大，以冀大禹精神转化为人们建设祖国、造福社会的巨大动力，实现中华民族伟大复兴。

四、"大禹文化"的题中之义

2015年12月30日，习近平总书记在中共中央政治局第二十九次会议中强调："伟大的事业需要伟大的精神。弘扬爱国主义精神，必须把爱国主义教育作为永恒主题。要把爱国主义教育贯穿国民教育和精神文明建设全过程。要深化爱国主义教育研究和爱国主义精神阐释，不断丰富教育内容、创新教育载体、增强教育效果。要充分利用我国改革发展的伟大成就、重大历史事件纪念活动、爱国主义教育基地、中华民族传统节庆、国家公祭仪式等来增强人民的爱国主义情怀和意识，运用艺术形式和新媒体，以理服人、以文化人、以情感人，生动传播爱国主义精神，唱响爱国主义主旋律，让爱国主义成为每一个中国人的坚定信念和精神依靠。要结合弘扬和践行社会主义核心价值观，在广大青少年中开展深入、持久、生动的爱国主义宣传教育，让爱国主义精神在广大青少年心中牢牢扎根，让广大青少年培养爱国之情、砥砺强国之志、实践报国之行，让爱国主义精神代代相传、发扬光大。"习近平总书记的谆谆话语，与"大禹文化"的精髓一脉相承，同时，为我国青少年德育教育工作指明了方向。晴川阁武汉大禹文化博物馆作为对外宣传精神文明的重要窗口和基地，将爱国主义教育和传统文化教育有机结合起来，充分发挥博物馆资源优势，为青少年开辟了丰富的第二课堂。

"大禹活动周"品牌。围绕"大禹"文化主题，结合传统文化特色与博物馆社教功能，开展丰富多彩的青少年社教活动。在2007年首届活动周期间，除了开展主题队会、参观景区等常规内容外，博物馆还组织学生到与景区毗邻的"大禹治水"神话公园，现场结合雕塑与图片，为学生讲解大禹治水的历史故事，同时开展"大禹在我心中"主题手抄报评比活动。这一次活动组织了全区近十余所中小学，吸引了近万名中小学生参加。由于活动规模、社会影响瞩目，市教育局将晴川阁武汉大禹文化博物馆定位为"青少年教育活动基地"，并着手联合将"大禹活动周"打造成全市教育品牌。第二届"大禹活动周"以"传统文明礼仪实践活动"为主题，展示了颇具新意的"行为规范操"、快板"文明礼仪歌"等项目，并朗诵了专门为"大禹"创作的《学先贤大禹，做现代文明人》的四言诗。其中"做一个有道德的人"演讲比赛更是将活动周的人气推向高潮，活动周内吸引了近万名中小学生参与，武汉教育电视台进行现场直播，"大禹活动周"品牌效应得到市民认可，成为中小学与家长开辟"第二课堂"的选择。

据博物馆策划部门回访，校方、家长们均对以传统文化结合现代德育的创新方式颇为赞赏，学生们表示博物馆活动丰富而更具互动性，极大提高了对传统文化的兴趣和对现代文明礼仪的认识。在前两届初具规模的"大禹活动周"策划基础上，新一届的"大禹活动周"如期举行，活动形式更加丰富而契合青少年教育实际。"绿色畅想"环保主题教育、"走近中山舰"夏令营等系列活动鼓励青少年走近历史，反思当下。让《走近博物馆——武汉地区博物馆巡礼》图片展走进校园，围绕主题开展了"我和博物馆"主题征文和"爱上博物馆——博物馆知识竞答"等活动，博物馆走近青少年，让青少年走近博物馆，充分发挥博物馆的社会"第二课堂"作用。近年来，"大禹活动周"内容和形式不断丰富、拓展，并紧密结合时代特点和社会热点，已经成为本地区知名度颇高的青少年活动品牌，社会反响强烈。2011年晴川阁武汉大禹文化博物馆被评为"湖北省首批红领巾教育实践基地"。

大禹祭祀活动。为了感念大禹因公忘私、忧国为民的高尚品德，每年洪汛期间，人们都在禹稷行宫举行祭祀活动，祈求平安。2005年5月1日首届"中国武汉大禹文化旅游节"在晴川阁隆重开幕，期间举行了武汉市自新中国成立以来的首次公祭大禹活动，市委、市政府、市人大、市政协等主要领导参加了公祭仪式。整个公祭仪式布置庄重，氛围热烈，遵循了古代礼祭的肃立雅静、奏乐、恭读祭文、行礼、颂歌等各项程序和仪式。祭祀活动内容的设计上突出了"歌颂大禹、纪念大禹、学习大禹"的精神内核，把大禹精神体现在每一个活动、每一道程序，每一个细节中。置身现场，仿佛切身感受到"大禹功德，福泽绵长"，起到了激励民心、振奋精神的作用。通过公祭大禹活动，进一步弘扬以爱国主义为核心的民族精神与改革创新为核心的时代精神，增强大禹祭典的影响力，增强民族的自豪感和感召力。

展陈切题"大禹治水"，突显"爱国主义教育"。博物馆常设基本陈列有《九州禹踪》和《水与城——武汉治水史迹》。《九州禹踪》展现了大禹治水的足迹所到之处和各地人民对大禹治水功德的纪念，寄托了对大禹的崇敬之情。《水与城——武汉治水史迹》则通过一百多幅珍贵的资料、图片，反映了武汉历代治水的轨迹和英雄的武汉人民在防汛抗洪中形成的永不屈服、舍生忘死的精神。讲解传播的过程至关重要，晴川阁武汉大禹文化博物馆在设计讲解词时，特别针对青少年制作了新的讲解版本，贯穿融合了"爱国主义教育"的理念。如讲解词中包含引导式提问："同学们想知道这样雄伟的铁门关背后有怎么样的历史吗？""同学们可以近距离的观察一下禹碑。禹碑上共有 77 个字，文字奇特难识，同学们可以猜出上面写的是什么文字吗？""同学们知道这是什么动物吗？它又叫什么名字呢？古神话传说龙生九子，九子九样，都似龙非龙……""请同学们看身后这座'落地罩'，又叫'垂花门'。里面包含有三个非常吉祥的成语，同学们看出来是哪三个成语了吗？""各位同学……你们有什么疑问的地方，就请问我，希望大家在这次参观中有比较多的收获"。"拔高"式讲解如："他虽为首领，却身先士卒，积极投身于治理洪水的艰苦斗争中，且'三过家门而不入'，这种敢于与自然抗争的勇气和公而忘私的可贵精神，深得后人敬仰"等。独具特色的"青少年版"讲解词，更好地发挥了"寓教于观（游）"的功能，激发了青少年对华夏民族历史故事、传统文化的兴趣，培养了中华传统美德和爱国主义情操。

"请进来、走出去"社教活动。自 1986 年开放以来，博物馆以本景区及周边历史文化遗存为依托，积极挖掘研究大禹文化，先后举办了《98 抗洪图》展览、《抗美援朝英烈事迹展》《雷锋精神永恒展》《抗洪英烈展》等以宣扬中华民族顽强不屈、众志成城精神为主题的系列展览，无疑是"大禹"精神在当代的传承和发展。此外，把临时展览与流动展览结合起来，先后举办大型巡展《孙中山与武昌首义》《武汉工业百年》《走进博物馆——武汉地区博物馆巡礼》采取组织学生集体到景区参观、送展上门、举行主题队会等方式，对全市近百万人次的青少年进行爱国主义教育，反响强烈。

每逢传统佳节如春节、元宵、端午、中秋等，博物馆依托丰赡的历史文化资源，开展了丰富多彩的传统文化社教活动，如"大红灯笼高高挂——迎新春 DIY 创意彩绘灯笼""元宵猜灯谜""粽情端午祭屈原，汉服礼仪耀华章""宛若初见，君爱于心——汉民族传统婚礼习俗展演""中秋诗会"等，向青少年展示了中华传统习俗和礼仪，培养了民族自豪感和爱国情怀。

互动式体验与博物馆教育紧密结合，晴川阁大禹文化博物馆近年推出的"演绎大禹治水历史表演""晴川小作坊""晴川艺术课堂""行走大武汉"城迹寻访、"墨拓"等系列活动，极大地吸引了广大中小学生，动手参与、互动交流的方式提升了对传统文化的认知与热爱，现已成为博物馆品牌的社教活动。

社教离不开"爱国主义教育基地"，晴川阁大禹文化博物馆是爱国情怀融入社会教育的重要阵地，以博物馆为基地围绕"大禹"精神开展青少年社教活动，既是对传统中华文明的继承和发展，又是对当代青少年德育教育实践的提升。因而，将"大禹文化"和"大禹精神"融入当代青少年德育事业是一项重要的课题。

当今我们社会讨论的道德品质、理想信念、价值观念、改革创新、民生大计等等不就是"大禹文化"之根的题中之义吗？

参考文献：

［1］刘国斌、涂家英：《月映江流——晴川阁重建开放三十周年文集》，武汉出版社，2016年；

［2］谢兴鹏：《大禹精神的内涵及其现实意义》，《绵阳师专学报（哲学与社会科学版）》1997年第1期；

［3］李永鑫：《周恩来与大禹精神》，周恩来百周年纪念——全国周恩来生平和思想研讨会，1998年。

让大禹从历史的迷雾中走出来

李佩今[①]

摘要：这是一篇文学评论文章。作者对山东省作家曹尧德先生所著的《大禹传奇》一书，进行了介绍、分析和评价。《大禹传奇》是一部创意极为新颖，有鲜明艺术特色的历史小说。作者塑造的以大禹为代表的众多治水英雄的丰满人物形象，必将增加我中华民族自豪感、增强中华民族凝聚力、弘扬我国民族文化和民族精神、激发炎黄子孙的建设祖国、统一祖国的激情，起到巨大积极作用。

关键词：大禹传奇　文学画廊　治水英雄　文学形象

Let the Great Yu Step Out from the Historical Dense Fog

Li Peijin

Abstract: This is an article on literary criticism. The author introduces and analysis "a legend of the Great Yu" by Cao Yaode, which is a creative historical novel with distinctive artistic features. The plump characters in the book, headed by the Great Yu, are all real Chinese ancient flood-control heroes. The Propagation of their deeds will not only increase contemporary Chinese national pride, but also have a huge positive effect on strengthening the cohesion of the Chinese people and carrying forward the Chinese national culture and spirit.

Key words: legend of the Great Yu, literature gallery, water control hero literary image

---

①李佩今：四川省大禹研究会理事、中国先秦史学会原任理事。

Li Peijin: associate senior editor, member of Sichuan Great Yu Research Institute,former member of Chinese Association of Pre-qin History.

大禹，是一个真实的历史人物。他于公元前2297年出生于今天四川省北川县（原石泉县）羌族乡石纽村，公元前2288年逝世于今天浙江省绍兴市。他是我国古代夏王朝的奠基者和缔造者，也是我国最早的地理专家、水利专家，是我国各民族称颂的古代治水英雄。他带领治水大军，开凿大山、疏浚名川，出家十三载，足迹遍及九州。在当时生产力水平低下，科学不发达，交通不便，工具落后，在十分困难和艰巨的条件下，他终于治理了全国水患，使人民安居乐业，创造出了我国万古流芳的丰功伟绩。难怪世人都称颂他"美哉禹功"，宣传他"巍巍神禹"。

可惜的是，在大禹治水时期，我国还没有文字。当时的历史，只能依靠人们口耳相传。后来，我国虽然有了文字，但自古迄今，对大禹治水也无专书详载其事，更没有人对大禹进行过系统的研究，没有人写出专著布行于世。有关大禹的历史文献资料，都是点点滴滴、零星不全地分散在浩若烟海的古文献史册之中，给后世的人们了解和研究大禹带来了很大困难，使得大禹这个实实在在的真实历史人物，至今还仍然笼罩在由种种神话和传说编织而成的历史迷雾之中。真正对大禹进行系统而全面地历史研究，从古至今还是一个空白。

曾记得过去我读过一本书——《小说考证》。书上说，在清代中期，有个山阴的人，名叫沈藤友，他曾写过一部大禹治水的小说，其书大致以《禹贡》《山海经》诸书附会编撰而成。全书六十卷，一百二十回，后因"惜稿未梯行，舟覆沦于水"，其书始终未曾面世。

到了20世纪90年代中期，山东省龙口市文联副主席、中国著名作家曹尧德先生向我们推出了他所著的《大禹传奇》一书，首次将大禹这个有血有肉的历史人物纳入文学画廊，首次用艺术的表现手法生动地描述了古代大禹治水这一伟大历史事件，首次将大禹从历史传说的迷雾中拉出来，并把大禹从"神"还原成"人"。在我国文学画廊中，又增加了一个古朴鲜活的历史人物形象。《大禹传奇》一书的问世，不论是在文学界，还是在史学界，都是一件可喜可贺的盛事。《大禹传奇》是一部难得的好书。小说创意新颖，内容深刻，描写生动，思路清晰。看来，作者在创作这部小说时，不仅做了大量地搜集、整理、研究和驾驭历史典藉和史料的工作，而且还对距今四千余年时的古代历史文化、地理环境、社会制度，甚至当时的典章、器物、服式、礼仪、饮食、人情、风俗习惯等等，都进行了艰苦的历史考证和研究。大禹治水时期，正是公元前21世纪，我国历史从原始公社的部落社会推进到奴隶社会，并把人类的精神文明与物质文明推到一个新台阶，成为一个空前的大发展、大变革的时期。要写好这一时期的社会生活，展现出当时的时代面貌，在没有文字记载、难以想象、无法体验的情况下，实在不是一件容易的事。而作者由于"坚持有史可依，有证可考者，决不苟和放纵"的创作态度，还"走出书斋，步大禹之后尘"，到九州山水，考察了黄河流域、长江流域和淮河流域。凡大禹足迹所到之处，几乎全都进行过实地考察。通过史籍研究和实地考察，使作家获得了大量的历史知识和感性认识。最后，正如作家所说："可以自豪地说，我有写好这部书的条件和资本"。由于作者作了大量的历史研究和考证工作，所以通读全书，给人的感觉是不论其环境或人物，不论其人其事，都符合历史大背景，贴近生活真实，一切都那么自然，那么合理，没有生编硬造，故弄玄虚的感觉。这充分显示了作家的精博的学识和文学功力。

不可否认，曹尧德先生的《大禹传奇》，绝大部分内容都取材于古代的传说故事。但是，曹尧德先生并没有原封不动地照搬传说，而是另辟蹊径，对传说进行了历史的分析，保留了健康的东西，剔除了不尽情理、不太真实的部分，对有的传说，干脆还进行了彻底否定。作家敢于为历史史事和历史人物翻案。比如，在从古至今众多的文献资料记载中，都传说大禹的父亲——鲧，是一个被否定的反面形象。尧时，鲧和孔壬、驩兜、三苗，并称为尧时之"四凶"，干了不少坏事。据传说，鲧因为治水失败，尧派祝融将鲧处死于羽渊。对此，作家曹尧德先生提出了疑问：尧帝"其仁如天"，对罪大恶极、死有余辜的臣子孔壬都可以免其死罪，流放幽州，为什么对臣子鲧因治水方法失误，却判处了死刑呢？显然是传说有误，或者是尧帝处事不公。作家在自己的小说中，一反史料和传说之所云，将鲧作为一个正面形象进行描写。书中写道："一路之上，鲧见洪水为患，祸及千家，殃及万户，惨景幅幅，悲剧幕幕，心情十分沉重"。在"委以治水重任"后，他"从太原出发，跋山涉水，不畏艰险，昼夜辛劳"。治水中，他"积劳成疾"，但仍然"一年三百六十五日，风餐露宿……每日食不果腹，以草根树皮填塞饥肠"坚持治水不断。后来，由于他治水方法有违客观规律，后患严重，自感有负苍天和百姓重望，自赴羽渊而死。这样写，贴切真实，突出了人物性格，增强了艺术感染力。这个案翻得好。

大禹所处的时代，正是我国从原始社会进入奴隶社会的空前发展变革的时代。公元前的 21 世纪，是一个生产力大发展，整个社会充满着改革活力的时代。作者为塑造一个真实的大禹形象，他牢牢把握住了那个时代的脉搏，在故事的长河里，多处浓墨重彩地描绘出了一种社会改革的活力。如书中所描绘的改石器为铁器的劳动工具改革；选拔重用年轻有才的伯益等人，不拘一格录用人才的人事制度改革；还有典章礼仪的改革，政权制度的改革，特别是治水的方略和措施方面的改革等。没有这些重大的改革，就反映不出大变革时代的特征，也塑造不出以大禹为代表的众多治水英雄的丰满人物形象。

《大禹传奇》是一部创意极为新颖、有着鲜明艺术特色的历史小说。大禹，作为我中华民族一代始祖，他的精神和形象理应载入史册，流传永远；同时，也理应成为不朽的文学形象，永远活在人们的心中。我国是个多民族的国家，具有悠久的历史传统，描述大禹的形象，歌颂大禹的精神，必将增强我中华民族的自豪感，增强中华民族的凝聚力，弘扬我国民族文化和民族精神，焕发炎黄子孙们建设祖国、统一祖国的激情，起到积极的作用。我以为，《大禹传奇》这部书，正是完成了这一历史使命。

武汉大禹文化博物馆见证武汉改革开放四十年的发展

冯璐娟①

摘要：博物馆见证了城市发展，同时城市发展也推动了博物馆的建设。武汉大禹文化博物馆是依托晴川阁古建筑群建立起来的大禹文化专题博物馆，其修复开放至今近四十年时间，正是武汉市改革开放的四十年。本文通过论述武汉大禹文化博物馆重建修复、亮化工程、管理设施更新等基建项目工作成果，反映了武汉改革开放四十年里的城市发展新面貌。

关键词：博物馆　改革开放　武汉　发展

Wuhan Great Yu Culture Museum Witnesses Wuhan's Development during the Reform and Opening-up Period

Feng Lujuan

Abstract: Museums have witnessed the development of cities, and urban development has also promoted the construction of museums. The Wuhan Great Yu Culture Museum is a special cultural museum based on the ancient architectural complex of Qingchuan Pavilion. It has been opening to the public for nearly 40 years after its restoration, during which Wuhan has also experienced its reform and opening-up. By discussing the achievements of the reconstruction and restoration, lighting project, facilities upgrade of Wuhan Great Yu

---

①冯璐娟：晴川阁武汉大禹文化博物馆办公室馆员。
Feng Lujuan: Qingchuan Pavilion, Wuhan Great Yu Culture Museum, Administration Department.

cultural museum, the paper dissertate the new outlook of urban development during Wuhan's 40 years of reform and opening-up.

Key words: museum, reform, Wuhan, development

武汉大禹文化博物馆是武汉市著名的文物景点，座落在汉阳龟山东麓的长江边，是依托晴川阁、禹稷行宫、铁门关古建筑群建立起来的大禹文化专题博物馆。自 1982 年批准古建筑群重建修复至今近四十年，武汉大禹文化博物馆乘着改革开放这艘巨轮扬帆起航，见证了武汉市日新月异、"每天不一样"的城市发展。

一、从晴川阁修复计划的实施感受改革开放初期的城市

（一）改革前城市发展遭受文革重创，文物工作基本停摆，晴川阁原址挪作他用，禹稷行宫濒临垮塌

晴川阁，原建筑在汉阳龟山东麓临江的"禹功矶"上，它与"禹稷行宫"连成一体，依山面水景观开阔。据文字记载，此阁始建于明代嘉靖年间（1522~1566 年），禹稷行宫原名禹王庙，始建于宋代。此组建筑历数百年屡经兴废，最后的建筑均为清同治三年（1864 年）修建。1911 年武昌起义阳夏保卫战中，晴川阁毁于战火，民国年间曾在遗址上修过三间平房代替晴川阁，而禹稷行宫的主体建筑幸存下来。1955 年修建武汉长江大桥时，大桥工程局借用此地，拆掉晴川阁遗址上的平房，临时改建二层办公楼，保存了禹稷行宫。禹稷行宫由于多年失修，大部分梁柱腐朽，山门拆毁，脊饰脱落，建筑有倒塌危险。

（二）改革开放后城市发展步入正轨，文物工作逐步恢复，推动晴川阁建筑群修复计划的重启

文化大革命初期历史文物成为被扫除被批判的对象，遭到严重摧残。1972 年逐步恢复历史文物保护管理工作。1979 年初，武汉市成立武汉市文物管理处，统管全市文物工作，1982 年 8 月，武汉市出台了《武汉市文物保护管理暂行办法》，1982 年 11 月，国家颁布了《中华人民共和国文物保护法》，文物工作有了新的进展，晴川阁的复建工作再次提上日程，并有了实质性的突破。1982 年 1 月，市文物管理处向市政府递交了《关于修复汉阳"晴川阁"（包括"禹王庙"）的报告》。1982 年 6 月，市政府向

省政府递交了《武汉市人民政府关于修复汉阳晴川阁的请示》。1982 年 8 月，市文物管理处收到了武汉市计委《关于复建"晴川阁"计划任务书的批复》。

（三）改革开放初期对外开放政策的需要及城市旅游业的发展，加快晴川阁建筑群修复计划的实施

"省人民政府：晴川饭店大楼即将竣工，饭店因以命名的晴川阁，亟待修复。……解放后，市人民政府将晴川阁（包括禹王庙）公布为市级文物保护单位。建大桥时，根据省、市政协联合会议的建议，省、市人民政府决定，重建黄鹤楼的同时修复晴川阁（包括禹王庙）。现重建黄鹤楼已破土动工。作为隔江相望的晴川阁，亦应修复；禹王庙濒于坍塌，亟待维修。特别是离禹功矶不远的晴川饭店即将竣工，明年五月正式营业，接待外宾和旅游客人。因此，修复晴川阁（包括禹王庙）既保护了文物，又有利于接待外宾和旅游客人。……"[②]晴川饭店是武汉市第一座超高层建筑，曾是武汉最大的外事旅游饭店，是江城开放的最早标志。从这份文件中，我们感受到了武汉开放的步伐已经迈出，改革开放政策下催生的文化旅游业促使晴川阁建筑群的复建修复工作变得更加急迫。

（四）改革开放后的经济调整时期，物质供给仍不充足，建材、粮食和经费短缺贯穿晴川阁建筑群复建工程始终

"武汉市计委：……现经市计委武计基[82]220 号文已批了'晴川阁'复建工程，并计划维修'八七会址'、'卓刀泉'等地，因为以上三处建筑物均为砖木结构，为此，我们特将 1983 年度内工程实需的三材计划报呈，请列入供应计划。木材：500M3，钢材：80T，水泥：600T。"[③]

"市计委：晴川阁复建工程，为我市市政建设的十件大事之一。……据我们初步测算，禹功矶四周的石台基，必须用片石、条石补砌，内用毛石砼充填，砌体约为 2000 立方米，故急需 400 号水泥 100 吨……"[④]

"市文物管理处：……同意……从孝感地区组织民工、农村建筑队肆拾名，承担下列施工：汉阳晴川阁护坡工程。（时间限至八三年三月底）……十四店：凭省票每月供粮贰仟斤，供应到三月底。"[⑤]

[②]《武汉市人民政府关于修复汉阳晴川阁的请示》（武政文 [1982]81 号），1982 年 6 月 13 日。
[③]《关于申请晴川阁等复建工程材料的报告》，1982 年 12 月 20 日。
[④]《关于晴川阁基础工程征需水泥指标的报告》，1983 年 11 月 24 日。
[⑤]《关于增拨民工、农村建筑队的通知》，1983 年 12 月 13 日。

以上文件反映了，上世纪八十年代初，改革开放政策出台不久，国家经济进入调整时期，生产力发展还有待提高，柴、米、油、盐、建材等物资仍要凭计划供应，晴川阁建筑群复建工程在面临重重困境的情况下不断向前推进。

二、从铁门关的重建，感受改革开放和现代化建设步伐日益加大

晴川阁景区于 1986 年 10 月 1 日正式开放，据数据显示，1986 年开放 3 个月，景区接待量就达 10 万余人次；1989 年为 11.5 万余人次。为了使晴川阁文物景区与龟山连成一体，更好地发挥其多种效益，满足人民群众日益增长的文化生活需要，铁门关重建工程开始，于 1993 年建成并对外开放。铁门关位于汉阳龟山东麓，原结构与禹功矶相连，始建于三国时期，后毁于明、清之际。重建时遗址尚存，是市区内唯一可修复的，并能证明武汉三镇在历史上有着重要战略地位的古代关隘。

三、从大禹文化博物馆景区亮化工程看武汉市城市发展新景观。

（一）从大禹文化博物馆"亮起来"工程感受武汉市山水园林城的建设，城市建设从旧城破屋改造逐步转向环境创新

20 世纪 90 年代后期，根据武汉市委、市政府关于环境创新的总体部署，各城区及相关单位开拓和发展"亮起来"景观工程，取得了较好成绩。武汉市"亮起来"工程在国内产生了良好的反响，各地市民专程来汉参观。

大禹文化博物馆地处武汉三镇中心地带，为大都市中不可多得的名胜景区。为突出其重要的窗口地位，为海内外游客和广大市民营造一个"洁、绿、亮、美"的景区，该馆于 1998 年被列为全市首批百家"亮起来"工程项目之一。第一期项目完成后，适逢武汉人民战胜 98 特大洪水及中秋佳节的来临，馆内推出了以慰问抗洪英模为主题的"今宵月更圆"中秋赏月活动，亮起来的古建筑群，在社会上引起强烈反响。

（二）从大禹文化博物馆二、三期亮化项目看武汉市打造"两江四岸"亮化工程

2000 年，"两江四岸"亮化工程成为武汉市环境创新工作的重要组成部分，"夜游长江"计划被列入政府工作目标。大禹文化博物馆在一期亮化的基础上又完成了二

期、三期亮化，使长江大桥到南岸嘴一线的长江北岸亮化连成一片，建筑群独特的艺术风貌得以完整体现。整体亮化工程采用了最新的技术、工艺和器材。在 2001 年 9 月的《"两江四岸"亮化工程工作总结》中有这样一段描写，"晴川阁那古老的历史建筑，源远流长的荆楚文化与现代高科技光源融为一体，白色光源的沿江长廊、绿化反衬的绿化带和黄色光源围饰照射下的晴川阁楼体，犹如海市蜃楼、人间仙境。"

（三）2009 年大禹文化博物馆亮化再次提档升级，体现武汉"景观灯光特色化"的建设要求

建国 60 周年之际，武汉市坚持科学发展观，围绕"两型社会"建设，全面提升"两江四岸"灯光环境水平，形成层次分明、错落有致、明暗有序、特色鲜明的滨江夜间景观带，达到"景观灯光特色化，努力将'两江四岸'打造成武汉最亮丽的城市名片"要求。

晴川阁此次亮化工程坚持高起点规划，高标准设计，高质量施工，更加注重节能、环保、隐蔽，严格遵循保护文物本体的原则，既考虑文物古建筑特点，同时结合两江四岸灯光环境建设整体规划，以白色为主调，突出晴川阁的特色，与黄鹤楼的黄色调形成"金银配"。省市各级领导及媒体夜间现场验收时，一致给予好评。

四、从大禹文化博物馆内各项设施的更新，看武汉城市发展的现代化

博物馆作为城市文化的传承基地，是一个特殊的文化机构，它的馆藏见证了城市发展，需要保持原貌，而博物馆的管理手段却是随着城市的发展而不断更新的。

（一）馆内安防工作由单一人防逐渐转为人防与技防相结合

武汉大禹文化博物馆重建修复开放后很长一段时间，馆内安防工作都是以人防为主，或人防与犬防相结合。2008 年，大禹文化博物馆开始对社会实行免费开放。随着观众接待量日益增长，人防已远远不能满足开放需求，犬防也存在着安全隐患，在各级领导的关心和支持下，大禹文化博物馆安装了安防监控系统。十年过去，随着数字化、网络化的发展以及城市智能化的要求，馆内又对安防监控系统进行了升级，升级后的安防系统设备更先进，更智能，报警响应速度更快，实现了与 110 联动。

（二）馆藏文物建立数据库管理系统，逐步实现文物管理信息化

2010 年，根据国家文物局、省文物局的统一部署，武汉市文博系统启动了"馆藏文物数据库管理系统建设项目"。馆藏文物数据库的建立，使大禹文化博物馆文物信息管理由"档案模式"转化为"数字化模式"，对推动本馆文物管理工作的规范化和科学化发展，提高文物保护水平起着积极作用，也是后期建立数字博物馆的基础。

（三）馆内已实现 3D 实景导览，将进一步打造"智慧博物馆"

2012 年，武汉市文博系统启动数字博物馆建设工作。针对这项工作，近年来，大禹文化博物馆结合自身实际，升级了原有官方网站，实现了景区 WIFI 全覆盖，开通了公众微信号，制作了 3D 实景导览，观众可通过关注"武汉晴川阁大禹文化博物馆"公众微信号，足不出户即可参观博物馆，听解说，迈出了数字博物馆建设的第一步，为打造"智慧博物馆"奠定了基础。

改革开放中快速发展的城市需要博物馆展示传承她的文化历史，博物馆是城市建设的配套设施，博物馆的发展水平也体现了城市的发展水平。相信，在改革开放五十年的时候，武汉会更好，大禹文化博物馆会更美！

博物馆社会教育活动的探索与实践

——以武汉大禹文化博物馆为例

叶　黎[1]

摘要：随着我国文化事业日益繁荣，博物馆事业近年来呈现蓬勃发展的良好势头，教育成为博物馆工作的重心和中心。本文以武汉大禹文化博物馆为例，介绍近年来开展博物馆社会教育活动所做出的一些探索与实践。

关键词：社会教育　传统文化　活动品牌　探索与实践

The Exploration and Practice of Museum Social Education Activities
——Wuhan Great Yu Culture Museum as An Example

Ye Li

Abstract: Along with our country's booming cultural undertakings, the museum industry shows vigorous development momentum in recent years. Education becomes a critical part of museum work. This paper, taking Wuhan Great Yu Culture Museum as an example, introduces exploration and practice that the museum has made in social education activities in recent years.

Key words: social education, traditional culture, brand of the activities, explore and practice

①叶黎：晴川阁武汉大禹文化博物馆宣传教育部主任，副研究馆员。
Ye Li: Qingchuan Pavilion, Wuhan Great Yu Culture Museum, head of Publicity and Education Department, associate researcher.

武汉大禹文化博物馆坐落于长江之滨的汉阳龟山脚下，它是依托大禹纪念地——晴川阁建立起来的全国首家研究和传播大禹文化的历史类博物馆。

晴川阁景区三大主体建筑（晴川阁、禹稷行宫、铁门关）及毗邻的大禹治水神话雕塑园，构成了武汉大禹文化博物馆丰富的人文历史资源。1986年该景区正式对外开放以来，一直致力于大禹文化和大禹精神的研究与传播。2010年12月，武汉大禹文化博物馆在此正式挂牌成立。2013年，禹稷行宫被列为全国重点文物保护单位。

近些年来，我们在进一步加强对文物景区自身的保护与建设的同时，依托地理区位优势，发掘文化资源，在开展博物馆社会教育活动方面做出了一些新的尝试与探索。

一、立足传统文化

中国传统文化是中华文明演化而汇集成的一种反映民族特质和风貌的民族文化，是民族历史上各种思想文化、观念形态的总体表征。近几年来，武汉大禹文化博物馆围绕着中华民族传统文化活动，策划和推出了一系列带有传统的文化色彩和艺术表现形式的文化活动，在武汉地区引起强烈反响，受到社会各界特别是市民们的热烈欢迎。

（一）传统节庆活动

中国传统节日是中华民族最神圣和最重要的日子，承载着中华民族的文化血脉和思想精华，凝聚着人民对美好生活的追求与向往，是中华民族悠久历史文化中一个重要的组成部分。

中秋节，又称"仲秋节""团圆节"，是中华民族传统的节庆活动之一。晴川阁地处长江、汉水交汇之处，自古以来就是文人墨客登高眺远、把酒临风、吟诗咏月的好地方。1986年晴川阁正式开放以后，我们将"晴川中秋赏月"作为传统的主打节庆活动项目推出，坚持每年举办一次"晴川中秋赏月"游园活动。到晴川阁赏月，现已成为武汉市民中秋佳节中一个传统的、不可缺少的活动内容。

除了"晴川赏月"传统活动外，博物馆以文物景区为依托、以传统文化为媒介，适时策划推出了一系列喜闻乐见的传统文化活动：农历正月十五"晴川阁花灯游园"民俗活动、农历五月初五"端午节""龙舟模型"制作活动、农历六月初六"药王节""晾晒家谱"活动、七月初七"女儿节"（俗称"乞巧节"）传统技艺表演活动、九月初九重阳节《晴川老年书画展览》等活动……我们根据中国传统节日的不同文化特色，深入挖掘传统节日的文化内涵，不断丰富节日的形式和载体，让公众在参与中获得幸福感。

（二）非遗文化活动

非物质文化遗产是指各种以非物质形态存在的与群众生活密切相关、世代相承的传统文化表现形式，是千百年来中华民族生存智慧的结晶和生命精神的积淀，是传统文化教育的重要资源和载体。

为了进一步加强我国文化遗产特别是民间非物质文化遗产的保护、继承和弘扬中华民族的优秀传统文化、推动社会主义先进文化的建设和发展，武汉晴川阁大禹文化博物馆作为省级非物质文化遗产传承单位，除了加强对"大禹治水传说"的传承与宣传外，我们还通过自身的学习和探索，适时策划并推出"汉剧与皮黄艺术漫谈"讲座、《农耕年代的智慧——二十四节气》图片展、《非遗传承国光烙画艺术精品展》、"非遗之韵——楚剧遗珍"楚剧展演活动、文化遗产日造纸体验活动、汉民族传统婚礼仪式展演活动、"古琴之夜"雅集活动等丰富多彩的非遗文化活动。通过这些活动的开展，让更多的公众近距离感受非遗的魅力，对祖国的历史文化和中华优秀传统文化产生认同感，从而推动非遗的传承与保护。

二、打造"没有围墙"的学校

众所周知，博物馆是一个国家、一个地区展示人类文明、传播历史和科学文化知识的大学校，它引导人们回顾过去、展望未来、认识现在。要做好社会教育工作，博物馆必须打开围墙、放低姿态，实现文化资源的融合，打造"没有围墙"学校，让公众自由享受博物馆教育。

（一）建立社会教育活动品牌

一个博物馆的教育活动，要想独树一帜，获得社会公众的认可和喜爱，必须树立具有自身特色的品牌。近年来，我们以开展多样性、特色性、创新性的教育活动为目标，推出一系列特色教育活动品牌，为推进博物馆事业、发挥博物馆教育职能做出了有益的探索。

1. 大禹活动周

作为武汉地区的一处爱国主义教育基地，为了更好地发挥其社会教育尤其是青少年教育作用，武汉大禹文化博物馆与汉阳区教育局建立长效机制，2007年至2018年连续十一年开展了"大禹活动周"社会教育品牌活动。通过组织辖区内中小学生参观晴川阁、大禹神话园景区，开展手抄报比赛、演讲比赛、书法比赛等形式丰富多样的青少年活动，使学校教育、家庭教育和校外教育有机结合起来，进一步深化青少年思想道德教育，为全区青少年的健康成长，发挥了积极作用。

2. 晴川手作课堂

为进一步丰富博物馆社教活动内容，自2017年起我们推出了"晴川手作课堂"这一活动品牌，以"在动手制作与体验中学习"为教育目标，策划出了一系列寓教于乐的社教活动：初春时节举办"活字印刷DIY"，带大家体验印刷的乐趣；五一劳动节举办"花儿送给您，劳动最光荣"纸艺折花活动，向劳动者致敬；端午佳节举办"做香囊、织五彩绳、编蛋袋"传统手工活动，一起追忆童趣；盛夏时节举办"爱上一抹蓝——走进蓝晒的奇妙世界"蓝晒手作体验活动，和阳光一起做游戏；国庆节期间举办"立体模型拼搭活动"，动手制作天安门模型向祖国致敬；深秋时节举办"一叶知秋——叶脉书签DIY"活动，带领大家寻找博物馆里的秋天……晴川手作课堂内容丰富，形式多样，深受公众的喜欢。人们在晴川阁不仅能现场体验精彩有趣的手作，提高创造力与动手能力，还能感受手作的魅力所在，使得博物馆真正变成快乐学习、主动探索的"第二课堂"。

图1　墨拓晴川

3. 行走大武汉——城迹寻访活动

为了更加深入地了解武汉这座大都市，重温大武汉的历史记忆，武汉大禹文化博物馆于 2017 年 4 月推出"行走大武汉"城迹寻访活动，走出博物馆，带领公众去寻访大武汉的历史遗迹。首站立足博物馆所在的汉阳地区，活动主题为"寻访汉阳城"。通过微信公众号征召，共有百余名市民参加了此次活动。在武汉人文历史专家的带领下，寻访队伍从大禹纪念地——晴川阁出发，穿大街、走小巷，先后寻访了禹功矶、汉阳铁厂遗址、龟山祢衡墓、显正街、"汉阳树"以及白求恩纪念馆等遗址遗迹。它们宛如一本打开的教科书，将武汉的历史鲜活地呈现在大家面前，所蕴藏着的历史典故记录着武汉的历史沿革与变迁，令寻访者流连忘返、回味无穷。

图 2　行走大武汉活动

2018 年春，我们再次策划并推出"行走大武汉——昙花林的旧时光"城迹寻访活动，共有 270 多名市民报名参与。城迹寻访活动当天持续了约 3 小时，寻访路程近 6 公里。活动受到了参与者的热烈欢迎，上至七十岁老人，下至六岁的小朋友，每个人都收获颇丰。大家不仅在行走中锻炼了身体，实地感受了昙花林大街小巷的美，更在寻访中感触到了大武汉的城市精神、文化气质与人文底蕴。

（二）研发特色教育课程

博物馆作为文明的窗口、传播科学知识的殿堂，一直是社会教育的重要基地。我们一直致力于对社会公众教育的研究，通过研发特色课程，让更多的公众走进博物馆。

1、青少年研学课程

晴川阁历史底蕴丰厚，收藏有关于大禹文化、晴川文化的古碑刻 50 余通，古代建筑上的木雕、砖雕等吉祥饰物更是珍贵。我们依托现有的博物馆文化资源，策划并推出了《墨拓晴川——拓片制作与体验》研学教育课程，在课程的设计上融入更多的知识性和趣味性，通过演示和教授石碑、砖雕等文物的拓片制作过程，传播了拓片文化和拓片技艺，增强学生们的创造力和动手能力。此项课程一经推出，受到了热烈的欢迎，先后在水果湖一小、武昌实验寄宿小学、西大街小学等武汉市十余所学校进行巡回授课。在此基础上，我们又继续研发《东方文明的活化石——活字印刷》《人类文化的瑰宝——古法造纸》《青出于蓝——青花瓷》《木板上的中国年——木版年画》等一系列传统文化研学课程。博物馆教育课程的开展，实现了博物馆研学与在校教育的有机融合，增加了孩子们对中国传统文化的了解，让他们在主动认知、轻松体验的过程中触摸历史、感受文明、开拓视野。

2、成人教育课程

博物馆是一座社会大学，作为终身学习的场所，教育的对象具有广泛性。2017 年，武汉大禹文化博物馆特别针对成人观众开设了晴川艺术课，向观众普及油画艺术知识。先后多次开展了"生如夏花""花好月圆"等不同主题油画体验课程。在专业油画老师的带领下，零基础的学员走进油画的世界，精心绘制一幅幅油画作品。设在户外的晴川艺术课堂一时间成为了武汉大禹文化博物馆的又一景观，吸引了众多游客纷纷驻足围观。此外我们将"晴川艺术讲坛""油画艺术课堂"等成人教育课程送进广大学校、社区中，让公众足不出户就能享有博物馆的特色教育。

三、组建志愿服务团队

志愿者作为博物馆中的重要辅助力量，在博物馆社会教育工作中发挥着重要的作用，推动了博物馆事业的发展。

武汉大禹文化博物馆 2009 年免费开放以来，先后有近 500 万中外观众人走进博物馆。为满足讲解接待的需要，自 2013 年起，我们开始组建一支由在校大学生组成志愿者讲解队伍。通过与华中科技大学、中南财经政法大学、湖北大学等高校建立"馆校合作"的方式，在高校内招募大学生志愿者讲解员，并对大学生志愿者进行专业化、系统化的培训，经过严格的考核才可上岗服务。

武汉大禹文化博物馆大学生志愿者是一群充满活力而又有较高文化知识水平的年轻群体。六年来他们星火相传，志愿服务由最初单一的讲解，发展到文案撰写、教育活动宣传与推广、社教课程讲授等多个方面，博物馆为他们提供了一个多方位展示和提升自我的舞台。大学生志愿团队承载着博物馆服务社会与公众的使命，搭建起博物馆与公众沟通的桥梁，为传播武汉大禹文化博物馆的历史文化贡献着自己的一份力量。

四、借力微信公众平台

在"互联网+"的时代背景下，公众获取资讯的方式越来越多。微信以其信息化、智能化、互动性等优势，在博物馆信息传播中发挥了越来越重要的作用，更为博物馆教育提供了新的平台和互动手段。

武汉大禹文化博物馆在2017年申请开通了微信公众服务号，将3D实景语音导览、展览活动、参观指南等内容做到微信的自定义菜单中，为观众提供全方位简单便捷的信息服务。晴川阁作为武汉地标性文物景区，慕名而来的观众越来越多，特别是节假日，观众量猛增。为了让参观者有更好的参观体验，我们依托微信公众号这一平台，设计了丰富的线上线下的互动活动，如我们先后推出的《翰墨晴川》微展览与现场寻展品活动、"我爱我国"H5知识互动有奖答题活动、全园寻找晴川阁"萌宝"（吉祥装饰图案）活动、"最美晴川"粉丝打卡秀活动等等，激发了观众们浓厚的参与活动的兴趣。2017年，我们率先在我市文化系统内通过微信公众号招募观众方式参与我馆举行的各项教育活动，观众报名踊跃，基本上每次活动的名额需要"秒杀"才能获得。截止2018年12月，共有2124名博物馆粉丝参加了大禹文化博物馆举办的各种社会教育活动，他们成为我们博物馆开展各类社教活动的忠实参与者和宣传者。武汉大禹文化博物馆借助微信公众号这一平台开展社教活动，架起了与公众的超链接，给公众带来了丰富的交互式体验活动，为博物馆社教活动的开展开辟了新的思路。

习近平总书记曾经强调，"一个博物馆就是一所大学校"，形象生动地表达了博物馆对于深化社会教育的重要作用。博物馆既是文化的象征，也是历史的浓缩。通过长期的社会教育实践活动，我们深刻地认识到：只有不断更新社会教育内容，积极创新教育的形式，开创具有自身特色的教育活动品牌，才能更好地发挥博物馆的教育职能，开拓博物馆教育的新天地，为文化事业的繁荣发展贡献自己的力量。

大禹的历史功绩与社会影响初探

胡　欢　陈思羽[①]

摘要："大禹治水"的事迹家喻户晓。大禹"劳身焦思""大公无私"的精神更是流传千古。作为中华民族传统文化源头的"大禹"文化影响了一代代中华儿女。本文通过梳理、回顾大禹的主要历史功绩，探讨其社会影响，以彰显在当今时代怀念大禹、颂扬"大禹精神"的现实意义。

关键词：大禹　功绩　社会影响

Historical Merits and Social Influence of the Great Yu

Hu Huan Chen Siyu

Abstract: The legend of "Great Yu Taming the Floods" is widely known in China. Yu's virtues of hard-work, devotion and selflessness are considered as the origins of Chinese traditional culture, which have influenced generations of Chinese people. This essay will summary and review Great Yu's contributions and achievements at his time and explore his social influences, in order to promote his spirits in contemporary society.

Key words: Great Yu, contributions, social influence

　　"大禹治水"历史传说久载于史册，经过历代传颂，经久不衰。虽然年代已久远，但"大禹治水"的故事，放在历朝历代都具有强烈的现实意义，并激励着一代又一代

①胡欢：晴川阁武汉大禹文化博物馆办公室馆员。
Hu Huan: Qingchuan Pavilion, Wuhan Great Yu Culture Museum, Administration Department.
陈思羽：晴川阁武汉大禹文化博物馆古建维护部馆员。
Chen Siyu: Qingchuan Pavilion, Wuhan Great Yu Culture Museum, Ancient Architecture Maintenance Department.

华人励精图治、实干兴邦。大禹的管理举措在当时的远古时期具有开创性意义，直接促进了"国家"意识的出现。可以说，"大禹"其人其事对我国传统文化的形成、社会模式的发展有着深远的影响。如果说中华文明是一条历史长河，那么"大禹"无疑是这条长河的源头，是民族精神的化身。

一、大禹的历史功绩一览

（一）治水兴农

尧舜时期是原始农业时代，当时的社会形态正处于农业发展的初期。虽然彼时也有"田蚕织作"，但是农耕水平十分低下，根本无法抗衡自然灾害，洪灾不断，每一次洪水发作都为农民的生活、生产带来不可逆转的破坏。而大禹超越时代的认知局限，开创性地通过实地勘察、测量和整体规划治水方案，准确把握洪灾形势发作规律。在科学规划的指导下，带领大家艰苦奋斗，治理水患，几十年如一日。翻开史书，不难发现，关于大禹艰苦卓绝、筚路蓝缕的经历被记载在各种历史文献中。据记载，大禹在治水过程中"劳身焦思"，"薄衣食，致孝于鬼神；卑宫室，致费于沟淢；陆行乘车，水行乘船，泥行乘橇，山行乘檋；左准绳，右规矩，载四时，以开九州，通九道，陂九泽，度九山"。（《史记·夏本纪》）"身执耒臿，以为民先。股无胈，胫不生毛，虽臣虏之劳，不苦於此矣"。（《韩非子·五蠹》）"汤汤洪水滔天，浩浩怀山襄陵"（《史记·五帝本纪）》，在生产力水平极端低下的原始部落时期，能够抵御自然灾害，制服洪水，彰显了大禹作为"治水"管理者的魄力和能力。五帝和尧舜禹前期文明发展的关键在于解决治水问题，其特点是排水、分洪、泄洪。由于农业水平低下，并不注重引水灌溉。因而排除水患就能使沃土重现，"田蚕织作"才能得以进行。[1] 治水成功使得大河疏通，洪水排入大海，原来被侵浸的肥沃的河谷平原和沼泽地带得到开发利用。人们迁移到地势较为平坦的原野中，继续开垦肥沃的土地。生产工具的进步，表明在当时的中心地区，人们更倾向于通过对现有耕地进一步耕作而获得较好的收成。[2]

（二）征有苗

苗族与华夏族为不同族系。华夏族是黄河流域的最早居民，而苗族居住在现今长江中游的洞庭湖、鄱阳湖以及湖南、广西一带。两族均处于军事民主制阶段，长期处于军事斗争中，但华夏族未能从根本上战胜苗族。大禹治水有其整体的规划，所涉及范围广泛，要疏导洪水，必须打破地域的界限。因而，"治水"直接导致了征伐苗族的战争。据《墨子》《兼爱下》《非攻上》记载，大禹利用有利时机，取得了征苗战争的胜利。之后，大禹在江汉、江淮地区采取"通三江五湖"的措施，才真正将治水的整体规划付诸实施。事实上，此次战争的胜利不仅使得治水工程顺利进行，并最终取得了治水成功，而且为中南地区的统一安定奠定了基础，开创了新局面。尧舜部族联合体的范围和规模进一步扩大，中国从原始社会向国家过渡。[3]从历史发展的宏观层面来看，区域战争反映了民族融合背景下族群之间的流徙与文化交流。

（三）画九州

据《左传·襄公四年》记载："昔周辛甲之为大史也，于《虞人之箴》曰：'茫茫禹迹，画为九州，经启九道。'"大禹根据山川地貌情况，将中国分为九个州：冀州、青州、徐州、兖州、扬州、梁州、豫州、雍州、荆州。后世民众感念大禹的功绩，为他筑殿，尊他为"禹神"，整个中国也被称为"禹域"，也就是说，这里曾经是大禹治理水患的地方。[4]事实上，禹划九州主要是地理区域上的划分。这表明，当时的活动区域已经空前扩大，传统的以血缘为基础的部落联盟界限被打破。而"国家"的概念则是以地区来划分界限。"画九州"的系列举措标志着血缘团体向地缘团体的过渡。

（四）合诸侯

据《左传·哀公七年》所记载："禹合诸侯于涂山，执玉帛者万国。"其中"万国"与"诸侯"指的是部族与部族的酋长。有关禹合诸侯的详细内容现在已不得而知。但是根据记载描述，执玉帛前来与会的部族酋长人数众多。据《国语·鲁语下》记载："昔禹致群神于会稽之山，防风氏后至，禹杀而戮之。"大禹在会稽山祭祀群神，召集各部族酋长前来与会，部族酋长防风氏仅仅由于迟到，就被大禹戮杀。氏族社会的本质是民族的。但这次事件表明，禹的权力已经超越氏族社会部族联合体首长权力的限度，是对氏族制度的一种挑战和突破。可以得出，禹合诸侯的议事形式和内容与尧舜议事已有明显不同：一是涂山之会相比尧舜议事会，民主氛围已减弱，禹作为部族联合体的首长，所拥有的权威与权力，有的已突破氏族社会的界限；二是此次与会人数空前增加；三是与会地点的涂山，引起后人争议，可以推测，当时部落的地域范围已空前扩大。此时，部族联合体的发展较尧舜时期，已有很大的不同。大禹治水的成功，标志着当时人们战胜自然灾害的能力和科技已达到一个新的水平，生产力与社会经济都有了新的发展。同时，也为社会制度从根本上发生重大变化准备了一系列必要条件。国家的出现已成为一种必然趋势。[3]

二、社会影响初探

（一）传播了"大禹精神"

大禹治水体现的精神，是我国传统文化源远流长的源头，是中华民族优秀传统文化绵延发展不可或缺的重要组成部分。大禹临危受命，平治水土。在长达 13 年的治水过程中，不畏艰苦，身先士卒。"三过家门而不入"的笃定与坚持，鼓舞着长期与洪水斗争在第一线的劳动人民。他劳身焦思、殚精竭虑，体现了顽强拼搏、匡世济民的价值取向，获得了广泛的认同和支持。而大禹分疏治水的方法是建立在认真总结前辈经验教训的基础上，实地勘测并了解山川形势后提出的，充分体现了深入实际、开创进取的科学精神。

（二）促进了华夏民族的统一

以当时的生产条件，治理洪水涉及范围之广，要求各部落和氏族通力合作，统一领导，来组织大规模的人力、物力的调配。同时，需要产生一个强有力的领导机构和领袖人物，来承担指挥、调配氏族成员的责任。因而，这个领导机构被赋予相对集中的权力，而这个权力大于尧舜时期部族议事的权力。在治水特殊时期形成的集中权力一直延续到治水成功之后，自然地转变为国家的统治权力。部落联盟的社会形态逐渐向国家形态过渡。禹凭借在治水工程中日益高度集中的权力，集结各部落和氏族的力量，在部落联盟中获得威望。通过对周边的氏族和部落武力征服、和平劝服，使华夏民族日益走向统一和强大。[5] 同时，通过各兄弟民族大融合、大凝聚的过程，形成了统一的国家意识和中华民族意识。划九州地域和河道，为九州各地向帝都运送贡赋提供了必经的系列水陆路线。"大九州"意识汇集成中华文化的概念。治水与民族战争直接导致各民族达到空前的融合，从而奠定了多元制民主聚合为一体的中华大民族的基础，凝结为"中华民族"这个大概念，是中华民族深厚的凝聚力、向心力和团结力的象征。[1]

（三）奠定了奴隶制度的基础

大禹治水，疏通河道之举解决了当时生存面临的最大问题，并为发展更高级的种植农业创造了条件。生产力的发展，为后来的奴隶制度的形成奠定了物质基础。首先是形成了以"禹"的权力为中心的赋贡制度。《史记·夏本纪》记载："禹乃行，相地宜所有以贡"。其次是刑罚制度。相传禹的立法官和司法官皋陶"立狱制罪，悬赏设罚，异是非，明好恶，检奸邪，消侥乱，民知畏法"。刑罚制度的确立，保障了禹的绝对权力。然而，最明显的是世袭制度的建立。国家建立之前，尧舜时期部落联盟和氏族公社本质上仍是原始的民主社会意识形态。但是，从禹传位于益，而禹的儿子启将益杀死夺取王位，世袭制度得以确定。

国家的出现无疑是人类迈入文明社会的主要标志。从大禹治水到夏启建国几十年，中国社会发生了质的变化。正是有了一系列的重大历史事件，夏启建国才有了合乎逻辑的意义。如果说夏启建国是中华文明史的开端，那么大禹治水则是中华文明的曙光，预示着文明的即将到来。

参考文献：

［1］谭继和：《大禹精神与华夏文明》，《地方文化研究辑刊》2014 年第 0 期；

［2］李亚光：《对大禹治水的再认识》，《社会科学报刊》2008 年第 4 期；

［3］李亚光：《大禹治水是中华文明史的曙光》，《史学集刊》2003 年第 3 期；

［4］刘国斌、涂家英：《晴川阁月映江流——晴川阁重建开放三十周年文集学术研究丛书》，武汉出版社，2016 年；

［5］李可可、范颖、刘刚：《大禹治水的文化探寻》，《中国农村水利水电》2004 年第 6 期。

文化景观中展陈的辅助作用

——以晴川阁大禹文化景观为例

刘国斌[①]

摘要：随着旅游的兴起，众多文化景观应运而生，但我们发现除了景观还是景观，没有配套的展陈进行详释，观众难以留下有意义的文化印记，未能达到旅游的初衷，为此就"展陈深层解读文化景观、展陈启发文化景观背后的思考、展陈自然调节参观节奏，动静相宜"对观众的影响作用加以论述，以唤起我们对这项业务工作的足够重视。

关键词：文化景观　展览陈列　辅助作用

Exhibition as A Supplementary Role in Cultural Landscape
——An Example of Wuhan Great Yu Culture Museum

Liu Guobin

Abstract: With the rise of tourism, a variety of cultural landscapes come into sight. At the meantime, they barely leave any cultural impressions on tourists due to a lack of appropriate exhibitions. In this essay, the author believes that exhibitions influence tourists through ways of explaining cultural connotation, inspiring tourists' mind and affecting the pace of visitors. In short, we should attribute more importance to the exhibition work.

Key words: cultural landscape, exhibition, supplementary role

---

①刘国斌：晴川阁武汉大禹文化博物馆馆长、研究馆员。
Liu Guobin: Qingchuan Pavilion, Wuhan Great Yu Culture Museum, director, researcher.

2016 年国际博协确立了"博物馆与文化景观"主题，随后关于文化景观的各类文章见诸报端和网络层出不穷，其文较多谈论博物馆建筑、古遗迹、自然景观的保护利用与发展，而对于文化景观服务于民众，在快乐中获得较多文化信息的方法甚少。文化景观从大的层面理解，是人类活动所造成的景观，它反映文化体系的特征和一个地区的地理特征，其中包括自然景观因素，同时也有社会发展进程中汲取了新文化元素形成的景观；小的层面来说，有地域特质的文化遗存、各行业有代表性遗迹等等。无论哪一种形式的存在，皆离不开文化基因的源头。文化景观存在的意义，在于满足人们物质文化消费需求及休闲娱乐、了解历史、增长知识、享受文化。那么如何才能从游览文化景观中得到令人满意的收获呢？这不仅仅是眼见为实的观赏，还要通晓所到之处文化形成的来龙去脉，除了导游实地讲解外，更需要一个能帮助观众获取最大信息量，且容易记忆的方法或途径，那就是文化景观中的展览陈列（简称展陈），展陈对文化景观的辅助作用至关重要，处理好二者关系，可谓相得益彰，游览文化景观显得更有意义了。笔者就文化景观中展陈的作用进行了归纳。

一、展陈深层解读文化景观，强化记忆

文化景观是文化地理学中的一个研究部分，是人类作用于地表后形成的产物。它是自然风光、田野、建筑、村落、厂矿、城市与交通，以及人物和服饰等文化现象复合体。这些复合体形成的人文景观，在观众面前是直观可视的，但不能完全展现历史形成的过程，而是显露冰山一角，其背后发生的故事是见不到的，也就是文化现象形成的原因。

一般意义上的展陈是指在一定展示空间内，以学术研究成果和文物标本为基础，利用先进的设备与技术，通过艺术的形式表现主题，实现面向大众进行知识和文化信息传播。而文化景观中的展陈是通过与景观有某种关联的实物展品或文献资料与景观之间的有机结合，采用一定艺术形式表达主题，以解读文化景观内涵为基点，满足观众获取知识的需要。依据展陈的解读功能，引人入胜，实现观众穿越时空隧道，感受久远的文化形成的原因和历史价值。观赏文化景观有两种情形：一是直接感受可视景物氛围，物是人非，镜像变迁，走马观花似游览；二是导游助解，面对景观讲解演变的历史过程，得到一定信息量的未知答案。这两种参观形式都有缺陷，让人留不住很深的印记。既然如此，有否能刨根问底，得到居多文化信息量，同时又能在参观中留下深刻的记忆方式呢？若要达到这样的参观效果，那就必须在文化景观中设立展陈进行补充。展陈在文化景观中的作用具有多样性，它比博物馆中的展陈引入的更直观、说服力强、易接受。例如晴川阁武汉大禹文化景观内，晴川阁、禹稷行宫、铁门关及附属古建群蕴含的历史典籍，若不通过展陈辅助手段难以说清楚。尤其国宝建筑"禹稷行宫"中常设的《九州禹踪》展陈，表现的主题为四千多年前，中华先贤大禹治水的足迹遍布九州的史实，通过精心创作襄衣戴斗、禹帝正视两尊不同元素的大禹塑像造型，以及殿前古铁钟、铁牛、鼎炉、大禹治水木刻浮雕等陈列品，结合仿古竹简史料、地理图版、楹联匾牌等展示形式，解答"禹稷行宫"是为了勒记中华民族英雄大禹治水功德而兴建，由司农少卿张体仁于南宋绍兴年间创建，后为武汉历代祭祀大禹之地。元大德八年(1304 年)重修大禹庙，明天启年间（1621~1627 年）改大禹庙为禹稷行宫，在原祭祀大禹的基础上，又加祀后稷、伯益、八元、八恺等先贤。游客拾级登上晴川阁禹稷行宫拜谒时，仿佛重见四千多年前大禹治理洪水的动人场面与伟大壮举。如果说没有文物和史料展陈辅助，仅靠实地游览与讲解，观众很难理解把握和记忆，所以文化景观中不可缺少展陈来帮助解读历史。

二、展陈启发文化景观背后的思考

文化景观不能仅限于现有的实景参观，应该丰富文化内容。人们到文化景观参观游览，如果未有配备相应的文化、文物展陈帮助解答，认知度会一知半解，知其然而不知所以然，因此，负责景观的职能部门，要根据文化景观的特质，举办与其相呼应的展陈，引导观众明白所在地域的文化现象，以实地游览，结合文物史料、数码科技、人物展示等展陈手段吸引眼球，启发思考，参入互动。譬如晴川阁为什么会建在汉阳龟山东麓长江和汉水的交汇处呢？仅靠参观古建筑和一般讲解是不可能弄清楚的，如果用展陈的方式可以加深记忆和理解，同时也能给广大观众提供更加丰厚的文化知识和精神享受。晴川阁借助大禹治水足迹图、明代仇英绘制的古三镇图及多部文献史料、文化地理研究成果、《大禹治水武汉传说》专题片等，向观众展示出一幅幅悠远的历史画卷。

以晴川阁为代表的古建景观，之所以选建在长江与汉水交汇点、大别山（龟山）东麓、长江边的禹功矶上，其自然地貌与四千多年前的民族英雄大禹治水有着密切关系，相传尧舜时期，大禹治水从黄河南下至长江汉水，来到大别山，看见春水绿波，芳草萋萋，发出惊叹："一山隔两景，真大别也！"大别山曾是大禹治水时区别江水之地。史志记载："大别因禹导水所憩之地也。"唐代相传吕洞宾曾在禹功矶上吹笛，人们一度称此矶为"吕公矶"。元代以后又复名"禹功矶"。明嘉靖《汉阳府志》载："禹功矶俗名吕公矶，元世祖曾驻跸黄鹄山（武昌蛇山）隔江望见此矶，故改名禹功，立禹祠于上。"大禹治水时，疏江导汉，驯服洪水，使长江和汉水在此交汇，朝宗于海，大功告成。后人为了纪念大禹丰功，命此矶为"禹功矶"。晴川阁又名晴川楼，始建于明代嘉靖年间，坐落于汉阳龟山东麓禹功矶上，再现楚人依山就势筑台的情景，诠释了中国古代哲学"天人合一"的理念。因此，这些史籍必须依靠展陈的手段启发思考。

文化景观中还要不断更新展陈内容，举办各类题材的展览与展演活动，游客参入互动，寓教于乐，以动静结合的思维方式，最大限度吸引注意力。如用历史人物塑像造景述说故事情节，与景观时代相符合的场景展示，古今名人赞咏的诗词楹联、书画展等等，让游客在愉悦中获得足够的精神满足。

三、展陈自然调节参观节奏，动静相宜

游客进入文化景观，如果一直处在流动中参观，会产生疲劳之感，思维受到影响，在这种情形下收获的信息量就少，只有在轻松愉快中才会达到最佳的效果。所以举办展陈也是缓冲体能得到休整的平台，在歇息中平静思考。展陈是学术研究成果的载体，以它来引导参观，势必会得到满意的答案，这也符合动中有静的活动规律。文化景观中要依据所在区域地貌和实际占地面积来规划。设置展陈的最佳地段，笔者认为应视各景观的具体情况来选定，若未有现成的展室，那就依托室内景观地布展，结合空间灵活安排，尽可能融合与之相适宜的展陈形式表达主题。如晴川阁景观有禹稷行宫、铁门关、晴川阁三大主体古建筑，并配有楚波亭、朝宗亭、禹碑亭、敦本堂碑、山高水长碑、荆楚雄风碑、临江驳岸、曲径回廊、诗词碑廊等附属建筑为特色的建筑群，是集文物古建与园林风景于一体的名胜古迹，整个文化景区与龟山连成一片，面积达

2.94平方公里。由于景观区内没有固定展室，只能选择三大主体建筑为展厅，合理设计布展。禹稷行宫设有《九州禹踪》基本成列；铁门关临展《三国人物塑像展》《水与城》；晴川阁楼不定期举办了《墨石经典——名碑拓片展》《翰墨诗韵·名家书画展》《璀璨明珠——非物质文化遗产展》"大禹文化周活动"等。

文化景观中增加了这些展陈内容，可使景观丰富多彩，锦上添花。这种布局观众不会感觉到疲惫和乏味，文化景观与展陈相得益彰，故不可以忽视文化景观展陈的作用。负责文化景观的管理部门，在统筹规划建设中，务必考虑展陈的设置与配套，打造丰满的共享文化空间，使文化景观成为该地域的金色名片。

图 1　禹稷行宫图

论大禹治水精神的时代意义

于建军①

摘要：大禹治水精神是中华民族精神之源，其敢于担当，立志为人民谋福祉；公而忘私，艰苦奋斗；因势利导，科学创新等精神品格，值得我们继承和发扬，在实现中华民族伟大复兴的新征程上，成为时代的精神动力。

关键词：大禹治水　民族精神　公而忘私　科学创新　民族复兴

The Significance of the Great Yu's Water Control Spirit

Yu Jianjun

Abstract: Great Yu's water control spirit is the source of the Chinese national spirit. He dares to take on the responsibility and aspires to seek the well-being of the people. Also he dedicates himself in work and guides us according to circumstances and makes scientific innovations. Such spiritual qualities should be inherited and developed. He is the spiritual power source of the time to accomplish the new task of the great rejuvenation of the Chinese nation.

Key words: Great Yu's water control, national spirit, selflessness scientific innovation, national revival

---

①于建军：江汉关博物馆副研究馆员，湖北省中华诗词学会会员。

Yu Jianjun: Hankow Customs House Museum, associate researcher, member of Chinese Poetry Association, Hubei.

大禹治水（鲧禹治水）是中国古代的神话传说故事，著名的上古大洪水传说。大禹是黄帝的后代，三皇五帝时期，黄河泛滥，鲧、禹父子二人受命于尧、舜二帝，任崇伯和夏伯，负责治水。

大禹率领民众，与自然灾害中的洪水斗争，最终获得了胜利。面对滔滔洪水，大禹从鲧治水的失败中汲取教训，改变了"堵"的办法，对洪水进行疏导，体现出他具有带领人民战胜困难的聪明才智。大禹为了治理洪水，长年在外与民众一起奋战，置个人利益于不顾，"三过家门而不入"。大禹治水13年，耗尽心血与体力，终于完成了治水的大业。

一、敢于担当，立志为人民谋福祉

舜委任鲧治理洪水。鲧采用"水来土挡"的方法，消极应对，治水无效。舜就将鲧解职流放。舜后来征求大臣们的意见，看谁能治退洪水。大臣们都推荐禹，他们说："禹虽然是鲧的儿子，但是比他的父亲德行能力都强多了。这个人为人谦逊，待人有礼，做事认认真真，生活也非常简朴。"舜并不因他是鲧的儿子，而轻视他，而是很快把治水的大任交给了他。

大禹实在是一个贤良的人，他并不因舜处罚了他的父亲就嫉恨在心，而是欣然接受了这一任务。他暗暗下定决心："我的父亲因为没有治好水，而给人民带来了苦难，我一定努力再努力。"

但是他知道，这是一个多么重大的职责啊！他哪里敢懈怠分毫。考虑到这一特殊的任务，舜又派伯益和后稷两位贤臣和他一道，协助他的工作。

二、公而忘私，艰苦奋斗

大禹匆匆告别结婚才四天的妻子涂山氏，踏上了治理洪水，造福人民的征程。

禹带领着伯益、后稷和一批助手，跋山涉水，风餐露宿，走遍了当时中原大地的山山水水，穷乡僻壤，三过家门而不入，人迹罕至的地方都留下了他们的足迹。大禹感到自己的父亲没有完成治水的大业而空留遗憾，而在他的手上这任务一定要完成。他沿途看到无数的人民都在洪水中挣扎，他一次次在那些流离失所的人民面前流下了自己的眼泪。而一提到治水的事，相识的和不相识的人都会向他献上最珍贵的东西。当然他不会收下这些东西，但是他感到人民的情意实在太浓太浓，这也倍增了他的决心和信心。

三、因势利导，科学创新

大禹治水讲究智慧。他根据山川地理情况，将中国分为九个州，就是：冀州、青州、徐州、兖州、扬州、梁州、豫州、雍州、荆州，统筹安排土地、山、川治理。

首先，整体规划土地，该疏通的疏通，该平整的平整，使得大量的地方变成肥沃的土地。然后，治理山。经他治理的山有岐山、荆山、雷首山、太岳山、太行山、王挝山、常山、砥柱山、碣石山、太华山、大别山等，主要疏通水道，使得水能够顺利往下流去，不至于堵塞水路。山路治理好了以后，他就开始理通水脉。长江以北的大多数河流都留下了他治理的痕迹。

大禹治水一共花了13年的时间，正是在他的手下，咆哮的河水失去了往日的凶恶，驯驯服服地平缓地向东流去，昔日被水淹没的山陵露出了峥嵘，农田变成了粮仓，人民又能筑室而居，过上幸福富足的生活。[2]

大禹治水在中华文明发展史上起重要作用。在治水过程中，大禹依靠艰苦奋斗、因势利导、科学治水、以人为本的理念，克服重重困难，终于取得了治水的成功。由此形成以公而忘私、民族至上、民为邦本、科学创新等为内涵的大禹治水精神。大禹治水精神是中华民族精神的源头和象征。[3]

中华民族精神的基本内涵是：在五千多年的发展中，中华民族形成了以爱国主义为核心，团结统一、爱好和平、勤劳勇敢、自强不息的伟大民族精神。大禹治水精神，正是中华民族精神之源，在当今实现中华民族伟大复兴的新征程上，我们仍然要继承和发扬大禹治水精神，胸怀为民族谋复兴、谋发展的远大志向，以民为本，统筹规划，讲究科学，艰苦奋斗，走全面协调可持续发展的道路，把我国建设成物质文明、精神文明、政治文明、社会文明、生态文明的社会主义现代化强国，以富强、民主、文明、和谐、美丽的姿态，傲然屹立于世界民族之林。

---

[2] http://baike.baidu.com/l/IPgV7T9w?bk_share=copy（2018年5月12日引用）。
[3] 贾兵强：《大禹治水精神及其现实意义》，《华北水利水电学院学报（社科版）》2011年第4期。

试论武汉大禹文化博物馆
陈列文物的科学保护

段　炼[①]

摘要：据调查了解，国内有些博物馆，对文物的科学保护缺乏力度，仅把主要目光投放在存放文物的库房，而对陈列展厅及其它相关环节的文物保护却乏善可陈。本文从文物保护学的角度，立足工作实际和专业技术诉求，在对博物馆陈列展厅内文物保护方面所存在的潜在隐患进行综合剖析的基础上，从展陈理念和提升文博从业人员的文物科技保护意识以及职业素养等方面，对妥善解决陈列展厅内文物科技保护之新途径等问题做了探索。

关键词：陈列展厅　文物　科学保护　文物保护环境

Discussion on the Scientific Protection of Cultural Relics in Wuhan Great Yu Culture Museum

Duan Lian

Abstract: At the present, some domestic museums lack of scientific protection of cultural relics, which only focus on the warehouse but cares little about exhibition situation or any other display. In this paper, from cultural relics protection point of view, based on practice and professional technology, on the basis of analyzing potential risk in cultural relics protection displayed in exhibition hall, from increasing cultural relics

---

①段炼：晴川阁武汉大禹文化博物馆古建维护部副主任、馆员。
Duan Lian: Qingchuan Pavilion, Wuhan Great Yu Culture Museum, deputy head of Ancient Architecture Maintenance Department.

protection consciousness of museum practitioners and professional knowledge of science and technology, We explore how to protect the cultural relics in the exhibition hall by technological methods.

Key words: exhibition hall, cultural relic, scientific protection, environment of relic protection

众所周知，文物的存放寿命实际上与文物存放环境对它的作用过程有关。就博物馆而言，其藏品保存得好坏，既取决于文物材质的性质，亦取决于它所展陈的环境。把文物经常或长期摆放在陈列展厅内作展示，是博物馆对公众施以教育功能的一个重要方式，很多极具观赏价值的珍贵文物通常会放在陈列展厅显要位置供观众参观，为了吸引观众，博物馆会尽可能多地把自己的藏品从文件库房转移到展室，大多数公众赴博物馆参观亦是为了观看与欣赏展品。这些皆决定了我们对文物的保护考虑不能仅仅局限在文物库房之中，还有一个弥足重要的场所，那就是陈列展厅。

随着博物馆事业的蓬勃发展，文物科研保护的发展亦突飞猛进，因此很多相关技术成果与新型材料皆能及时应用于文博领域。目前国内一些有条件的大博物馆，均设置了文物科技保护部门，专事本单位的文物保护工作，如中国国家博物馆即一直长设这种部门。从形式上看，我们的工作似乎已经做到了细致入微，其实不然。就拿国博为例，限于当前展陈的硬件环境等综合因素，我们对文物保护的条件与力度跟西方发达国家水平相比尚有距离。尤其是陈列展厅文物保护方面现状不容乐观。由于对文物保护的重心长期放在文物库房及相关的文物修复等方面，陈列展厅内的文物保护等相关环节则往往被忽视；在实际设计工作中，陈列设计人员（他们对文物陈列环境的缔造起着规划师的作用，他们的创意构划以及据此形成的展陈制作结果，对陈列展厅文物存放环境的最终构建，起着至关重要的作用）中有很多人会把主要精力都放在对文物展陈艺术氛围的烘托营造上，对文物精到入微的科学保护却往往缺乏主动意识。具体到我们的国家博物馆而言，由于基本馆建硬件是20世纪50年代末的建筑，各种陈列配套设施相对陈旧，馆内各部门责任分工又相对明确，做事情需要多方协调才能达成默契。这些都会对陈列展厅文物保护环境的关注与臻善有些许弱化。

另一方面，现在大多数博物馆目前的展陈环境和相关技术条件亟须臻善，这是一个相当严峻的研究课题。就以展览最基本的陈列设备陈列柜为例，在布展时常会因开启繁琐而影响工效，加之材质笨重，需要很多人力搬运，更换展品不甚便捷，防盗等安全性能不高，照明系统尚采用传统的光源与展示空间一体的滞后模式，存在火灾隐患，更为严峻的是红外线、紫外线辐射等光化学污染现象严重并难以杜绝。这些皆会对博物馆陈列展厅内文物的科技保护力度产生不利影响。那么，如何运用科学的保护手段，妥善解决陈列展厅文物保护方面所存在的潜在隐患，进而如何以更为审慎务实的展陈理念和职业素养，科学地保护我们那些弥足珍贵的展陈藏品呢？

一、要以文物科技保护学为根本，积极探索解决陈列展厅内文物科技保护之新途径

文物保护学是研究文物如何保存与保护的学科，对博物馆的文物保存、研究与展示等一系列工作有着重要的技术指导意义。在我们日常工作中，要时刻不忘自觉运用科学的文物保护学原理指导实践，勇于在实践中探索并解决各种相关问题。

（一）潜心营造陈列环境内的温湿度等指标的相对安全稳定

衡量博物馆室内气候环境，首要看建筑物内的空气温度与相对湿度。目前为业界所公认的博物馆内环境气候标准数值是：温度为 15~25℃，相对湿度为 45~65%。在此数值范围内缓慢波动对文物保存与保护是相对适宜的，倘若超过这个界限，文物就容易发生病害。另外博物馆的室内相对温度与相对湿度亦是相互关联而又密不可分的有机整体，当温度发生变化了，相对湿度亦随之会发生转变，由它们引发的展品材料老化现象便时有发生。因此必须对博物馆陈列环境内的温湿度条件严格控制，具体臻善举措可从以下几个环节予以考虑。

博物馆一旦开放后，室内外空气对流将难以避免，因此应尽可能把文物置于陈列柜中并严格密封。此举可对环境温湿度起到缓冲作用，尤其是减少外部复杂环境对文物的影响。倘再选用密封性能良好的密封条严格密封展柜，则更进一步减少其内部空气对流，由此创造的稳定的温湿度环境效果会更佳。当然，展柜的密封性能与其制作材料以及展柜结构亦休戚相关，倘若设计结构未尽合理（例如展柜以滑动拉门式开启）则密封性能会稍差一些。

目前国内博物馆所能采取的最好的调节温湿度方法是在陈列展厅内安装中央空调或在展示区内的局部小环境中配以恒温恒湿设备。以上两种调节温湿度方法安全便捷，效果显著，但一般设计成本亦相对较高；倘若必须考虑减少设计及运营成本等诸多现实问题，则可以通过采用严格密封展柜或在展柜内放置行之有效的化学调湿剂（如饱和盐溶液或吸水性能好的硅胶等）等介质，有效地控制展柜内的温湿度。

（二）防尘、除尘以保持展室内的环境清洁必不可少

博物馆一旦开放后，室内外空气对流将在所难免。另外，由于建筑的门窗缝隙等原因，也会让不洁的空气进入展室。污染的空气中往往包含诸如具有酸碱性的化学微粒、金属粉尘、微生物孢子、植物纤维、动物皮毛、昆虫排泄物及虫卵等各种杂质。这些杂质微粒一遇到水分，在温度适宜的时候就会与展品发生化学反应，从而使展品遭致戕害。另外灰尘的积累亦可以改变文物的外观色彩，条件适宜还会使展品滋生菌斑，因此保持陈列展厅内环境清洁至关重要。具体改善之举措可从以下几方面入手：减少与室外空气的流通，密闭展室并密封窗户，控制参观人数（因为当观众太多时，展厅温度会相应升高，展柜温差拉大并进而形成对流，由此造成污染空气从缝隙中进入展柜，戕害展品）；在经费条件许可的条件下，最好安装有空气过滤装置的空调设备除尘，并尽可能避免文物露置在环境中，同时要选择密封性能好的陈列设备；展具设备要尽可能实现各功能部件科学分离，例如灯箱与展示区分离、发热电器与展示区分离等。

（三）慎重选择光源，限制总照明强度

光源体及陈列辅助设备所产生的光化作用和热效应会影响文物的珍藏，尤其是用含高红外线的白炽灯和含高紫外线的荧光灯直接照射文物对文物损害更甚。采光照明是参观和研究博物馆展品的基本条件，但光源之所以要慎重选择，是因为很多光源或多或少地含有不同强度的红外线及紫外线，尤其是日光，这些皆会对敏感展品（如书画、纤维、短期染料等）造成不可挽回的褪色发脆等光化作用，因此一定要选用危害含量少或外加防护措施的光源（诸如冷光杯、光纤等）。另外，依据中华人民共和国行业标准《博物馆建筑设计规范（条文说明）》的相关规定，陈列展厅照明对高敏感物体照度不应超过 50LUX/H，每年对展品的总曝光量不应超过 120000LUX/H。因此我们亦须

科学控制展室内的总照明强度。

（四）陈列装饰材料及展示道具力求绿色环保

陈列展厅内的空气污染所造成的危害，除室外进入的各种杂质以外，还有因建筑材料、装饰材料、陈列辅助材料等含有可挥发性有害物质而导致的陈列环境污染加剧等多种危害。诸如高挥发性有机物涂料、含甲醛等高过敏性物质的胶合板、纤维板、胶粘剂；含放射性高的花岗岩、大理石、陶瓷；可溶型油漆、化纤毛毯和许多建筑产品释放有机混和物，特别是有的装饰材料含有不挥发的酸、碱、甲醛等物质，从而容易与展品发生化学反应。有的陈列装饰材料（诸如含甲醛的劣质人造板材、胶粘剂、墙纸等）会释放难闻的异味，不仅会对观众及布展工作人员的身体健康造成直接危害，影响观众的参观兴致以及在陈列厅内的逗留时间，而且这些材料还是潜在致癌物，长期接触亦会引起皮疹、孕妇胎儿畸形等后果。为便于陈列装饰及确保展示道具的绿色环保，我们可从以下方面予以考虑：必须要选用有国家权威质检部门认证的合格产品（CMA 认证产品）或选择纯天然材质作为陈列装饰甚至不装饰。采用优质聚酯漆和环保型硝基漆，尽量不使用醇酸油漆；尽可能使用 3R 材料（即可重复使用、可循环利用、可再生材料），尽量使用自然材料、耐久性材料及后期维护简便的材料产品。

（五）陈列设施要安全耐用，而且应便于操作

陈列设施是否安全耐用、便于操作，对于文物的保护相当重要。尤其是陈列柜，它是陈列设备的基础设施，对以实物为主的展示活动起着举足轻重的作用，同时它还可以提供保存与保护展品的理想环境。我们很多博物馆现如今仍保留并使用的旧展柜很多密封性能欠佳，而且开启繁琐，搬运也不甚方便，特别是展柜内置照明设施不能有效防紫外线和红外线辐射，展柜玻璃亦不能防盗，这些因素都会对文物的保护产生不利影响。因此我们需要加大资金投放力度，引进国内外最先进的陈列设备替换原有设施。

二、从实际工作入手，加强文物科技保护意识，提高文博从业人员的职业道德素养

陈列展厅内的文物保护工作可谓任重道远，它给我们带来艰巨的挑战。这就需要

我们在陈列工作的整个周期内，始终都要把文物的科学保护纳入工作的各个环节之中，使陈列设计不能仅仅局限在满足观众对陈列形式的认知和接受程度上，还要考虑更多的因素来保证展品所处的陈列环境的安全可靠。这些皆需要我们在长期的工作实践中去不断摸索及完善。

加大文博界对文物科技保护意识的普及力度，全面提升文博从业人员的职业道德水平。在倾心策划和筹备展览的每一个细微环节，我们博物馆人始终都应把文物保护的意识放在首位，在此基础上再致力于大胆的艺术创造，合理有效地利用资源，努力改善当前现状，进而减少对展陈文物的不良影响。

克服盲目追求艺术氛围的营造渲染、片面强调外在装饰以至资源浪费等不当做法，力求审慎务实，科学得体。装饰风格的打造虽然可以提升陈列品的艺术品位，增强展出效果，但不能盲目标新立异。这就要求我们在实际工作中既要摒弃那些在陈列设计过程中不计成本地把有限的资金用到繁琐的艺术装饰上的形而上学，又要更为审慎务实地加大对文物保护的资金投入。那些简约大方的设计，科学得体的用材，无公害无污染的陈列也不失为我们目前博物馆陈列设计的选择取向。简言之，就是不能舍本逐末。

如果在日常展陈设计的工作实践之间暇，能够不断倡导并有计划地组织博物馆内各业务部门自觉地学习文物科技保护的相关知识，并在经费等综合条件允许的前提下，鼓励业务人员能够"走出去，请进来"，加强馆际同行间的经验和技术交流，从而从根本上逐渐改变并提高我们从业人员的文物科技保护意识，进而在日常工作实践中认真予以验证落实，我们的工作成果想必会更加趋于完美。

大禹是廉政建设的鼻祖

摘要：现在党中央出台了"党风八条"等一系列廉政措施，引起人们热议。其实大禹就是廉政建设的开山鼻祖。大禹的廉政故事，记载在古籍中的，举不胜举。大禹的廉政建设，有三个要素组成：第一个要素就是廉政必须勤政；第二个要素就是必须率先垂范；第三个要素就是加强对廉政建设的监督。大禹的廉政建设和我们今天党中央所推行的一系列廉政建设措施是一脉相承的。他们的共同点，就是都以"民本思想"作为出发点和落脚点，不是为廉政建设而作秀。大禹的廉政思想在我们今天的"群众路线的实践教育活动"中有十分重要的现实意义，值得我们借鉴。

关键词：大禹的廉政建设　党的廉政建设　勤政　率先垂范　加强监督　以人为本思想

Great Yu is the Origin of Building An Honest and Clean Government

Gao Qun

Abstract: The Chinese party central committee has promulgated a series of clean government measures such as "Eight Party Rules" and so on, arousing people's discussion. In fact, the Great Yu is the founder of clean government. The story of Yu's honest government has been recorded in lots of ancient books. Yu's construction of a clean and honest government consists of three elements: the first is that a clean and honest government must be diligent; the second is that it must be exemplary; and the third is to strengthen supervision

---

①高群：中国大禹文化研究中心安徽分会副会长兼秘书长。
Gao Qun: vice chairman and secretary-general of Anhui branch of China's Great Yu Culture Research Center.

over government. Yu's clean government and a series of clean government construction measures carried out by   the Party Central Committee today in the same line. Their common point is that they all take "people-oriented thought" as the starting point and the foothold, not to show off for the construction of a clean government. Yu's honest and clean government thought has a very important practical significance in today's "mass line of practical education activities", which is worth our following.

Key words: Yu's clean government construction, clean government construction of the party, diligent administration, taking the lead, strengthening supervision and putting people first in mind

现在党中央出台了"党风八条"等一系列廉政建设的制度规定，一再强调领导干部，特别是"一把手"，要率先垂范，做出榜样，把廉政建设搞好。这一举措，得到了广大群众的热烈拥护，也成了舆论界热议的话题。其实廉政建设，古已有之。追根求源，最早可以追溯到尧舜禹时代，而禹的廉政建设远比尧舜时代更为出色，特别是在廉政制度建设方面更胜一筹。

大家都知道，孔子有一句热情赞赏大禹的话："禹，吾无间然矣！菲饮食而致孝乎鬼神，恶衣服而致美乎黻冕，卑宫室而尽力乎沟洫。禹，吾无间然矣！"（《论语·泰伯》）意思是说，孔子说："禹，我是没话说的了；吃得很差，祭祀祖先却很丰富；穿得很差，礼服的衣帽却很华美；住的和办公的房子很差，把节省下来的钱，尽力去修好农田水利。禹，我是没话可说的了！"这句话，很生动地体现了大禹的廉政思想。这样夸奖大禹的不止是孔子，曹操的儿子曹植也说："于嗟夫子，拯世济民。克卑宫室，致孝鬼神；蔬食薄服，黻冕乃新。厥德不回，其诚可亲，亹亹其德，温温其仁。尼称无间，何德之纯。"（《艺文类聚卷第十一》）意思是说："啊！大禹！拯救国家济助人民，不住豪华的宫室，而真诚地祭祀祖先；吃的很差，穿的很朴素，礼服却很新。他的品德正直无邪。他诚信可亲，坚持不懈地保持美德，始终仁爱宽厚待人。连孔夫子都说大禹他是无话可说的了，还有谁能比得上他纯真的德行？"反观当前，中央三令五申要求各地不盖或少盖楼台馆所，不盖豪华办公楼，把省下来的钱，多用于支农。这和大禹的做法是不是相一致的？大禹廉政建设的思想在古籍中俯拾即是，举不胜举。

譬如《尚书·大禹谟》里舜帝表扬大禹说："（汝）克勤于邦，克俭于家，不自满假。"《史记·夏本纪》里说大禹治政是："六府甚脩，众土交正，致慎财赋"政治修明，钱都花在刀刃上。在《国语·周语下》里说："伯禹念前（鲧）之非度，厘改制量，象物天地，比类百则，仪之于民，而度之于群生。"意思是说，大禹"改弦易辙，效法天地，类比万物，取则于民众，顺应于群生。"改变了他父亲"非度"治政态度。什么是"非度"？《左传·昭公二十年》里说："暴虐淫纵，肆行非度。"孔颖达疏："恣意行非法度之事也。"因此说，大禹改变的是暴虐淫纵的"腐政"，施行的顺乎民意、适应自然规律的"廉政"。

他的廉政建设之所以能取得成功，有三个要素最为重要。

一是廉政必须勤政，廉而不勤，就失去了廉政的意义。大禹勤政的例子也是出了名的。随手都可以举出几条。譬如：《山海经》里说："禹作司空，洒沈澹灾，烧不暇横，濡不给挖。身执虆垂，以为民先。"意思是说："大禹在做司空（治水的官员）的时候，分洪安定灾难。在奔波的途中，往往兴炊时也不把拐杖放下来歇一歇，被水淋湿了衣服也顾不得去擦。身上披挂着藤蔓做的衣服，做民众的表率。"《鹖冠子·禹政第六》形容禹："日中不暇饱食。"意思是说："（大禹往往）忙到中午连饭也顾不上吃。"《帝王世纪》里形容说："（禹）继鲧治水，乃劳身勤苦……手足胼胝，故世传禹病偏枯，足不相遇。"告诉我们："禹继续鲧的治水任务，真正是勤劳辛苦……手和足都长满了老茧。传说他病得枯瘦缺乏营养，走起路来两脚不能并拢。"限于篇幅，不能再举了。习近平主席在党的群众路线教育实践活动工作会议上告诫我们："（当前）精神懈怠危险、能力不足危险、脱离群众危险、消极腐败危险更加尖锐地摆在全党面前，党内脱离群众的现象大量存在，集中表现在形式主义、官僚主义、享乐主义和奢靡之风这'四风'上。"又提出："我们要对作风之弊、行为之垢来一次大排查、大检修、大扫除。"可见大禹的做法，在当前群众路线教育实践活动中是具有十分重要的现实意义的。

第二个要素就是必须率先垂范，才能使廉政继续下去，使廉政制度得以巩固持久。大禹有一句名言："祗台德先、不距朕行。"意思就是："我先敬业修德，使其感怀，这样天下的人民，就不会违背我的行政措施了。"大禹一贯反对骄淫奢侈，他说："无若丹朱傲，惟慢游是好、傲虐是作，罔昼夜额额，罔水行舟，朋淫于家。"（《尚书·益稷》）翻成现代汉语就是（大禹说：）"我没有像丹朱（尧之子）那样，桀傲骄横，只喜欢怠惰放荡，一味戏谑恶作剧昼夜无休止。没有水的地方偏要行舟，三朋四友成群结党淫乱于家中。"他反对骄淫奢侈，总是从自身做起，首先律己，在律己的基础上律他。《战国策·魏策二》里说："昔者，帝女令仪狄作酒而美，进之禹。禹饮而甘之。遂疏仪狄，绝旨酒，曰：后世必有以酒亡其国者。"大禹率先戒酒，以后又下了戒酒令，这是需要相当勇气的，因为有"尧舜千钟"之说，说明尧和舜都是嗜酒之徒，推行戒酒是与旧的习惯势力作斗争，自己不率先垂范是行不通的。他必须事事以身作则。《韩非子·五蠹篇》里说："（禹）身执耒锸，以为民先"亲自拿着各种翻土的工具，进行农耕，作民的表率。对于大禹的勤政，墨子是最为赞赏的，在《庄子·天下篇》里有一段话说："昔者禹之湮洪水，……亲自操橐耜而九杂天下之川，腓无胈胫无毛，沐甚雨，栉疾风，置万国。禹大圣也，而形劳天下也如此。"墨子使后世之墨者，多以裘褐为衣，以跂蹻为服，日夜不休，以自苦为极，曰："不能如此，非禹之道也，不足为墨。"说明庄子和墨子都是赞赏大禹的以身作则，勤勉治政。大禹的律己精神，是一以贯之的，甚至连他死后也作了安排。《淮南子·要略》里说大禹主张："死陵者，葬于陵；死泽者，葬于泽。故节财薄葬简服生焉！" 就是说："死在丘陵就葬在丘陵；死在沼泽就葬于沼泽。这样一来，节财、薄葬及简化居丧所用的良好风气就产生了。"他这样说的也是这样去做的，《墨子·节葬》里记载："禹……葬于会稽之山，衣衾三领，桐棺三寸，葛以缄之，绞之不合，通之不坎，掘地之深，下毋及泉，上毋通臭。既葬，收余壤其上，垄若参耕之亩，则止矣！"意思是："大禹死后葬于会稽山，随葬品很少，衣衾三件，用桐木做三寸之棺，用葛藤束住，虽然封了口但并不密合。凿了墓道，但并不深，掘地的深度以下不及地下水、上不透臭气味。葬毕，将剩余的泥土覆盖在上面，坟地宽广约三尺，就行了。"反观历朝历代，有哪一个帝王死后不是"豪华之葬"？

现在党中央强调，领导干部要做廉政的模范，从领导班子做起。中共中央常委和政治局委员，首先在群众路线教育实践活动中，带头"洗洗澡，治治病"。要求领导干部，要别人做到的必须自己先做到；要求别人不去做的，首先自己不去做。可以说，党中央出台的"党风八条"，与大禹的率先律己的思想是一脉相承的。

第三个要素就是要加强人民群众对廉政建设的监督。要有一套行之有效的监督机制。大禹就是这样做的。最为脍炙人口的做法，就是实行"五音听治"制度，《鬻子·禹政第六》里说："禹之治天下也，以五声听。门悬钟鼓磬，而置鞀，以得四海之士，为铭于簨虡,曰:"教寡人以道者,击鼓;教寡人以事者,击钟;教寡人以忧者,击磬;语寡人以狱讼者,挥鞀。"此之谓五声。翻译成现代汉语就是:"禹在治理天下的时候,非常关心民意。为了使民意能够上达,他在门前悬挂了钟鼓磬(铎)四种乐器,再加上放置了鞀(鼗)来听取民意。在簨虡(古代悬挂钟磬的架子,横杆叫簨,直柱叫虡,亦作'笋虡')上写上铭文告诉人们:'告诉我道理的人,可以击鼓;告诉我事情的人可以敲钟;来诉苦的人可以敲磬,想告状的人可以挥动拨浪鼓。'这就是五声。禹告诉人们,他这样做的目的,是怕四海有识之士滞留在半路上,不能发表他们的意见。"他这样做了,四海有识之士,都到来了,为大禹分担天下治理之事。(本文作者按:《鹖冠子》里的这句话里少了一种乐器叫"铎",被遗漏,应补之)。这种做法,如同现在的信访制度和首长接待日制度,让人民群众享有知情权、参与权、表达权和监督权。但有了监督制度,还需要官员有从善如流的态度才行。大禹的从善如流也是出了名的。孟子曰:"禹,闻善言则拜。"(《孟子·公孙丑上》)孟子曰:"禹恶旨酒而好善言。"(《孟子·离娄》)"禹拜昌言曰:'俞'!"(《尚书·皋陶谟》)在《尚书》里的《皋陶谟》《益稷》《大禹谟》等篇章中,记载了大量皋陶、伯益、后稷等人对禹说的"昌言",告诉了他如何修身、齐族、治天下的道理(从略),禹总是谦虚地"拜受而然之"。大禹是纳谏的模范,《管子·桓公问》里说:"禹立谏鼓于朝,而备讯也。"《吕氏春秋·谨听》里说:"昔者禹一沐而三捉发,一食而三起,以礼有道之士,通乎己之不足也"。意思是说:"以前禹在沐浴的时候一连三次,听到有客人来了,用手握着(捉:在古汉语里有握、抓的意思)湿漉漉的头发就出来接客;正在吃饭,一连三次听到有客人来了,马上放下碗筷起身待客。对有识之士恭恭敬敬地以礼相待,听取别人的意见,以弥补自己的不足。"现在党中央也十分重视完善加强监督机制,一再强调舆论监督,群众监督。大禹每年都实行"巡狩"各方的作法,目的在于检查各地官员的政绩,党中央也实行向各地派巡视组的做法,目的都是为了加强对官员的监督。

除了上述三个要素之外,还必须强调的是,廉政的目的是为了造福人民。因此党中央一再告诫我们,一切都要从"以人为本"的方针作为出发点和落脚点。有了民本思想,才会自然而然地去廉政。否则就可能有"为廉政而廉政"的作秀嫌疑。大禹的"民本思想",表现得非常鲜明。在《左传·庄公十一年》和《新唐书·卷一百一十五》中,有一段话说:"禹、汤罪己,其兴也悖焉,桀、纣罪人,其亡也忽焉。"这句话里的"悖"

238

通"勃"，意思是："禹和汤怪罪自己，他们的兴盛很迅速，势不可挡；桀和纣怪罪他人，他们的灭亡也很迅速，突如其来。"这句话正是黄炎培先生 1945 年 7 月去延安访问与毛泽东的对话时所引用的典故，后来被称为"黄炎培周期率"又称"窑洞对"，一时成为佳话。但人们并没有注意到，这句话是鲁国大夫臧文仲在一次与庄公对话时，引用了禹汤的罪己事迹，来告诫庄公的。那么禹有什么"罪己"事迹呢？譬如，《孟子·离娄》里孟子曰："禹、稷、颜回同道。禹思天下有溺者，由己溺之也；稷思天下有饥者，由己饥之也，是以如是其急也。"翻译成现代汉语就是，"孟子评论说：'大禹、稷、颜回实行的是同一条原则。大禹觉得天下那些被洪水淹没的人，就像是自己推他们下水去似的；稷觉得天下那些挨饿的人，就像自己使他们饥饿一样，所以他们对拯救人民如此地急迫。'"又譬如，桓宽《盐铁论》里说"禹稷自布衣，思天下有不得所者，若已推而纳之沟中。"意思是说："禹，稷来自平民，他们感到天下有的人不得温饱，就如同自己把他们推到水沟里似的心里难受。"再譬如，刘向《说苑》里说："禹出见辜人，问而泣之。"意思是说："禹外出见到罪人，问他的缘故悲痛地流下了眼泪。"为什么流下眼泪？责怪自己没有把他们教化好，犯了罪还要累及家人。大禹甚至愿意把自己当做"牺牲"来祭奠神灵消除灾害。《淮南子·修务训》里这样说道："是故禹之为水，以身解于阳盱之河。"意思是说："所以夏禹治水，是拿自己的身体为牺牲，在阳盱河边祈祷神灵消除灾难。"大禹的这种"罪己精神"达到了何等崇高境界，就不言而喻了。党中央一再强调："权为民所用，情为民所系，利为民所谋"，一切以"以人为本"方针为出发点和落脚点，这和大禹"德惟善政，政在养民"（《尚书·大禹谟》）以及"民可近，不可下。民惟邦本，本固邦宁"（《尚书·五子之歌》）的"民本思想"是相通的。

综上所述，我们说大禹是廉政建设的鼻祖，是一点也不夸张的。

大禹治水精神与博物馆施教结合

许　芳[①]

摘要：大禹为民造福，永远受到华夏子孙称颂，大禹刻苦耐劳的精神，永远为炎黄后裔怀念。他率领群众疏导洪水，栉风沐雨，废寝忘餐，夜以继日，不辞劳苦，体现了中华民族的勤劳、智慧、勇敢、奉献和万众一心战胜困难的民族精神。历史和现实都告诉我们，青年一代有理想、有担当，国家就有前途，民族就有希望，实现中华民族伟大复兴就有源源不断的强大力量。

关键字：大禹治水　青年　希望　博物馆教育

The Great Yu's Spirit of Water Control and Museum Education

Xu Fang

Abstract: the Great Yu benefits people and is always blessed by the Chinese descendants. Chinese descendants cherished his spirit of hard-working. He led the people in preventing flood day and night regardless of sweat and toil. It embodied the diligence of the Chinese nation along with wisdom, courage, dedication and the spirit to overcome difficulties. History and reality told us that when younger generation have lofty ideals and take responsibilities, countries will have future, and the nation will have hope, providing continuous power in the rejuvenation of China.

Key words: the Great Yu controls flood, youth, hope, museum education

---

①许芳：晴川阁武汉大禹文化博物馆办公室馆员。
Xu Fang: Qingchuan Pavilion, Wuhan Great Yu Culture Museum, Administration Department.

汉阳是我国的历史文化名城之一。相传4200多年前，大禹治水曾驻足大别山（今龟山），在山之东、南种下了不少柏树。据《大清一统志》和《武汉地名志》等相关史料载：唐代，这里建有大别寺。宋代著名诗人苏轼曾路过汉阳，游寄兴国寺，见过那些参天古柏，写下了流传千年的《禹柏》诗：

谁种殿前柏？僧言大禹栽。

不知几千载，柯干长苍苔。

在龟山之首的晴川阁景区中就有一座纪念大禹治水的古代建筑——禹稷行宫。据明景泰六年（1455年）《寰宇通志》载：原禹王庙"在大别山麓，宋绍熙间(1190~1194年)，司农少卿张体仁以此地江汉朝宗这会，乃建庙以祀大禹，而以益稷配焉"。

大禹（约前2277~前2213年），姓姒，号文命，享年64岁，葬于会稽山下。相传大禹治水疏江导汉曾驻足龟山，晴川阁下的禹功矶就与这传说有关。古时大禹为民治水有功，名垂青史。千百年来，后人一直没有忘记大禹这位伟大的先贤，各种祭祀活动经久不衰。据《江夏县志》记载，元世祖曾命人在禹功矶上修建禹王庙，祭祀大禹。明天启年间改为禹稷行宫。清同治二年，再次重建禹稷行宫。修葺一新的禹稷行宫是一座具有浓厚地方风格和体现精湛民间工艺的砖木结构建筑。1983年修复禹稷行宫，是重建晴川阁景点群中的重点工程之一。白墙青瓦、沟头滴水、脊吻座兽和其巧妙的构思设计、雕梁画栋、涂漆彩绘，使整座建筑大大加强了古色古香的效果。

走进禹稷行宫，大殿正中立着一座金光灿灿的大禹铜像，背后衬有《九州图》，又称《禹迹图》。只见大禹正襟危坐、神情威严，身着朝服、头戴朝冠目视前方，仿佛仍然心系百姓，不忘治水大业。大禹治水三过家门而不入的故事家喻户晓，被传为美谈，至今仍为人们所传颂。为私者，虽能获得个人一时之利，但为公者却能永远心存快乐。传说大禹在离家不远处视察治水情况，听闻妻子很快就要生产。但他深知治水之事刻不容缓，便率领众人继续治水。第二次路过家门时正是深夜，从屋内传出孩子的哭声和妻子温柔安慰声，可看着每日跟随他奔波于治水的人们，他还是眼中尽是不舍的离开了。又过了几年他再次路过自家门前，看着孩子正向自己招手。眼看治水大业即将完成，在这关键时刻怎能只想自己回家，于是他又匆匆的离开了。大禹把个人的一切全部献身为人民造福的事业之中，体现了他公而忘私的崇高精神。

大禹为民造福，永远受到华夏子孙称颂，大禹刻苦耐劳的精神，永远为炎黄后裔怀念。从大禹像后面的《禹迹图》中，可以大概看出他当时的治水路线。大禹治水是大约在四千余年前，黄河流域经常发生洪水灾害。当时正处于原始社会末期，生产力极其低下，生活非常困难。面对到处是茫茫一片的洪水，人们只得逃到山上去躲避。禹亲自率领 20 多万治水群众，浩浩荡荡地全面展开了疏导洪水的艰苦劳动。大禹除了指挥外，还亲自参加劳动，为群众做出了榜样。他手握木耒（形状近似于今天的铁锹），栉风沐雨，废寝忘餐，夜以继日，不辞劳苦。由于辛勤工作，他手上长满老茧，小腿上的汗毛被磨光了，长期泡在水中，脚指甲也脱落了。在他的领导下，广大群众经过十多年的艰苦劳动，终于疏通了九条大河，使洪水沿着新开的河道，服服贴贴地流入大海，他们又回过头来，继续疏通各地的支流沟渠，排除原野上的积水深潭，让它流入支流。从而制服了灾害，完成了流芳千古的伟大业绩。

大禹治水体现了中华民族的勤劳、智慧、勇敢、奉献和万众一心战胜困难的民族精神。他的这种精神也正是当今社会提倡的。正如习总书记所讲，历史和现实都告诉我们，青年一代有理想、有担当，国家就有前途，民族就有希望，实现中华民族伟大复兴就有源源不断的强大力量。把关注和目光投向青年，展现出的是一个民族的远见卓识。在时代滚滚向前的浪潮中，青年被寄予厚望。新时代，青年在中华民族实现伟大复兴中国梦中的角色日益清晰，随着祖国的日益强大，也拥有了实现伟大抱负的现实物质基础条件。青年每前进一步，国家民族的未来就多一份稳扎稳打的希望。

1992 年 12 月，禹稷行宫被列为湖北省文物保护单位，1995 年晴川阁被定名为爱国主义教育基地，给武汉市中小学生提供了一处展示我国优秀历史文化，学习知识、培养情操的第二课堂。开展富有特色的社会教育活动，提供多元化的服务项目，是武汉大禹文化博物馆的一项重要工作。目前，馆内"5·18 博物馆日"、课堂进校园等活动已形成一定规模，吸引了大批参与者，取得了良好的社会效益。

"墨拓晴川"活动带领小朋友们探求中国古老传统技艺——制作拓片，感受中华传统文化特色。小朋友们在爸爸妈妈的陪伴下，一起学习了有趣的拓片知识，从喷水、上纸、打压、墨拓到最后的揭纸，小朋友们都看得十分认真，充满了对艺术的探知。这次活动让小朋友们近距离接触拓印艺术，同时，了解拓片的发展历史以及拓片的艺术价值，让大家对拓片这个重要的传统手工   技艺有了新的认知。

博物馆教育是学校教育的补充和延伸，应该给予青少年重点关注。引导青少年参与博物馆教育，帮助其树立正确的价值观，是我馆一直努力的方向。为了庆祝一年一度的"粽子节"，我馆举办了一场温馨手工大制作。在这里大朋友、小朋友齐聚一堂，亲手制作五彩绳、蛋袋、香囊，感受节日气氛，追忆童年乐趣。手作大会上老师给大家普及了端午的知识，包括节日由来、习俗、传说故事等。小朋友在大朋友的引导下认真地编织着属于自己的五彩绳，浓浓的幸福感溢满全场，慢慢地一条漂亮的五彩绳成型了，亲情在这一刻得到了升华。

造纸术是中国四大发明之一，是中国古代人民智慧的结晶。文化和自然遗产日，我馆举办了古法造纸活动。我们邀请小朋友来参加一堂别开生面的文化体验课。课前老师用丰富的图片和动画资料为大家生动地介绍了造纸的"前世今生"。在家长的帮助下，孩子们参与实践，并亲手制作出一张张花草纸。此次活动也受到广大参与者的欢迎与喜爱，不仅让小朋友们了解古法造纸技艺，普及我国现存的非物质文化遗产知识，而且弘扬中国传统文化，增强人们的民族自豪感与爱国情怀。

图 1　晴川艺术课堂

"少年智则国智，少年富则国富，少年强则国强，少年独立则国独立，少年自由则国自由，少年进步则国进步……"一百多年前，梁启超在国家前途晦暗时，寄希望于"少年"。百年后，中华民族在中国共产党领导下，国力蒸蒸日上，人民信心昂扬，习近平总书记在同各界优秀青年代表座谈时说："青年一代有理想、有担当，国家就有前途，民族就有希望，实现我们的发展目标就有源源不断的强大力量。"

博物馆教育，已成为校外教育的第二课堂。通过有计划的教育活动，有效地普及科学文化知识，弘扬民族文化，宣传爱国主义，增强青少年的审美观念。博物馆可利用基本陈列，详尽的解说词，巩固人们所学的知识。博物馆除组织学生参观外，还可指导他们进行社会调查、采集标本、实验制作或其他富有教育意义的活动，以增长他们的课外知识。

为促进博物馆事业的健康发展，吸引社会公众对博物馆事业的了解、参与和关注，提高公众对博物馆事业和文化遗产保护重要性的认识，营造博物馆社会教育的良好氛围，每年"5·18国际博物馆日"和"中国文化遗产日"，武汉大禹文化博物馆都会根据活动主题，精心组织策划形式多样、内容丰富、针对性强的纪念活动。依托博物馆，展示丰富精美的文物，策划推出重点展览；或组织特色鲜明的青少年社会教育活动，举办公众感兴趣的知识讲座，发放宣传资料。这些持续不断、丰富多彩的文化遗产宣传活动，吸引了众多市民的关注，为市民的文化生活奉上了一道文化艺术大餐。

参考文献：

［1］武汉博物馆：《武汉博物馆》，文物出版社，2012年。
［2］《晴川掌故》编纂委员会：《晴川掌故》，武汉出版社，2005年。

大禹文化的传承保护与利用

——以北川羌族自治县传承发展大禹文化为例

朱 静 尧一三①

摘要：传承发展大禹文化，是现阶段北川羌族自治县最重要的任务。作为大禹故里，近四十年时间里，北川在弘扬大禹精神，传承大禹文化工作中做出了很多成绩，取得了一些成效，也存在一些不足。分析这些成效和不足，对我们研究传承发展中华优秀传统文化，建立文化自信有着积极的意义。

关键词：大禹文化 传承发展 分析

The Protection and Utilization of the Great Yu Culture——Development and Inheritance of the Great Yu Culture in Northern Sichuan Qiang Autonomous County as An Example

Zhu Jing Yao Yishan

Abstract: Developing the Great Yu culture is the most important task of present northern Qiang autonomous county. This place is the Great Yu's hometown. In nearly forty years, it has made a lot of achievements to inherit the spirit of the Great Yu. The work has achieved some success but has some shortcomings too. Analyzing the effects and shortcomings has positive significance for studying the development of Chinese excellent traditional culture and building cultural self-confidence.

①朱静：北川羌族自治县禹羌文化研究中心主任。
Zhu Jing: director of Yu and Qiang Culture Research Center, Autonomous County of Qiang Ethnic Minority, Northern Sichuan.
尧一三：四川省大禹研究会副秘书长，国家级非遗项目"禹的传说"省级传承人。
Yao Yisan: deputy secretary-general of Sichuan Great Yu Research Association,inheritor of "Legend of the Great Yu" at the provincial level.

Key words: the Great Yu culture, inheritance development, analysis

文化是一个民族的灵魂，是一个国家综合国力和国际竞争力的深层支撑。纵观人类文化发展的历史，可以清楚地看到，任何一个民族现有的文化都来源于优秀传统文化的传承延续和丰厚积淀。中华文化博大精深、源远流长，我们的先祖，更在中华悠久的历史长河中，用他们的智慧和思想，为我们创造了一个又一个奇迹。而他们身上所体现出来的艰苦奋斗、勇往直前、科学创新、自强不息等优良品质，正是我们一代代国人需要继承和发扬的优良传统，是我国人民的信仰源泉。习近平总书记指出："不忘本来才能开辟未来，善于继承才能更好创新。"中华传统文化是我们民族的"根"和"魂"，是习近平新时代中国特色社会主义思想的重要来源，如果抛弃传统、丢掉根本，就等于割断了自己的精神命脉。

大禹，继炎黄之后又一人文始祖，是与尧、舜齐名的贤圣帝王。他最卓著的功绩，就是历来被传颂的治理滔天洪水，及建立中国第一个国家政权——夏朝。大禹的杰出贡献，对中国历史的演进和发展予以深远的影响。而其中展现的大禹精神则集中体现了中华民族求生存、求发展的坚强意志和崇高品格，是中华民族奋发前进的大旗、精神力量的源泉。以大禹精神为代表的中华优秀传统文化，是渗透在人民群众血液和灵魂中的因子，它深植于历史和人民，潜移默化地推动和巩固着社会价值和道德伦理的维续，为我们国家建设提供丰厚的土壤和养分。

北川是大禹故里。多年来，在北川党政领导的大力推广和支持下，面对大禹留下的丰厚浩瀚的文化精神，北川采取了多种方式学习、传承、运用、创新大禹文化，不忘本来、吸收外来、面向未来，更好构筑中国精神、中国价值、中国力量，为人民提供精神指引。特别是在十九大之后，我们更是将大禹文化结合当前中国特色社会主义新时代的新特点进行创造性转化、创新性发展，取得了一定的成绩。本文通过对北川传承发展大禹文化的做法进行梳理和分析，对比成效与不足，对现阶段如何更好地传承和发展中华优秀传统文化、建立文化自信进行探讨。

一、北川大禹文化基本情况

史载"禹生石纽""禹兴西羌"。北川是大禹故里，全国唯一的羌族自治县，历史悠久，人文厚重。这里有着丰富的大禹降生遗迹和历史典籍，大禹祭祀习俗长盛不衰、传说故事家喻户晓。作为大禹后人，北川人民在几千年的繁衍生息中，始终延续和传承着大禹"公而忘私、科学创新、艰苦奋斗、以民为先"的优良品质和坚强意志，形成了独具特色的"大禹文化"。

（一）历史文献记载丰富明确

北川作为大禹的诞生地，文献记载丰富：诸如《竹书纪年》《史记》《蜀王本纪》《吴越春秋·越王无余外传》《帝王世纪》《华阳国治》《水经注》《唐书·地理志》《舆地广记》《四川通志》以及清乾隆《御批通鉴辑览》《石泉县志》、清道光《石泉县志》、民国《石泉县志》等历史文献中，都有"禹生石纽""禹生石泉"的记载。最早的是战国的《竹书纪年》，我国第一本编年体史书，其后涉及到各个朝代，历史脉络清晰。

（二）大禹遗迹遗存遍布全县

在禹里镇一带集中完整地保存着大量大禹文化遗迹，有甘泉、刳儿坪、洗儿池、血石、采药山、采药亭、金罗亭、望崇山、岣嵝碑、誓水柱、禹王庙、禹王宫等30多个遗迹遗存，有大禹、李白、颜真卿所书"禹穴"题刻三处和扬雄"石纽"题刻，县内其它地方牌坊、庙宇遍布。其数量之众，历史之久远、保护之完好，堪称全省之最。同时，这些遗迹与历史典籍的契合度也很高。

（三）大禹传说故事妇幼皆知

千百年来，我县关于大禹出生、成长、治水、立国的传说故事家喻户晓，世代相传。像"石纽投胎""甘泉吞月""刳儿坪出世""血石传说""望崇山盼夫""跑马坪练武""誓水柱出征""金锣岩的传说""礼拜到禹穴"等50多个，有描绘大禹出生、成长、出征的，也有反映后人纪念大禹、崇拜大禹的，充分体现了我县大禹文化积淀的深厚，表达了北川各族人民对治水英雄、人文初祖大禹的崇敬和怀念之情。

（四）大禹祭祀习俗长盛不衰

自古以来，北川人一直视大禹为先祖圣王，视石纽山为神圣之地，时常自发举行祭禹活动。北川祭禹习俗千年不绝，可追溯到夏朝，经历了最初的原始祭祀、唐之前形成的庙宇祭祀，从民间庙祭到宋代以来的官民同祭，在清朝乾隆年间达到鼎盛，形成了知县着黄马褂代皇帝以"太牢"（猪、牛、羊三牲）之礼祭祀的国祭；随着大禹文化不断的发展，北川现已形成了纪念大禹的浓郁氛围，成为海内外华夏子孙寻根问祖的圣地。

（五）大禹文化研究成绩斐然

北川历来具有挖掘、研究、传承、弘扬禹羌文化的光荣传统，从上世纪80年代《禹生北川》出版以来，以知名历史学家李学勤为代表的学术界，根据查阅史料、实地考察等形式，从不同学科、不同角度探讨研究了北川大禹文化，为"禹生北川"一说提供了无可辩驳的论据。特别是1991年四川省大禹研究会成立后，国内外300余专家学者齐聚北川，开展了大量的研究工作，收获了《大禹史料汇集》《大禹研究文集》《北川羌族》《大禹研究文稿》《禹生石纽在北川》等众多研究成果，在全国产生了重大影响，成为全国研究大禹文化的一面旗帜。

1992年，时任国家主席的杨尚昆，亲笔题写了"大禹故里"四字；2007年7月，中国民间文艺家协会命名北川为"中国大禹文化之乡"；2009年7月，北川"大禹祭祀习俗""禹的传说"被四川省人民政府列入《第二批省级非物质文化遗产名录》；2011年5月，"禹的传说"被列为《第三批国家级非物质文化遗产》；2014年6月，中国水利史研究会将北川确立为"大禹祭祀地"，2017年5月，北川被国台办设为"海峡两岸交流基地"。

二、北川在大禹文化传承保护的主要做法

北川长期致力于大禹文化的挖掘、保护、传承和开发工作，已形成"学术有支点""祭祀有亮点""开发有优点""景区有看点"的良好发展局面。同时，结合"四川历史名人文化传承创新工程"，在省委、省政府的坚强领导下，在省、市有关部门的关心和指导下，北川高度重视大禹文化的传承保护和利用，全力推进相关工作，具体做法有：

（一）高水平研究和创新大禹文化

一是加强大禹文化研究。"四川省大禹研究会"（1991年11月）"中国先秦史学会禹羌文化研究基地"（2007年7月）"四川省社科院禹羌文化研究所"（2007年1月）等研究机构先后在北川成立，为了便于机构间的交流和合作，2007年4月，北川设置了禹羌文化研究中心，有效地推动了全国的大禹研究工作。目前，实现了与

浙江绍兴、河南登封、安徽蚌埠、山东禹城、湖北武汉等地的学术联动，形成大禹研究全国呼应的格局；与浙江姒氏、台北夏氏、河南禹氏、全国夏氏宗亲形成了良好的互动关系。2014年6月，浙江绍兴禹陵村与北川石纽村成为友好村落，2016年9月，北川羌城旅游区与浙江大禹陵景区缔结友好景区，有效促进两地文化旅游的交流合作。二是推进大禹文化成果面世。先后编辑出版了《大禹研究文集》《感悟禹里羌乡》《禹生石纽史料专辑》《羌地北川》《北川非遗》等专著和资料集，得到了国内外专家学者的高度评价。目前，《北川县志》《北川羌族史》《禹生石纽》已付梓成书；乡土教材《我可爱的家乡——北川》正在校对，即将出版；大禹传记正在组稿；由学术泰斗李学勤先生题写刊名的期刊《大禹文化》已刊印20期。三是启动大禹文艺精品项目。与四川小城轶事影视传媒有限公司签订了合作拍摄关于大禹文化题材电影作品的协议，剧本《禹城之约》现已创作完毕，力争列入省历史名人文艺精品创作项目规划，争取省级扶持。舞台剧《大禹出征》由汇德轩文化有限公司正在着力打造中；由县纪委牵头的以大禹家风家训为题材的专题片《禹训》2018年4月在中纪委网站展播后受到社会各界一致的赞誉。

（二）高站位保护和传承大禹文化

一是加强遗迹传说保护。对于北川境内至今保存的30余处大禹遗迹遗存，根据其不同的情况，采用了不同的保护手段，大小禹穴、石纽等题刻已列入市级文物保护单位，下一步我们将推动其被列入省保单位；大禹传说故事，2011年被列为国家级非遗项目。现已收集的50多个故事，由传承人整理出《大禹传说》集子，现已出样书，准备出版。二是强化大禹文化氛围。建设大禹纪念设施是我们强化大禹文化氛围的又一主要工作。在县羌民俗博物馆一楼开辟大禹博物馆临展区域并于2018年2月8日挂牌对外开放；1994年，在禹里镇重建了神禹故里坊，修建全国第一个大禹纪念馆，其馆在2008年地震损坏后，今年，在禹里镇规划重建大禹博物馆，力争2020年完成布展并对外开放；在北川新县城建成了禹王桥、禹王广场、禹龙小区等纪念建筑；命名"石纽路""望崇街""石泉南街北街"等有大禹文化符号的街道名称；落成已故著名雕塑大师叶毓山主创的大禹雕塑和大禹文化浮雕。在全县各处修缮、复建禹王庙、禹王宫等十余处；三是开展大禹文化传承普及。通过"大禹智汇"报告会、"禹羌大讲堂"、电视栏目《禹风》等向干部、群众宣传大禹精神和大禹文化；开展大禹文化进校园、进社区、进机关、进企业等活动，提升学生、群众对大禹文化的认识；建设"大禹文化网"、数字文化馆，数字化禹羌文化内容，通过实现"村村享、户户通、人人用"，加快推进大禹文化保护传承发展。

（三）高规格打造和推动品牌活动

一是抓好大禹祭祀品牌。北川祭禹习俗，至夏而始，源远流长。现在，每逢农历六月初六的大禹诞辰，周边群众都会自发到大禹庙朝圣，举行规模盛大的祭祀活动的祭祀方式是唐代以前流传下来的庙祭。经过宋代、明代的不断充实，到了清乾隆时期一度成为由知县着黄马褂代皇帝祭祀的国祭。千百年来，民祭和官祭相辅相成，形成了北川独特的大禹祭祀习俗和浓厚的大禹纪念氛围。北川大禹祭祀活动继 2009 年列为省级非遗之后，2014 年 6 月，被中国水利学会水利史研究会确立为"大禹祭祀地"，成为全国大禹民祭最有影响力的品牌。如今，北川已成为人们凭吊大禹功绩、缅怀大禹精神、进行大禹研究的重要场所。二是打造大禹文化交流品牌。1992 年，首届全国大禹研究交流会议——"大禹及夏文化研讨会"在北川召开，此后，我县先后举办了"海峡两岸大禹文化研讨会""全国禹羌文化学术研讨会""中国禹羌文化论坛""中华爱心文化论坛""中国北川感恩文化论坛"等学术交流研讨会。其中，"全国禹羌文化学术研讨会"从 2002 年起已连续举行三届，成为全国大禹研究届的一大盛事。2017 年 4 月 28 日，经中共中央台办、国务院台办批准，新设北川为"海峡两岸交流基地"，对弘扬禹羌文化，传承大禹精神发挥了积极作用。

（四）高起点打造和推广文旅产业

一是推动大禹文化旅游产业。近年来，随着北川县域经济的调整，旅游业已成为北川经济的支柱性产业。大禹文化景区建设，成为北川旅游建设的重点。1990 年 3 月，绵阳市批准北川"大禹故里"为市级风景名胜区。结合全域旅游示范区创建，恢复重建的禹穴沟景区一期建设已初具形态。目前，正在规划设计禹里镇"大禹历史文化名镇"以及"九州禹迹禹文化体验区"等六大文化旅游片区产业布局，依托新老县城、古县城（原石泉县治），打造以禹穴沟景区为核心，融禹里、小坝、开坪、桃龙、片口为一体的大禹文化旅游区，全面铺开大禹文化旅游产业。二是文创产品开发蓬勃发展。近年来，北川依托"大禹文化之乡""羌绣之乡"等资源优势和 139 项非遗保护项目，开发禹羌文化演艺、歌舞剧、情景剧、工艺品等文创旅游产品 1500 余种，同时，为了加快文创产品的研发和生产，培育文创企业 30 多家，年产值 3.5 亿元，带动就业 3000 多人。目前，以汇德轩文创产品为龙头的北川旅游产品分别在浙江绍兴大禹陵、湖北武汉晴川阁、湖北省博物馆等地相继落户，并取得良好的声誉，为大禹文创产品走出国门创作了条件。

三、北川大禹文化发展中存在的主要问题

从北川四十余年的大禹文化传承创新工作情况不难看出，北川在大禹文化资源相对丰富的情况下，大力保护遗迹、传统活动、开展大禹文化的研究工作，建立在全国县级层面的唯一的研究中心，将大禹文化与羌族文化合并研究等措施对大禹文化的发展、推广起到了积极的作用，对推动地区经济发展有着良好的指导意义。但是，还是存在很多不尽如人意的地方。

（一）文化内涵延伸不够

一是大禹文化内涵挖掘不够。近年来，大禹文化研究工作者克服诸多困难，付出艰辛努力，推出了一批有影响力有应用价值的研究成果。但研究工作"有纲少目"，没有形成"纲举目张"的体系，致使实效不足。二是缺少大禹文化文艺精品。以大禹文化为题材的诗歌、小说、散文、戏剧、音乐、摄影、书画等文艺作品多，但不足以列为精品，现有的大禹文艺作品大多依靠整理、翻印文史资料，图书馆、农家书屋等有大禹文化方面的图书存放，但借阅很少。

（二）文化队伍建设力度不够

一是基层人才缺乏。县文化馆缺少专业人才，难以全方位指导全县各级各类文化活动；乡镇文化专干无编制、无经费，难以持续发挥乡镇文化站的服务功能；村社文化志愿者补助经费低，综合素质不高，难以常态化开展村社群众宣传教育活动。二是文化传承青黄不接。一方面，大禹文化研究力量相对单薄，研究人员大多兼职，加之研究工作枯燥的性质和不规律的作息，很少有人特别是年轻人愿意俯下身、静下心从事大禹文化研究。另一方面，全县非遗项目 148 项，因其大多是公益性的，难以产生经济效益，有的项目难以找到传承人，非遗传承面临断代危机。

四、对策及建议

（一）抓好三大主体，壮大传承发展力量

一是抓好队伍建设。要通过选调或招聘等方式，配足文化专业人才和大禹文化研究人才；配齐乡镇文化专干，培育一批文化志愿者；加强教育培训，提升文化管理者、从业者、志愿者的敬业精神和业务水平。二是抓好农村群体。结合脱贫巩固和乡村振兴工作，采取进村入户等灵活多样的方式，鼓励留守农村的群体参与大禹文化知识培训；在年末岁初，为回乡省亲的务工群体举办大禹文化培训、读书、交流等活动，引导他们将他乡先进文化、文明新风与家乡的文化、文明建设结合起来，服务家乡，贡献社会。在《农民读书班》或《农民夜校》中增设大禹文化等本土文化专题，让留守家园的农民在学技术、懂礼仪、守法规的同时，了解本土文化，增强主人翁意识，为乡村振兴作积极贡献。三是抓好非遗群体。设立"非遗传承人成就（或贡献）奖"，鼓励非遗传承人传承好大禹文化。依法加强对非遗传承人的管理和考核，逗硬奖惩，督促非遗传承人依法开展非遗传承活动，积极参加社会公益活动，自觉开展非遗项目自我提升培训和传经授艺活动，培养新生代非遗接班人，不断壮大我县非遗传承队伍，提高各级各类非遗技能。

（二）实施三大工程，推进传承发展进程

一是实施文化普及工程。结合前期开展的传承传播工作，通过出版大禹文化通俗读物，举办名师讲座文化讲坛，推出广播电视展播展示，大力推动大禹文化进学校机关、进村组社区、进景区景点、进企业园区、进宾馆饭店、进车站商场活动和文化三下乡、文艺汇演、歌舞比赛、技艺比拼、节庆联欢等形式多样的群众性文化活动，尽快实现全民普及大禹文化。在全县中小学开设禹羌文化课外兴趣班，开展《禹羌故事》《我爱家乡》等讲故事、演讲比赛，从娃娃抓起，引导培养学生热爱家乡、热爱家乡文化、记住乡愁。二是实施文化提升工程。进一步整合大禹历史文化资源，坚持把大禹文化和羌族文化研究相结合，积极挖掘提炼并大力宣传弘扬大禹的深邃思想和羌族传统民俗文化，将文化研究与旅游产品开发相结合的把弘扬禹羌文化与促进地方经济和社会事业的研究相结合，在传承大禹精神的同时，推动大禹文化产业的形成，为大禹文化助推社会经济发展做出卓越的贡献。三是实施文化教民工程。倾力打造以大禹文化为

题材诗歌、小说、散文、戏剧、电影、电视剧、音乐、摄影、书画等文艺精品，满足城乡居民文化艺术需求；开展多种类型的榜样、先进评选活动，发挥榜样引领示范作用，教育和感染全县群众，形成移风易俗树新风的良好氛围，推进大禹文化传承发展再上新台阶。

浅析网络小说中的大禹形象

牟洪枢[①]

摘要：在我国传统史书和正统文学典籍中，大禹的形象经历了"部落英雄——神——圣主"的转变。在主流文学中，大禹的形象一直是正面积极的，是英雄的典型。当代社会，网络文学异军突起，大禹亦成为重要素材。网络小说中的大禹形象较之传统有了新的发展变化，更加立体、丰富，呈现出明显的时代意义和当代色彩。

关键词：大禹　网络小说　文学形象　英雄

Analysis of the Image of the Great Yu in Online Novels

Mou Hongshu

Abstract: In Chinese traditional historical books and orthodox literature, the image of the Great Yu has undergone the transformation of "tribal heroes - Gods - saints". In mainstream literature, Yu's image is always positive, such as a typical example of heroes. In contemporary society, as network literature emerges, Yu has also become an important source for creation. The image of Yu in the network novel has experienced a series of development and changes. Compared with the traditional one, it becomes a three-dimensional and vivid figure showing a clear image of contemporary society.

Key words: the Great Yu, online novels, literary images, heroes

①牟洪枢：西南科技大学文学与艺术学院学生。
Mou Hongshu: student of Literature and Art Institute of Southwest University of Science and Technology.

一、传统史书与正统文学典籍中的大禹形象

在中华民族漫漫的历史长河中，禹一直占据着重要的地位，由他而形成的大禹文化、大禹精神是我国文化史上一个非常重要的符号，影响深远。顾颉刚就认为，直到周代人心中，最古的人还只是禹。[②]

关于大禹的神话传说历来屡见不鲜，具有十分鲜明的传奇色彩，在传说中他最主要的业绩是治水。《山海经·海内经》《史记·夏本纪》等典籍对其治水过程有着比较详细的记载，在我国最古老的诗歌典籍《诗经》中大禹共出现六次，诸如"信彼南山，维禹甸之""丰水东注，维禹之绩""洪水茫茫，禹敷下土方，外大国是疆，幅陨既长""天命多辟，设都于禹之绩""丰水东注，维禹之绩"等，[③]西周人对大禹的尊崇可见一斑。此外，《国语》《孟子》《吕氏春秋》《淮南子》《庄子》等古籍中也有着不少关于大禹治水的记载。

在我国文学系统中，大禹基本上是作为一个正面的英雄形象出现的，其治水之功更被视作惠及整个中华民族千秋万代的神迹，因此司马迁说："维禹之功，九州攸同，光唐虞际，德流苗裔"（《太史公自序》），[④]乃至于将他由一个部落英雄神话，随着历史的发展他逐渐成为了一个人神合一的光辉形象。顾颉刚在《讨论古史答刘胡二先生》一文中有说到："西周中期，禹为山川之神，后来有了社祭，又为社神。"[⑤]据考证，在原始宗教中，禹至少兼有战神、社稷神、祖先神、图腾神、高禖神五大身份。

到战国时期，诸如《孔子家语》《吕氏春秋》中，大禹被删除其神性，竭力提升其德行，将其塑造成为一个勤政爱民的君主，并在其治水过程中加入不少涉及政治的内容，以使其形象更符合该学派所宣传的思想。此后，由于汉武帝"罢黜百家、独尊儒术"，儒学成为中国文化主流，因此大禹在主流思想中一直是明君的典型。

直到民国，鲁迅在其《故事新编·理水》又根据当时的社会历史背景赋予了大禹一个全新的文学形象，他将大禹化为一个普通的治水官员，将其传奇形象世俗化了，但他仍然没有改变大禹的核心精神，其内在的精神仍然是公而忘私、脚踏实地地为百姓着想，兢兢业业治水，其治水成功后虽然地位发生了非常显著的变化，但他仍然"吃

---

②顾颉刚：《与钱玄同先生论古史书》，《古史辨》第一册中编，上海古籍出版社，1981年，第59页。
③程俊英：《诗经译注》，上海古籍出版社，2006年，第332页、393页、509页、512页。
④[汉]司马迁：《史记》，北京燕山出版社，2007年，第3621页。
⑤顾颉刚：《讨论古史答刘胡二先生》，《古史辨》第一册，上海古籍出版社，1981年，第114页。

喝不考究""衣服很随便"，仍然是传统典籍中那个艰苦朴素的大禹形象。

不难看出，在传统主流的文化中，大禹的文学形象是正面而积极的，是一个公而忘私、艰苦奋斗、严于律己的英雄典型，具有英勇和传奇色彩。

图1　"大禹"文创画作

二、网络小说中的大禹形象

当今社会经济科技迅速发展，网络文学异军突起，成为人民群众茶余饭后的一大消遣。不少网络文学作家从传统文学中寻求素材，不少历史人物都被化用，被赋予新的生命，大禹也逐渐成为了一个 IP（intellectual property）。

（一）网络小说中的大禹文学形象

有关于大禹的网络文章大致可以分为以下几类：

一是只涉及与大禹有关的一些元素。在这类网络文学中，大禹这个人物形象或许根本不会出现，但会出现不少源于大禹或与他有关的某些元素。比如时下玄幻小说中最流行的九州背景，例如江南的《九州·缥缈录》。而"九州"一词最早见于《禹贡》，相传是大禹治水时将天下分为九州，该词演变至今虽然已经发生了很多变化，但不可否认，这其中仍然有大禹因素的影响。根据《春秋左传》记载，夏朝初年，夏王大禹划分天下九州，令九州州牧贡献青铜，铸造九鼎，将全国九州的名山大川、奇异之物镌刻于九鼎之身，以一鼎象征一州，并将九鼎集中于夏王朝的都城。因其故事十分具有传奇性，且大禹铸造九鼎所透露出的王霸之气与玄幻小说作家所追求描绘的精神不谋而合，因此玄幻小说作家也喜欢将九鼎元素化用在其小说中。诸如方健武的《九鼎风云录》、阿甘正赚的《神武禹鼎》、幽暗水月的《禹皇神鼎》、烙印三平的《遗物术秘》、幻者非庸人的《天龙九鼎》等等。此外，因为《西游记》一书中有提到如意金箍棒原是太上老君冶炼的神铁，后被大禹借走治水，治水后放在东海作为定海神针。

作家们会追溯如意金箍棒与大禹的渊源，还有些作家直接将大禹与孙悟空联系在一起描写，这倒也算些许大禹元素的化用。

二是大禹作为配角出现。为了吸引读者、拥有新意，很多网络小说作家将眼光放到对人们来说玄妙奇幻的远古时代，开始追溯历史，描写远古洪荒，故事背景一旦设定在远古时代，就不得不描写大禹。这类小说最成功的当属桐华的《山海经》系列，包括《曾许诺》和《长相思》两部作品。此外，还有月斜影清的《古蜀国密码》，该本小说是以远古蜀国为历史背景，主要描写的是西南鱼凫国女王凫风初蕾与共工之间的故事，而大禹则是与西南古蜀国同时存在的中原之主，小说一开篇便提到了大禹，借由女主角之口提到："现在中原共主是大禹王！"⑥

三是以大禹为主角，描述其传奇故事。这类作品或以描写大禹治水的传奇经历为主，如天外散仙的《大禹治水记》、⑦夜之恒的《宿命轮回之大禹治水》，⑧这两部作品都是以大禹为主角，以其治水事迹为主线；或以描写大禹的爱情故事为主，有的还会加入网络小说中最流行的穿越元素，如云娘的《大荒之梦》，⑨该小说就是描述一个现代女白领穿越远古时代，与英招、大禹、妖姬和涂山娇产生种种爱恨纠葛。

（二）大禹形象的当代色彩与时代意义

网络小说中的大禹文化是一个兼具新意和时代意义的论题，我们可以看到在当代大禹形象与历史或正统文学典籍中的异同。

1. 天命之人，人神合一

纵观与大禹有关的网络文学，可以发现，在大多数网络文学作品中，大禹都不会单单只是一个部落英雄。在这些作品中，大禹要么是某个神仙转世，要么是某个神仙的轮回，要么直接是神仙下凡。大禹治水不是受命于尧舜、受命于部落，而是受命于天，是天命之人。天外散仙的《大禹治水记》中，大禹就是被正派神仙派下凡治水；夜之恒的《宿命轮回之大禹治水》中大禹的身份更加具有奇幻色彩，他原是千年麒麟须太，因被人诬陷而被处以极刑差点死去，幸得大禹天尊所救。而后他被大禹天尊送入轮回下凡化为夏禹，夏禹修道学法、竭力治水拯救万民，治水成功后得玉皇大帝封赏，封

⑥月斜影清：《古蜀国密码》，火星小说 https://www.hotread.com/story/1001077
⑦天外散仙：《大禹治水记》，起点中文网 https://book.qidian.com/info/3058716
⑧夜之恒：《宿命轮回之大禹治水》，起点中文网 https://book.qidian.com/info/3565898
⑨云娘：《大荒之梦》，晋江文学城 http://www.jjwxc.net/onebook.php?novelid=1857515

为功德天尊，这就与开头的大禹天尊的形象重合，作者将大禹治水定为一种宿命轮回；訾清流的《谁渡我过此生彼岸》[⑩]中大禹也是昆仑之丘光若上神的托生。

2. 治水之功，勇冠九州

有关大禹的故事最被大家津津乐道的是他治水的事迹。与传统典籍中的大禹治水不同，网络小说中加入了很多它自身常有的因素，如修仙打怪、谈情说爱等等，将治水故事与这些结合起来，展现网络小说独特的魅力。

夜之恒的《宿命轮回之大禹治水》中，大禹不仅治水，还修道学法，在治水的过程中，遇见了不少如蛇妖、夜叉等妖魔鬼怪，大禹运用自己的法术不断制服他们，并且不断提高自己的修为。将大禹与道教的神仙术法结合在一起，乃至于最后得道成仙，和佛祖斗法，这些都是玄幻小说不受时间和空间限制特点的一大展现。而訾清流的《谁渡我过此生彼岸》中的大禹在治水过程中更多的是与弱水神女重雨的恩爱纠葛，治水不再是被着重描写的对象，而是做了情爱发展的辅线。纵然有诸多不同，但他们所塑造的大禹形象的核心仍然没有改变，仍然是一个英雄的形象，这一点还是和传统典籍中的大禹形象一脉相承的。

3. 有情有爱，人情味足

在网络小说中，并不会因为大禹被设定为神就把他描写为无欲无求之人，神也有七情六欲，也有人情往来，这可以说是当代网络小说的一大特点。

在正统文学典籍中有关大禹的家事描写很少，我们除了知道他娶涂山氏女为妻，生了一个儿子叫启，以及三过家门而不入之外，我们对他的其他事情一概不知，但这并不能阻挡网络小说作家的创作热情。

网络小说的一个很大特点就是想象力丰富，不受科学与人文的限制，也不受时空的限制。因此，在网络小说中，大禹会谈情说爱，有时还会情根深种、为情所困。夜之恒的《宿命轮回之大禹治水》中，大禹爱涂山氏女娇，女娇被擒后还会怒发冲冠为红颜，乃至于治水成功，宿命完结之时的最后一句话还是"女娇，等着我……"，一个痴情的男子汉形象跃然于纸上；訾清流的《谁渡我过此生彼岸》中，大禹的恋人是弱水神女重雨，且与大禹之间恩爱纠葛颇为复杂；云娘的《大荒之梦》，与大禹有爱

---

⑩訾清流：《谁渡我过此生彼岸》，晋江文学城 http://www.jjwxc.net/onebook.php?novelid=653817

恨纠葛的则更为奇妙，是一个从现代穿越过去的女白领，且她与大禹和另外一个部落英雄英招之间还发生了三角恋爱关系，这无疑是网络小说经典桥段的应用。在这些网络小说中，大禹不单单是治水，为天下苍生黎明百姓，他还有了自己的爱恨情仇、情爱纠葛，大禹是神却也不单单是神，人情味被网络小说作家赋予给大禹，让他更加贴近生活、贴近读者。

三、结语

大禹是我国历史中一个十分重要的人物，他是民族精神的化身，对我国古代文明和文化都有着重要的影响。在当代网络小说中，也有着不少关于大禹的内容。与史书和正统文学典籍中的大禹形象相比，网络文学中的大禹形象除了传统的英雄形象之外，网络文学作家运用了更加贴近时代与生活的方法将大禹神话，使大禹这个人神合一的形象也有了十足的人情味，更加贴近读者，更加具有时代特色。但相比较而言，网络文学中对大禹这个形象的运用还存在许多问题和不足，在网络文学的竞争潮流中，大禹这个形象明显处于劣势。大禹文化中还有不少值得挖掘的东西，如何改变大禹在网络文学竞争中的不利地位，如何让大禹在新时代散发新的光彩是当下我们应该思考的问题。我们不仅要更深地挖掘历史资料，使大禹形象更加丰满，还应该努力赋予大禹新的时代内涵，让他更适合如今这个网络时代。继承并发展，才能使大禹这一传统英雄的生命力长盛不衰。

参考文献：

[1] 程俊英：《诗经译注》，上海古籍出版社，2006 年；

[2] 顾颉刚：《与钱玄同先生论古史书》，《古史辨》，上海古籍出版社，1981 年；

[3] 吴文祥、葛全胜：《夏朝前夕洪水发生的可能性及大禹治水的真相》，《第四纪研究》2005 年第 6 期；

[4] [汉] 司马迁：《史记》，北京燕山出版社，2007 年；

[5] 郭预衡：《中国古代文学史》第 1 册，上海古籍出版社，1981 年；

[6] 李民、王健撰：《尚书译注》，上海古籍出版社，2012 年；

[7] 顾颉刚：《讨论古史答刘胡二先生》，《古史辨》，上海古籍出版社，1981 年；

[8] 鲁迅：《故事新编》，《鲁迅经典》，中国华侨出版社，2015 年；

[9] 月斜影清：《古蜀国密码》，火星小说 https://www.hotread.com/story/1001077；

[10] 天外散仙：《大禹治水记》，起点中文网 https://book.qidian.com/info/3058716；

[11] 夜之恒：《宿命轮回之大禹治水》，起点中文网 https://book.qidian.com/info/3565898；

[12] 訾清流：《谁渡我过此生彼岸》，晋江文学城 http://www.jjwxc.net/onebook.php?novelid=653817；

[13] 郭璞注、郝懿行笺疏、沈海波校点：《山海经》，上海古籍出版社，2015 年；

[14] 云娘：《大荒之梦》，晋江文学城 http://www.jjwxc.net/onebook.php?novelid=1857515；

[15] 半舍秋风：《涂山旧梦》，百田小说 http://www.100bt.com/xiaoshuo/909439；

[16] 顾晔峰：《先秦典籍中的大禹形象》，《江苏教育学院学报》2011 年第 2 期；

[17] 张振岳：《〈禹贡〉大禹形象刍议》，《牡丹江大学学报》2017 年第 10 期；

[18] 陈红旗：《〈铸剑〉〈非攻〉〈理水〉：一份革命前驱者形象演进的启示录》，《嘉应学院学报》2018 年第 6 期；

[19] 李岩：《历史上对大禹形象的认识》，《安徽师范大学学报》2010 年第 4 期。

文化与旅游融合：推动文旅业快速发展

刘国斌[①]

摘要：改革开放 40 年，高度发达的科技，悄然改变着人们的生活方式，外出旅游已不再受交通工具的影响，这意味着旅游更便捷，能带来无穷的欢乐。如何在旅行的快乐中寻找知识的平衡点，寓教于乐，自然获得大量的人文信息，需要通过"文化＋旅游"来提升全民族综合素质，传播中华优秀文化和走向世界，通过文化影响力带动旅游和经济，促进文化和旅游业全面发展。

关键词：文化和旅结合　推进文化产业与旅游业　发展

Integration of Culture and Tourism: Promote the Development of Cultural Tourism

Liu Guobin

Abstract: Through 40 years of reform and opening-up, the highly developed science and technology have been changing people's lifestyle quietly. Travelling is no longer limited by traffic tools, which means that travel becomes more convenient and entertaining. Implementing cultural education in journey makes it easier to get a lot of historical and cultural knowledge. Tourism multiple integration will raise national comprehensive quality, spread the Chinese excellent culture to the world. We can use cultural influence to drive the tourism and the economy, promoting development of culture and tourism at the same time.

Key words: culture and tourism in combination, promote the cultural industry and tourism, development

①刘国斌：晴川阁武汉大禹文化博物馆馆长，研究馆员。
Liu Guobin: Qingchuan Pavilion, Wuhan Great Yu Culture Museum, director, researcher.

当前，随着人们日益增长的美好生活需要，旅游热不断升温，渐成为一种时尚，同时亦是大众生活不可或缺的一部分，那么如何使旅游强劲发展和更加有意义呢？笔者认为现如今人们消费观念发生明显变化，文化旅游部门务必创新工作思路和方法，将中华优秀的人文历史融入旅游之中，除了做好旅游胜地的规划建设与开发管理等工作外，还要进一步开发承载多级元素的文旅产品，打造经典文化旅游品牌，以及具有文化内核的旅游服务项目，为此谈谈文化与旅游融合带来的潜在影响力和辐射作用，与同行交流。

一、文化＋旅游：自然向人文关怀转变，文化惠民真情体现

文化是人类历史发展过程中所创造的物质和精神财富的集合符号，它包含文学、艺术、宗教、法律、科学等；考古术言，同一个历史时期的不依分布地点为转移的遗迹、遗物的综合体。旅游是人们为了消遣、商务和其他目的，离开惯常居住环境去往他处，而进行的各项活动，这些活动都附有不同文化特征现象。所以，文化与旅游是对孪生姐妹，应当捆绑在一起。随着我国国民经济实力的增强，百姓生活日益富足，旅游已成为当今人们生活中不可缺少的组成部分，"它是一种时尚活动，外象表现为人的空间流动，而实质却体现不同的地域各种文化的交流、融合与碰撞。"旅游是文化的载体和传播途径，文化是旅游的灵魂和根。

"文化＋旅游"并不是简单的合并。从融合发展理念上看，一方面要用文化的理念发展和丰富旅游，用文化的内涵提升旅游价值；另一方面要用旅游的方式对内传承传统文化，凝聚社会共识，创造现代文化，对外促进文化交流，传播优秀中华文化、扩大中国影响力。

传统旅游以游山玩水、观赏不同地域山川、河流、动植物资源、历史建筑等自然景观为其主要特点，以及体验吃、住、行、游、购、娱等生活层面的特色风俗习惯。这种旅游模式过于单一和重复，深度不够，不利于旅游资源纵深发展。而"文化＋旅游"的模式，是对旅游资源的多元化、个性化的深层开发。相对于原生态景观资源，人文景观资源具有更加丰富的内涵和"可塑性"，并可依附名人轶事、文学经典、历史事件、神话传说等各种人文题材，配以最受欢迎的网络传播，其影响力不可小觑。应该是"旅

游搭台，文化唱戏"，文化软实力和影响力得到彰显。随着人民生活水平的不断提高，群众的精神生活需求也在悄然发生变化，多样化和个性化的旅游服务应运而生，文化带动旅游，旅游传播文化，两者相得益彰。旅游六要素在文化融合的影响下，转变为："吃、住、行、游、知、悦"，由自然关怀转向人文关怀；而"观光旅游"向"深度体验"转型升级，促进了文化和旅游产业全面发展。

如以武汉的文化旅游资源来谈，在武汉市北郊黄陂区：商早期盘龙城考古遗址，它溯源武汉 3500 年城市之根，木兰替父从军，"家国情怀"的故里；汉阳龟山西域，春秋时期古琴台，伯牙子期高山流水遇知音美谈；长江大桥武昌桥头堡，崔颢、李白诗中的黄鹤楼；山清水秀原生态的东湖之滨；老汉口街区的优秀历史建筑群；国有、非国有各类博物馆、纪念馆 114 家等等。这些极富文化底蕴的人文典籍处所，皆是武汉宝贵的文化旅游资源，可做大量的文化旅游文章，通过文化与旅游融合的方式，展现武汉的城市风貌和人文历史，传播武汉的城市精神和影响力。文化与旅游的结合，推动了产业链供给侧结构调整，形成了文化旅游大繁荣、经济大发展的格局。要整合文化和旅游联合体资源，将文化品牌融入旅游中，促进智力成果转化，推动新时代社会物质和精神文明进步。

二、文化＋旅游：旅游目标主题鲜明，享受高品质服务

旅游服务不能停留在一般观景的模式上，旅游区要常态化主办主题鲜明的文体活动，挖掘历史文化、地域特色文化、民族民俗文化、传统农耕文化等，反之旅游显得枯燥乏味。所以，要充分利用传统村落、文物遗迹、博物馆、纪念馆、美术馆、艺术馆、世界文化遗产、非物质文化遗产等展示平台，将文化、文物旅游，剧场、演艺、游乐、动漫等文化产业与旅游业有机融合，尽情开展文化体验旅游，置身其境、愉悦自在，累了憩安观展、研究文脉，精力旺盛加入文化互动项目，丰富了旅游内容也吸引了游客，改变唯景观光单一旅游的传统方式，满足了不同层面人群对文化休闲的需求。

前不久，国务院出台《关于促进全域旅游发展的指导意见》，意见中强调："文化和旅游的联合，将进一步加大文化旅游融合步伐，推动旅游与科技、教育、文化、卫生、体育融合发展。充分利用科技工程、科普场馆、科研设施等发展科技旅游。以弘扬社

会主义核心价值观为主线发展红色旅游，积极开发爱国主义和革命传统教育、国情教育等。"文化系列融入旅游，将大大改善传统旅游模式，旅游从视觉层面上升到精神层面，旅游含金量更高、更有意义了。

主打文化品牌和个性化体验的旅游设计愈来愈受到青睐，个性化旅游线路的设计能满足人们去同质化、去单一化的精神需求。如武汉市政府正在全力打造的"江汉朝宗两江四岸 5A 旅游景区"工程、以水文化为特色的灯光秀展示、反映民国时期老汉口码头文化的"知音号"演绎等项目，皆是将城市地标景观与本地特色水文化、红色文化再次融合与发掘，游客通过实地深度体验剧情等方式了解武汉的人文历史和城市进程，从而形成长江主轴城市文化旅游圈，由此带动当地的经济发展，城市文化得到推广。文化与旅游的关系是双向的，城市中的博物馆、美术馆、艺术馆等机构的文化输出，也不再仅限于被动地为观众服务，而是选择"走出去"与旅游融合，推出特色的文化惠民活动和广大人民群众建立联系，提供高品质的公共文化服务，享受旅行带来的欢乐。文化与旅游的融合需建立在一定的条件上。从根本属性来讲，文化具有事业属性，而旅游具有产业属性。二者既有相同之处又有区别，必须清晰认识，以文化带旅游，以旅游促文化。在融合发展的过程中，必须坚持文化事业的公共属性，确保公共文化服务作为公共产品输出。同时要充分发挥旅游产业的活力与多样化，以寻求与文化不同层面、不同领域、不同阶段的深度融合。

三、文化＋旅游：促使文旅产品提档升级，文化得以广泛传播

文化产品是集结了文化精髓元素的承载物，是蕴含固有文化特征，对其文化延伸，附有特殊意义的纪念品。顾名思义就是挖掘或者延伸文化涵义，受之启迪。既然如此，那么文化产品要承载原有的文化现象，携带具有收藏价值的文化旅游产品，去满足社会需求。通过市场化、多元化的销售模式，结合旅游地域文化特色，开发和研究不同层次的消费群体喜爱的文创产品，让游客带走旅行中的记忆，既愉悦，又有人文收获，受到潜移默化熏陶。

文化旅游的结合提高了人们外出旅游的质量，也给文化产品开发和销售带来新的发展机遇，要求从业人员，调查研究游客和受众的心理，研发适销对路的文化产品，

宽泛用于收藏者的需要。有资料显示：2007 年 9 月，伦敦大英博物馆推出"秦始皇中国兵马俑特展"，为配合展览制作的明信片、文具、文物模型，以及与兵马俑有关的系列纪念品，在展出期间颇受欢迎。借此可以触类旁通，深化创新理念，研发彰显地域文化的产品，调研销售渠道，不能只限于旅游地销售，还要开通网络销售平台，利用线上线下发布销售，满足世界游客的需求。

要认识销售文化产品也是在推介旅游胜地，销售环节必须研究购买心理，一般来讲，商品百分之三十是包装映象打动消费者，消费者颇为看重商品的外包装，而文化与旅游融合后，文化产品相比市场其他同类产品，竞争力则体现在它具有更高的人文和科技含量或附加值。较高的含金量或附加值意味着带走的是人文情结，是一次收获满满的纪念，难得的文化旅行，对提升民众的文化素质有着潜在的无声效果。在实际操作中，将文化遗产、历史典故、旅游胜地等极具典型代表的名称、LOGO 形象融合其中，将人文情怀物化为文化产品的一部分，结合时代习惯，注重观众想法，满足多层面人群需求。如将文化产品的服务对象细化为机关团体、大专院校、国内外旅游者、普通市民等不同人群，从而对文化产品开发进行定位，将开发的文化产品细分为高、中、低不同档次。根据其购买实力设计出适合各类人群的相应文化产品，如有明显标识的文化衫、领带、U 盘、扑克、丝巾、扇子、文房四宝、日用商品等实用性强、地域特色浓郁的纪念品，定会受到游客的青睐，永久收藏。

图 1 大禹祭祀舞蹈活动图

诗文

Poetry Appreciation

念奴娇·禹功新歌

于建军 [①]

In Praise of the Great Yu's Merits and Achievements

Yu Jianjun

黄河缰落，

虐中华民众，

四海皆泣。

划分九州规土地，

荒野化成田碧。

打破山门，

导通水脉，

东去争朝夕。

咆哮之水，

顺柔滋润谷粒。

三过不入家门，

风餐露宿，

十三年轮历。

火炬传承新路上，

号角彻鸣云翼。

生态和谐，

天人合一，

水秀山青迹。

时空穿越，

禹功仍续横笛。

---

①于建军：江汉关博物馆副研究馆员，湖北省中华诗词学会会员。
Yu Jianjun: Hankow Customs House Museum, associate researcher, member of Chinese Poetry Association, Hubei.

晴川阁走笔

李笙清[①]

Poems about Qingchuan Pavilion

Li Shengqing

晴川阁

重檐抱厦，回廊扶栏，
你挺立在崔颢的《黄鹤楼》里。
临江远眺，
寄托着岁月的沉思。

与名阁一起挺立江畔的，
是大禹治水的功绩。
赑屃拱伏在岁月深处。
雕梁画栋的禹碑亭，
沐浴千载风雨，
碑上的文字千年不朽。

登临晴川阁，
仿佛登上一座古老的桥。
一颗怀古的心，
已穿越时光隧道，
在大禹治水的传说里徜徉。

---

①李笙清：《武汉文博》编辑部，责任编辑。
Li Shengqing: Wuhan Wen Bo, editor in charge.

朝宗亭

长江挟着隐约的涛声，
与汉水风云际会。
历史的烟云便凝结成岁月的诗行，
留下江汉朝宗的人间胜景。

汉阳王知府的七律里，
芦花已遮去鹦鹉洲的芳踪。
江滩蜿蜒出画轴的意象，
只有两江汇聚的壮阔，
渗透出云帆鸥影的苍茫。

汉阳城已流逝于浩淼烟波，
朝宗门只剩下历史的底片。
当我登上大禹庙旁的朝宗亭，
登高远眺江水长天，
依然感受到大禹治水的不朽之功。

禹功矶

历史留在线装书中。
那些泛黄的细节，
被风干成沧海桑田。
唯有传说中制服水怪的龟蛇，
依然隔江对峙。

大禹治水，功成千古，
才有了武汉深水港的地利，
江汉朝宗的疏阔。
烟波石上，楚波亭前，
巍巍禹功立矶头，
让无数凭吊者凝眸怀想。

江山依旧，日月同辉，
那个驯服洪水疏浚江河的人，
那个几度过家门而不入的人，
石矶不朽，功在千秋。
矶上苍翠的禹柏，
显影着历史的幽深。

禹稷行宫

江风拂过浪涛，
吹响檐下的风铃。
大禹治水的传说，
已成为武汉非遗百花园中的奇葩。

公而忘私，九州一家，
一座庙宇承载千年荣光。
白墙朱门，大鼎巨功，
在历史的梦里，
那些流年旧事被后世铭记。

钟声悠悠，那条镇水铁牛，
是否还记得当年大禹治水的壮举？
塑像巍巍，那个德配天地的人，
他的事迹，
已铭刻在历史的教科书上。

大禹精神亘古传

于建军 [①]

In Praise of the Great Yu's Spirit throughout Time

Yu Jianjun

黄河咆哮马缰脱，
民众苦悲颠沛离。
领命危时羁野骥，
家门不入赴汤池。

整平土地造耕亩，
水道凿通东海驰。
扩干编支成网络，
农田灌溉润欣枝。

精神火炬传今世，
华夏复兴征战旗。
永葆初心谋福祉，
当朝大禹铸新碑。

①于建军：江汉关博物馆副研究馆员，湖北省中华诗词学会会员。
Yu Jianjun: Hankow Customs House Museum, associate researcher, member of Chinese Poetry Association, Hubei.

晴川阁大事采撷（2016~2018 年）

2016 年

2 月 2 日	"春之色——金猴迎春书画展"开展。
2 月 17 日	晴川阁武汉大禹文化博物馆获评 2015 年度企事业单位档案工作规范管理 AA 认定（复查）。
2 月 22 日	开展"知音江城闹元宵"暨汉阳区第十七届"归元庙会"民俗活动。
3 月 8 日	"翰墨诗韵——名家与晴川阁书画珍藏展"赴新疆自治区博物馆、昌吉博物馆巡展。
4 月 29 日	"故宫十大珍宝瓷器再造专题展"开展。
5 月 18 日	国际博物馆日活动："锦川书法精品展"开展。
6 月 9 日	开展"粽情端午祭屈原 汉服礼仪耀华章"传统文化活动。
6 月 28 日	"红星照耀中国——纪念中国共产党建党 95 周年暨红军长征胜利 80 周年收藏展"开展。
7 月	"大禹治水武汉传说"获评湖北省非物质文化遗产。
9 月 8 日	举办"晴川阁艺术摄影大赛"活动。
9 月 14 日	举办大型"月满晴川——晴川中秋诗会"、"月满晴川——王贤仲书法艺术展"开展。
12 月 16 日	"墨望初心——余信钢山水画作品展"开展。
12 月 28 日	举行"晴川阁重建开放 30 周年座谈会暨《月映江流文集》首发式"活动。

2017 年

1 月 24 日	"金鸡鸣春——武汉工艺作品展"开幕。
2 月 5 日	陈一新履新武汉市委书记后，到晴川阁调研两江四岸旅游发展提升工程。
4 月 20 日	"大美故宫·匠心传承——故宫国宝玉器再造工程"成果展开幕。
4 月 24 日	浙江湖州一名游客行走时不慎跌倒，馆领导和工作人员送医及时，伤病得到治疗。该游客连连称赞武汉人民热情友爱。
4 月 26 日	晴川阁武汉大禹文化博物馆与湖北大学共建"实习实训基地"揭牌仪式暨"走进象牙塔——晴川讲坛名家讲座"活动启动，"武汉大禹文化博物馆"官方微信公众号正式上线。
4 月 29 日	"行走大武汉"城迹寻访活动在晴川阁启动。
5 月 4 日	晴川阁获评"武汉市文化局五四红旗团支部"。
5 月 17 日	晴川阁协助市文化局博物馆处组织完成了汉口江滩主办的"2017·5·18 国际博物馆日暨'让文物活起来'社会博物馆精品展"活动。
6 月 10 日	开展文化遗产日活动："宛若初心，君爱于心——汉民族传统婚礼习俗展演"。
6 月 27 日	"光辉岁月 战旗飘飘——纪念中国共产党成立 96 周年暨建军 90 周年藏品展"开幕。
8 月 3 日	"皇家御园·四十景书画作品再造展"在晴川阁主楼开展。
8 月 29 日	文化部非遗专家马盛德、林继富、王岸柳等一行到晴川阁考察调研。

8月31日	湖北省旅游委、省景评委李开寿副主任带领省旅游委规划财务处有关同志及旅游专家，在市人民政府刘英姿副市长，以及市旅游局、市文化局、市水务局、市科协、武汉旅发投集团、武汉公交集团、市江滩办等相关单位负责人陪同下，赴江汉朝宗景区（晴川阁）实地深入调研。
9月21日	"我与大桥有个约会——摄影实物展"开展。
10月2日	举办大型"月映江流——2017晴川国庆中秋诗会"活动、"荆楚之韵——楚剧遗珍"开展。
10月31日	"翰墨诗韵·名家与晴川阁书画珍藏展"到河南信阳博物馆巡展。
11月10日	"砚边禅事——法师禅意作品展"开展。

2018 年

1 月 31 日	外交部礼宾司参赞李津津一行来晴川阁考察，刘国斌馆长和保管陈列部张引娣主任陪同讲解、参观，介绍晴川阁的历史文化和发展现状。
2 月 1 日	"匠心独运·非遗传承——国光烙画艺术精品展"在晴川阁主楼开展。
3 月 10 日	"行走大武汉——昙华林的旧时光"城迹寻访活动。
3 月 29 日	与长江文明馆联合举办的"长江颂"——国际书法收藏大展开幕。
4 月 22 日	"一抹最羌红—来自禹乡的礼物"展览开幕，武汉市文化局局长叶文静、绵阳市文新广局文化产业科科长邓世红、北川民俗博物馆馆长高泽友先生、四川汇德轩文化艺术有限公司董事长及羌族艺术家李云川先生、《重庆美术杂志社》执行主编朱澄先生以及武汉市文博届老领导、老专家出席开幕式。
4 月 26 日	文化和旅游部雒树刚部长一行，在省市领导的陪同下到晴川阁进行调研。
5 月 12 日	全国政协主席贾庆林、湖北省委书记蒋超良、湖北省省长王晓东、武汉市长万勇等中央、省、市级领导一行到晴川阁进行调研。
5 月 18 日	国际博物馆日开展了"吟古诗搭乐高——学习国学经典诗歌"社教活动。
6 月 9 日	文化和自然遗产日举办了"古法造纸"晴川手作课堂。

6月11日	中国人民革命军事博物馆副馆长佘志宏、贵州省博物馆馆长李黔滨一行到晴川阁进行调研参观。
6月11日	中国水利博物馆一行4人到晴川阁进行调研参观。
6月12日	吉林省博物院李刚院长一行4人到晴川阁进行调研参观。
7月2日	完成地面改造，旅游公厕升级；恢复二楼公厕全面开放。
7月12日	湖北省副省长兼省公安厅厅长曾欣一行到晴川阁参观考察。
9月11日	黄梅百年——黄梅戏发展历程展开幕。
9月12日	省政协徐立全主席一行到晴川阁考察文化产业。
9月23日	秋江月色——2018晴川国庆中秋诗会活动在晴川阁楼举行。
11月5日	翰墨春秋——纪念改革开放40年暨楚天书画院成立18周年书画展开幕。
11月10日	武汉第七届琴台音乐节"水阁云天·晴川阁研露楼打谱专场雅集"活动在晴川阁主楼举行。
11月25日	举办"满城烟花——纪念改革开放40周年歌会"活动。
12月	"大禹活动周"开展"晴川艺术课堂进校园"活动。

协助单位： 浙江省会稽山旅游度假区景区管理处

安徽省蚌埠禹会村遗址国家考古遗址公园管理处

中国大禹文化研究中心安徽分会

绵阳市非物质文化遗产保护中心

四川省北川羌族自治县禹羌文化研究中心

北川汇德轩羌文化研究中心